高等职业教育汽车运用技术专业规划教材

Qiche Jiance Zhenduan Jishu

汽车检测诊断技术

（第二版）

交通职业教育教学指导委员会　组织编写
官海兵　主　编
周羽皓　副主编

人民交通出版社股份有限公司
China Communications Press Co.,Ltd.

内 容 提 要

本书是高等职业教育汽车运用技术专业规划教材。主要内容包括概述、发动机的检测与诊断、汽车底盘的检测与诊断、汽车整车性能检测，共4个单元。

本书供高等职业院校汽车运用技术专业教学使用，也可作为相关行业岗位培训或自学用书，同时可供汽车检测维修技术人员学习和参考。

图书在版编目(CIP)数据

汽车检测诊断技术／官海兵主编. —2版. —北京：人民交通出版社股份有限公司，2017.9
ISBN 978-7-114-14098-3

Ⅰ. ①汽… Ⅱ. ①官… Ⅲ. ①汽车—故障检测—高等职业教育—教材②汽车—故障诊断—高等职业教育—教材 Ⅳ. ①U472.9

中国版本图书馆 CIP 数据核字(2017)第 199675 号

高等职业教育汽车运用技术专业规划教材

书　　　名：	汽车检测诊断技术(第二版)
著 作 者：	官海兵
责任编辑：	时　旭
出版发行：	人民交通出版社股份有限公司
地　　　址：	(100011)北京市朝阳区安定门外外馆斜街3号
网　　　址：	http://www.ccpress.com.cn
销售电话：	(010)59757973
总 经 销：	人民交通出版社股份有限公司发行部
经　　　销：	各地新华书店
印　　　刷：	北京市密东印刷有限公司
开　　　本：	787×1092　1/16
印　　　张：	11.75
字　　　数：	276 千
版　　　次：	2006 年 7 月　第 1 版 2017 年 9 月　第 2 版
印　　　次：	2017 年 9 月　第 2 版　第 1 次印刷　总第 14 次印刷
书　　　号：	ISBN 978-7-114-14098-3
定　　　价：	27.00 元

(有印刷、装订质量问题的图书由本公司负责调换)

交通职业教育教学指导委员会
汽车运用与维修专业指导委员会

主 任 委 员：魏庆曜
副主任委员：张尔利　汤定国　马伯夷
委　　　员：王凯明　王晋文　刘　锐　刘振楼
　　　　　　　刘越琪　许立新　吴宗保　张京伟
　　　　　　　李富仓　杨维和　陈文华　陈贞健
　　　　　　　周建平　周柄权　金朝勇　唐　好
　　　　　　　屠卫星　崔选盟　黄晓敏　彭运均
　　　　　　　舒　展　韩　梅　解福泉　詹红红
　　　　　　　裴志浩　魏俊强　魏荣庆
秘　　　书：秦兴顺

第二版前言

本教材自2006年7月首次出版以来，被全国多所高职院校选为教学用书，重印数次，深受广大师生的好评。为了更好地体现"在实践中学习、在实践中创新"的职业教育理念，突出职业教育的特色，人民交通出版社股份有限公司和编者根据广大用书院校的要求，充分吸收常年使用本教材的师生提出的宝贵意见，对此书进行了修订。

本教材的修订内容主要体现在以下几个方面：

(1) 更新了汽缸压缩压力的检测、汽车整车性能检测的内容。

(2) 删除了陈旧或者面临淘汰的知识点。

(3) 对于近年来废止的技术标准、法律、法规进行了全部更新。

(4) 纠正第一版教材中的错误。

本教材由江西交通职业技术学院官海兵主编，江西交通职业技术学院周羽皓担任副主编。参加编写的还有杨晋、胡雄杰、孙丽娟等。

本教材再版修订过程中，得到江西省运管局高级工程师邹章鸣、九江市运管处江岸杨、江西长运机动车检测中心耿继明、江西吉安长运机动车检测有限公司杨涛的大力支持，在此一并致以衷心感谢。

由于编者经历和水平有限，书中难免有不足之处，恳请广大读者及时提出修改意见和建议，以便修改和完善。

编　者
2017年6月

目 录

单元一　概述 ··· 1
1　汽车检测与诊断的目的和方法 ··· 1
2　汽车检测与诊断的参数及其标准 ··· 3
3　汽车检测设备的基础知识 ··· 8
思考与练习 ·· 11

单元二　发动机的检测与诊断 ··· 12
1　发动机功率的检测 ·· 12
2　汽缸密封性的检测 ·· 17
3　点火系统的检测与诊断 ·· 25
4　电控汽油喷射系统的检测与诊断 ·· 36
5　柴油机燃料供给系统的检测与诊断 ··· 61
6　汽车检测与诊断专用仪器的使用 ·· 67
思考与练习 ·· 79

单元三　汽车底盘的检测与诊断 ·· 82
1　传动系统的检测 ··· 82
2　转向系统的检测与诊断 ·· 86
3　车轮平衡度的检测 ··· 94
思考与练习 ·· 97

单元四　汽车整车性能检测 ·· 99
1　汽车检测站 ·· 100
2　汽车动力性的检测 ··· 106
3　汽车燃料经济性检测 ·· 115
4　汽车制动系统的检测 ·· 118
5　汽车侧滑的检测 ·· 127
6　汽车悬架的检测 ·· 130

7	汽车排气的检测	133
8	汽车噪声的检测	144
9	照明和信号装置的检测	149
10	车速表的检测	154
11	整车装备的检测	157
12	营运车辆技术等级评定	165

参考文献 ······ 177

单元一　概　　述

学习目标

知识目标
1. 正确描述汽车检测与诊断的目的和方法；
2. 简单叙述汽车技术状况的变化；
3. 正确描述汽车检测与诊断的参数及其标准的分类。

能力目标
1. 会分析汽车技术状况变化的外观症状；
2. 会选择和使用汽车检测与诊断的参数及其标准；
3. 会对常用检测设备进行日常维护。

1　汽车检测与诊断的目的和方法

汽车的技术状况随着行驶里程的增加逐渐变差，出现动力性下降，经济性下降，排放污染物增加，使用的可靠性降低，故障率上升等现象，严重时汽车不能正常运行。

所谓汽车的技术状况，是定量测得的，它表征某一时刻汽车外观和性能的参数值的总和。

分析和研究汽车的技术状况，及时检测和诊断影响汽车技术状况的原因，排除汽车故障，是提高汽车完好率，延长汽车使用寿命的重要措施。

汽车检测是指确定汽车技术状况或工作能力进行的检查和测量。汽车诊断是指在不解体（或仅拆卸个别小件）条件下，确定汽车技术状况或查明故障部位、故障原因进行的检测、分析和判断。

1.1　汽车技术状况的变化

1.1.1　汽车技术状况的分类

表征汽车技术状况的参数分为两大类，一类是结构参数，另一类是技术状况参数。结构参数是指表征汽车结构的各种特性的物理量，如几何尺寸、电学和热学的参数等。技术状况参数是指评价汽车使用性能的物理量和化学量，如发动机的输出功率、油耗和排放值等。

汽车技术状况可分为，汽车完好技术状况和汽车不良技术状况。

汽车完好技术状况，是指汽车完全符合技术文件规定要求的状况，汽车技术状况的各种参数值,主要包括使用性能、外观、外形等参数值,都完全符合技术文件的规定。处于完好技术状况的汽车,能正常发挥其全部功能。

汽车不良技术状况,是指汽车不符合技术文件规定的任一要求的状况。处于不良技术状况的汽车,可能是主要使用性能指标不符合技术文件的规定,不能完全发挥汽车应有的功能;也可能是仅外观、外形及其他次要性能的参数值不符合技术文件的规定,而又不致完全影响汽车发挥自身的功能,如前照灯的损坏并不影响汽车白天的正常行驶等。

1.1.2 汽车的工作能力与汽车故障

汽车按技术文件规定的使用性能指标,执行规定功能的能力,称为汽车的工作能力,或称为汽车的工作能力状况。

汽车故障是指汽车部分或完全丧失工作能力的现象。因此,只要汽车工作能力遭到破坏,汽车就处于故障状况。例如,某汽车的油耗超过了技术文件的规定,虽然能运行,但已经处于有故障状况。

1.1.3 汽车技术状况变化的外观症状

汽车技术状况变差的主要外观症状有:

(1)汽车动力性变差。例如,与原设计相比,汽车的加速时间增加25%以上;发动机的有效功率或有效转矩低于原设计值75%等。

(2)汽车燃料消耗量和润滑油消耗量显著增加。

(3)汽车的制动性能变差,如制动距离延长、制动跑偏或制动侧滑等。

(4)汽车的操纵稳定性能变差,如响应时间超限、回正能力减弱或转向沉重等。

(5)汽车排放污染物和噪声超过限值。

(6)汽车在行驶中出现异响或异常振动,存在着引起交通事故或机械事故的隐患。

(7)汽车的可靠性变差,使汽车因故障停驶的时间增加。

1.2 汽车检测与诊断的目的

汽车检测与诊断的目的是确定汽车的技术状况和工作能力,查明故障原因和故障部位,为汽车继续运行或维修提供依据。汽车检测可分为安全环保检测和综合性能检测两大类。

1.2.1 安全环保检测的目的

对汽车实行定期和不定期安全运行和环境保护方面的检测,目的是在汽车不解体情况下,建立安全和公害监控体系,确保车辆具有符合要求的外观容貌、良好的安全性能和符合标准的废气排放,使汽车在安全、高效和低污染下运行。

1.2.2 综合性能检测的目的

对汽车实行定期和不定期综合性能方面的检测,目的是在汽车不解体情况下,对运行车辆确定其工作能力和技术状况,查明故障或隐患的部位和原因;对维修车辆实行质量监督,建立质量监控体系,确保车辆具有良好的安全性、可靠性、动力性、经济性和环保性。同时,对车辆实行定期综合性能检测,又是实行"定期检测、强制维护、视情修理"这一修理制度的前提和保障。"视情修理"与"强制修理"相比,既不会因提前修理而造成浪费,也不会因滞后修理造成车况恶化。"强制维护、视情修理"是以检测、诊断和技术鉴定为依据的。没有正确的检测与诊断,就无法确定汽车是继续运行还是进厂维修,更无法视情确定修理范围和修理深度。

1.2.3 故障诊断的目的

对汽车进行故障诊断,目的是在不解体情况下,对运行车辆查明故障原因和故障部位进行的检查、测量、分析和判断。故障被诊断出来后,通过调整或修理的方法予以排除,以确保车辆在良好的技术状况下运行,诊断是排除故障的前提条件。

1.3 汽车诊断的方法

汽车技术状况的诊断是由检查、测量、分析、判断等一系列活动完成的,其基本方法主要分为两种:一种是传统的人工经验诊断法;另一种是现代仪器设备诊断法。

1.3.1 人工经验诊断法

人工经验诊断法是诊断人员凭借丰富的实践经验和一定的理论知识,在汽车不解体或局部解体情况下,借助简单工具,用眼看、耳听、手摸和鼻闻等手段,边检查、边试验、边分析,进而对汽车技术状况做出判断的一种方法。这种诊断方法具有不需要专用仪器设备、可随时随地进行及投资少、见效快等优点。但是,这种诊断方法存在诊断速度慢、准确性差、不能进行定量分析和需要诊断人员具有较丰富的经验和掌握大量资料等。

1.3.2 现代仪器设备诊断法

现代仪器设备诊断法是在人工经验诊断法的基础上发展起来的一种诊断方法,该方法可在汽车不解体情况下,用专用仪器设备检测整车、总成和机构的参数,为分析和判断汽车技术状况提供定量依据。采用计算机控制的仪器设备能自动分析和判断汽车的技术状况。现代仪器设备诊断法的优点是检测速度快、准确性高、能定量分析、可实现快速诊断等。现代仪器设备诊断法的缺点是投资大和对操作人员要求高。广泛使用现代仪器设备诊断法是汽车检测与诊断技术发展的必然趋势。

2 汽车检测与诊断的参数及其标准

汽车检测与诊断是确定汽车技术状况的技术,不仅要求有完善的检测、分析、判断的手段和方法,而且在检测诊断汽车技术状况时,必须选择合适的诊断参数,确定合理的诊断参数标准和最佳诊断周期。诊断参数、诊断参数标准、最佳诊断周期是从事汽车检测诊断工作必须掌握的基础知识。

2.1 汽车诊断参数

2.1.1 诊断参数概述

诊断参数,是表征汽车、汽车总成及机构技术状况的量。有些结构参数可以表征技术状况,但在不解体情况下,直接测量往往受到限制,如汽缸间隙、曲轴和凸轮轴各道轴颈的磨损量等,都无法在不解体情况下直接测量。因此,在检测诊断汽车技术状况时,需要采用一种与结构参数有关而又能表征技术状况的间接指标,该间接指标称为诊断参数。可以看出,诊断参数既与结构参数紧密相关,又能够反映汽车的技术状况,是一些可测的物理量或化学量。

汽车诊断参数包括工作过程参数、伴随过程参数和几何尺寸参数。

(1)工作过程参数。该参数是汽车、总成或机构工作过程中输出的一些可供测量的物理量或化学量。例如,发动机功率、汽车燃料消耗量、制动距离或制动力、滑行距离等,往往能表征诊断对象总的技术状况,适合于总体诊断。如通过检测,底盘输出功率符合要求,说明发动机技术状况和传动系统技术状况均符合要求。反之,如果底盘输出功率不符合要求,说明发动机输出功率不足或传动系统功率损失太大,通过进一步深入检测诊断,可确定是发动机技术状况不佳还是传动系统技术状况不佳。工作过程参数是深入诊断的基础。汽车不工作时,工作过程参数无法测量。

(2)伴随过程参数。该参数是伴随工作过程输出的一些可测量,例如振动、噪声、异响、温度等。这些参数可提供诊断对象的局部信息,常用于复杂系统的深入诊断。汽车不工作时,无法测量该参数。

(3)几何尺寸参数。该参数可提供总成或机构中配合零件之间或独立零件的技术状况,例如配合间隙、自由行程、圆度、圆柱度、端面圆跳动、径向圆跳动等。这些参数虽提供的信息量有限,但却能表征诊断对象的具体状态。

汽车常用诊断参数见表1-1。

汽车常用诊断参数 表1-1

诊断对象	诊断参数	诊断对象	诊断参数
汽车整体	最高车速	柴油机供给系统	喷油器针阀开启压力
	加速时间		喷油器针阀关闭压力
	最大爬坡度		喷油器针阀升程
	驱动车轮输出功率		各缸喷油器喷油量
	驱动车轮驱动力		各缸喷油器喷油不均匀度
	汽车燃料消耗量		供油提前角
	汽车侧倾稳定角		喷油提前角
	CO 排放量	发动机总成	发动机功率
	HC 排放量		发动机燃料消耗量
	NO_x 排放量		单缸断火(油)转速下降值
	CO_2 排放量		排气温度
	O_2 排放量		额定转速
	柴油车自由加速烟度		怠速转速
汽油机供给系统	空燃比	曲柄连杆机构	汽缸压力
	汽油泵出口关闭压力		汽缸漏气量
	供油系统供油压力		汽缸漏气率
	喷油器喷油压力		曲轴箱漏气量
	喷油器喷油量		进气管压力
	喷油器喷油不均匀度	配气机构	气门间隙
柴油机供给系统	输油泵输油压力		配气相位
	喷油泵高压油管最高压力	点火系统	断电器触点间隙
	喷油泵高压油管残余压力		断电器触点闭合角

续上表

诊断对象	诊断参数	诊断对象	诊断参数
点火系统	点火波形重叠角	转向系统	主销后倾角
	点火提前角		主销内倾角
	火花塞间隙		转向轮最大转向角
	各缸点火电压值		最小转弯直径
	各缸点火电压短路值		转向盘自由转动量
	点火系统最高电压值		转向盘最大转向力
	火花塞加速特性值	制动系统	制动距离
冷却系统	冷却液温度		制动减速度
	冷却液液面高度		制动力
	风扇传动带张力		制动拖滞力
	风扇离合器离合温度		驻车制动力
润滑系统	机油压力		制动时间
	金属微粒含量		制动协调时间
	油底壳油面高度		制动完全释放时间
	机油温度	行驶系统	车轮静不平衡量
	机油消耗量		车轮动不平衡量
	机油理化性能指标变化量		车轮端面圆跳动量
	清净分散性系数 K 的变化量		车轮径向圆跳动量
	介电常数的变化量		轮胎胎面花纹深度
传动系统	传动系统游动角度	其他	前照灯发光强度
	传动系统功率损失		前照灯光束照射位置
	机械传动效率		车速表误差值
	各总成工作温度		喇叭声级
转向系统	车轮侧滑量		客车车内噪声
	车轮前束值		驾驶人耳旁噪声
	车轮外倾角		……

2.1.2 诊断参数的选择原则

在汽车的使用过程中,诊断参数的变化规律与汽车技术状况变化规律之间有一定的关系。能够表征汽车技术状况的参数有很多,为了保证诊断结果的可信性和准确性,在选择诊断参数时应遵循以下的原则:

(1)灵敏性。灵敏性又称灵敏度,是指诊断对象的技术状况在从正常状态到进入故障状态之前的整个使用期内,诊断参数相对于技术状况参数的变化率。选用灵敏性高的诊断参数诊断汽车的技术状况时,可使诊断的可靠性提高。

(2)稳定性。稳定性指在相同的测试条件下,多次测得同一诊断参数的测量值,具有良好的一致性(重复性)。诊断参数的稳定性越好,其测量值的离散度越小。稳定性不好的诊断参数,其灵敏性也低,可靠性差。

(3)信息性。信息性是指诊断参数对汽车技术状况具有的表征性。表征性好的诊断参数,能揭示汽车技术状况的特征和现象,反映汽车技术状况的全部情况。诊断参数的信息性越好,包含汽车技术状况的信息量越多,得出的诊断结论越可靠。

(4)经济性。经济性是指获得诊断参数的测量值所需要的诊断作业费用的多少,包括人力、工时、场地、仪器、设备和能源消耗等项费用。经济性高的诊断参数,所需要的诊断作业费用低。

2.1.3 诊断参数的测量条件和测量方法

不同的测量条件和不同的测量方法,可以得出不同的诊断参数值。在测量条件中,一般有温度条件、速度条件、负荷条件等。多数诊断参数的测得需要汽车走热至正常工作温度。除了温度条件外,速度条件和负荷条件也很重要,如发动机功率的检测,需在一定的转速和负荷下进行;汽车制动距离的检测,需在一定的初速度和载荷下进行。对诊断参数的测量方法也有规定,如汽油车排气污染物的测量,采用怠速法或双怠速法进行等。没有规范的测量条件和测量方法,所测结果就无可比性,也就无法评价汽车的技术状况。所以,应把诊断参数及其测量条件、测量方法看成是一个不可分割的整体。

2.2 汽车诊断参数标准

为了定量地评价汽车及其总成或机构的技术状况,确定维修的范围和深度,必须建立诊断参数标准,提供一个比较尺度,检测结果与标准值对照后,即可确定汽车的技术状况,决定汽车是继续运行还是要进行维修。

2.2.1 诊断参数标准的分类

汽车诊断参数标准与其他标准一样,分为国家标准、行业标准、地方标准和企业标准四类。

(1)国家标准。国家标准是国家制定的标准,冠以中华人民共和国国家标准(GB)字样。国家标准一般由某行业部委提出,由国家质量监督检验检疫总局发布,全国各级单位和个人都必须贯彻执行,具有强制性和权威性。如《道路运输车辆综合性能要求和检验方法》(GB 18565—2016)《车用压燃式、气体燃料点燃式发动机与汽车排气污染物排放限值及测量方法(中国Ⅲ、Ⅳ、Ⅴ阶段)》(GB 17691—2005)和《机动车运行安全技术条件》(GB 7258—2012)等,都是国家标准。

(2)行业标准。该标准也称为部委标准,是部级制定并发布的标准,在部委系统内或行业系统内贯彻执行,一般冠以中华人民共和国某某行业标准,在一定范围内具有强制性和权威性,有关单位和个人必须贯彻执行,如《营运货车燃料消耗量限值及测量方法》(JT/T 719—2016)《营运车辆技术等级划分和评定要求》(JT/T 198—2004),均为中华人民共和国交通行业标准。

(3)地方标准。该标准是省级、市级、县级制定并发布的标准,在地方范围内贯彻执行,在一定范围内具有强制性和权威性,所属范围内的单位和个人必须贯彻执行。省、市、县三级除贯彻执行上级标准外,可根据本地具体情况制定地方标准或率先制定上级没有制定的标准。地方标准中的限值可能比上级标准中的限值要求更严格。

(4)企业标准。该标准包括汽车制造厂推荐的标准、汽车运输企业和汽车维修企业内部制定的标准、检测仪器设备制造厂推荐的参考性标准三种类型。

汽车制造厂推荐的标准是汽车制造厂在汽车使用说明书中公布的汽车使用性能参数、结构参数、调整数据和使用极限等,可以把它们作为诊断参数标准来使用。该类标准是汽车制造厂根据设计要求和制造水平,为保证汽车的使用性能和技术状况而制定的。

汽车运输企业和维修企业的标准是本企业内部制定的标准,只在企业内部贯彻执行。该类标准除贯彻执行上级标准外,往往根据本企业的具体情况,制定一些上级标准中尚未规定的内容。企业标准中有些诊断参数的限值比上级标准还要严格,以保证汽车维修质量和树立良好的企业形象。企业标准须达到国家标准和上级标准的要求,同时允许高于国家标准和上级标准的要求。

检测仪器设备制造厂推荐的参考性标准是检测仪器设备制造厂,针对本仪器或设备所检测的诊断参数,在尚没有国家标准和行业标准的情况下制定的诊断参数的限值,通过产品使用说明书提供给使用者,作为参考性标准。

任何一级标准的制定,都既要考虑技术性和经济性,又要考虑先进性,并尽量靠拢同类国际标准。

2.2.2 诊断参数标准的组成

诊断参数标准一般由初始值、许用值和极限值三部分组成。

(1)初始值。此值相当于无故障新车和大修车诊断参数值的大小,往往是最佳值,可作为新车和大修车的诊断标准。当诊断参数测量值处于初始值范围内时,表明诊断对象技术状况良好。

(2)许用值。诊断参数测量值若在此值范围内,表明诊断对象技术状况虽发生变化,但尚属正常,无须修理,按要求维护即可继续运行,超过此值,应及时进行修理。

(3)极限值。诊断参数测量值超过此值后,表明汽车技术状况严重恶化,必须进行修理。此时,汽车的动力性、经济性和环保性大大降低,行驶安全得不到保证,有关机件磨损严重,甚至可能发生机械事故。

可以看出,通过对汽车进行检测诊断,当诊断参数测量值在许用值以内,汽车可继续运行;当诊断参数测量值达到或超过极限值,须停止运行进厂维修。因此,将诊断参数测量值与诊断参数标准值比较,就可得知汽车技术状况。

随着经济的发展和技术的进步,诊断参数标准将会不断修正,在使用各类标准时,应及时采用最新的版本。

2.3 诊断周期

诊断周期是汽车诊断的间隔期,以行驶里程或使用时间表示。诊断周期的确定,应满足技术和经济两方面的条件,获得最佳诊断周期。最佳诊断周期,是能保证车辆的完好率最高而消耗的费用最少的诊断周期。

2.3.1 制定最佳诊断周期应考虑的因素

制定最佳诊断周期,应考虑汽车技术状况和汽车使用条件,还应考虑汽车检测诊断、维护修理和停驶损耗的费用等项因素。

(1)汽车技术状况。在汽车新旧程度不一,行驶里程不一,技术状况等级不一,甚至还有使用性能、结构特点、故障规律、配件质量不一等情况下,制定的最佳诊断周期显然也不会一样。新车、大修后的车辆,其最佳诊断周期长;旧车、使用条件恶劣的车辆其最佳诊断周期则短。

(2)汽车使用条件。汽车使用条件包括气候条件、道路条件、装载条件、驾驶技术、拖带挂车、燃润料质量等。气候恶劣、道路状况差、经常重载、驾驶技术不佳、拖挂行驶、燃润料质量得不到保障的汽车,其最佳诊断周期应短些。

(3)经济性。它包括检测诊断、维护修理、停驶损耗的费用。若使检测诊断、维护修理费用降低,则应使诊断周期延长,但汽车因故障停驶的损耗费用增加;若使停驶损耗的费用降低,则应使诊断周期缩短,但检测诊断、维护修理的费用增加。最佳诊断周期应从总费用最低来考虑。

2.3.2 制定最佳诊断周期的方法

大量统计资料表明,实现单位里程费用最小和技术完好率最高,两者是可以求得一致的。

根据《汽车运输业技术管理规定》指出,汽车实行"定期检测、强制维护、视情修理"的制度。该规定要求车辆二级维护前应进行检测诊断和技术评定,根据结果,确定附加作业或修理项目,结合二级维护一并进行。《汽车运输业技术管理规定》又指出,车辆修理应贯彻"视情修理"的原则,即根据车辆检测诊断和技术鉴定的结果,视情按不同作业范围和深度进行,既要防止拖延修理造成车况恶化,又要防止提前修理造成浪费。

从上述规定中可以看出,二级维护前和车辆大修前都要进行检测诊断。其中,大修前的检测诊断,一般在大修间隔里程即将结束时结合最后一个二级维护前的检测诊断进行。既然规定在二级维护前进行检测诊断,则二级维护周期就是我国目前的最佳诊断周期。根据《中华人民共和国安全生产法》《中华人民共和国节约能源法》《中华人民共和国道路运输条例》等法律、行政法规及国家标准《汽车维护、检测、诊断技术规范》(GB/T 18344—2016),二级维护周期的间隔里程为12000~15000km或间隔时间为3个月,并结合车辆维护手册规定,以先到时间或里程为准进行维护。

3 汽车检测设备的基础知识

在汽车检测诊断作业中,为了获得诊断参数测量值,检测人员要选择合适的测量仪表、仪器或设备,组成检测系统,在一定的测量条件和测量方法下,对汽车进行检测、分析和判断。

3.1 检测系统的基本组成

汽车检测系统,通常是由传感器、变换及测量装置、记录与显示装置、数据处理装置等组成,如图1-1所示。

图1-1 汽车检测系统的基本组成图

(1) 传感器。传感器是一种能够把被测量的某种信息提取出来,并将其转换成有对应关系的、便于测量的电信号的装置。传感器在整个检测系统中占有首要地位。由于传感器处于检测系统的输入端,所以它的性能直接影响到整个检测系统的工作可靠性。

汽车检测设备使用的传感器,按测量性质分类,可分为机械量传感器,如位移传感器、速度传感器等;热工量传感器,如温度传感器等。按传感器输出量的性质分类,传感器可分为参量型传感器,如电阻式传感器、电感式传感器和电容式传感器;发电型传感器,如热电偶传感器、光电传感器、磁电传感器、压电传感器等。

(2) 变换及测量装置。变换及测量装置是一种将传感器送来的电信号变换成易于测量的电压或电流信号的装置。这类装置通常包括电桥电路、调制电路、解调电路、阻抗匹配电路、放大电路、运算电路等。它能对传感器信号进行放大,对电路进行阻抗匹配、微分、积分、线性化补偿等处理工作,是检测系统中较为复杂的部分。

(3) 记录与显示装置。记录与显示装置是一种将变换及测量装置送来的电信号进行记录和显示的装置。记录与显示装置一般有模拟显示、数字显示和图像显示3种。

模拟显示一般是利用指针式仪表指示被测量量的大小,应用广泛,其优点是结构简单,价格低廉,读数方便和直观,缺点是易造成读数误差。

数字显示是以数字形式指示被测量量的大小,应用越来越广泛,该种显示方式有利于消除读数误差,并且能与计算机连接,使数据处理更加方便。

图像显示是用记录仪显示并记录被测量量处于动态中的变化过程,以描绘出被测量量随时间变化的曲线或图像作为检测结果,供分析和使用。常用的自动记录仪有光线示波器、电子示波器、笔式记录仪和磁带记录仪等。其中,光线示波器具有记录和显示两种功能;电子示波器只具有显示功能;磁带记录器只具有记录功能。

(4) 数据处理装置。数据处理装置是一种用来对检测结果(数据或曲线)进行分析、运算的装置。例如,对大量测量数据进行数理统计分析,对曲线进行拟合,对动态测试结果进行频谱分析、幅值谱分析和能量谱分析等。

3.2 智能化检测系统简介

智能化检测系统一般是指以计算机为基础的一种新型检测系统。由于用计算机控制整个检测系统,因而使检测系统的结构和功能发生了根本性的变化。

智能化检测系统是以微处理器作为控制单元,能把系统中各个测量环节有机地结合起来,并赋予了计算机所特有的诸如编程、自动控制、数据处理、分析判断、存储打印等功能。在手动设定量程选择、极性变换、亮度调节、幅度调节和数据显示等之后,系统将自动完成检测。

智能检测系统一般由传感器、放大器、A/D转换器、计算机系统、显示器、打印机和电源等组成。

智能检测系统与一般检测系统相比有如下一些特点:

(1) 自动零位校准和自动精度校准。为了消除由于环境条件的变化(例如温度)使放大器的增益发生变化所造成的仪器零点漂移,智能检测系统设置有自动零位校准功能,采用程序控制的方法,在输入搭铁的情况下,将漂移电压存入随机存储器中,经过运算即可从测量值中消除零位偏差。

(2) 自动量程切换。智能检测系统中的量程切换一般是通过软件来实现的。编制软件是采用逐级比较的方法,从大到小(从高量程到低量程)自动进行,软件一旦判定被测参数所属量程,程序即自动完成量程切换。

(3) 功能自动选择。智能检测系统中的功能选择,实际上是在数字仪表上附加时序电路,是用一个 A/D 采集多通道的信号,在程序控制下,通过电子开关来实现的。只要智能检测系统中的各功能键(如温度 T、流量 L 等)进行统一编码,然后 CPU 发送各种控制字符(如 A_1、A_2 等),通过接口芯片来控制各个电子开关的启闭。这样,在测量过程中检测系统能自动选择或自动改变测量功能。这种功能的改变完全可以由用户事先设定,在程序中发送不同的控制字符,相应的电子开关便接通,从而实现了功能的自动选择。

(4) 自动数据处理和误差修正。智能检测系统有很强的自动数据处理功能。例如,能按线性关系、对数关系及乘方关系,求取测量值相对于基准值的各种比值,并能进行各种随机量的统计分析和处理,求取测量值的平均值、方差值、标准偏差值、均方根值等。对于系统误差的修正,由于往往事先知道被测量量的修正量,故在智能检测系统中,这种误差的修正就变得更为简单。除此之外,智能检测系统还能对非线性参数进行线性补偿,使仪器的读数线性化。

(5) 自动定时控制。自动定时控制是某些测量过程所需要的。智能检测系统实现自动定时控制有两种方法,一种是用硬件完成,例如某些微处理器中就有硬件定时器,可以向 CPU 发出定时信号,CPU 会立即响应并进行处理;另一种是用软件达到延时的目的,即编制固定的延时程序,可实现自动定时控制。后者方法简单,但定时精度不如前者高。

(6) 自动故障诊断。智能检测系统可在系统内设有故障自检系统,能在遇到故障时自动显示故障部位,大大缩短诊断故障的时间,实现检测系统自身的快速诊断。

(7) 功能强大。一些综合性能的智能检测系统,如发动机综合参数测试仪、解码器、示波器等,不仅能对国产车系进行检测诊断,而且能对亚洲车系、欧洲车系和美洲车系进行检测诊断;不仅能检测诊断发动机的电控系统,而且能检测自动变速器、防抱死制动装置、安全气囊、电控悬架、巡航系统和空调的电控系统;不仅能读出故障码、清除故障码,而且还能读出数据流,进行系统测试等多项功能。

(8) 使用方便。像发动机综合参数测试仪、解码器、示波器和四轮定位仪等检测设备,均设有菜单式操作按钮,使用中只要点击菜单,选择要测试的内容即可,操作变得非常方便。

3.3　检测设备的日常维护

为了使检测设备保持良好的技术状况,必须做好日常的使用与维护工作。

(1) 检测设备的使用环境,如温度、湿度、灰尘、振动等必须符合其使用说明书的规定,否则应采取必要的措施。

(2) 指针式检测设备在使用前应检查指针是否在机械零点位置上,否则应调整。

(3) 如需预热,检测设备在使用前应按规定时间进行预热。

(4) 应按使用说明书规定的方法对检测设备进行校准和调整,符合要求后才能投入使用。

(5) 电源开关不宜频繁开启和关闭。

(6) 检测设备的电源电压应在额定值 ±5% 范围内,并应加强交流滤波。

(7) 严格防止高压电窜入控制线和信号线内,且控制线、信号线不宜过长。

（8）使用完毕应及时关闭电源,有降温要求的应使机内风扇继续工作数分钟,直至温度降至符合要求为止。

（9）要经常检视检测设备传感器的外部状况,如有破损、松动、位移、积尘和受潮等现象,应及时处理。

（10）保持设备的清洁。严禁用有机溶剂和湿布等擦拭内部元件。

思考与练习

1. 何谓汽车检测?
2. 何谓汽车诊断?
3. 汽车技术状况变差的主要外观症状是什么?
4. 汽车检测与诊断的目的是什么?
5. 何谓现代仪器设备诊断法?
6. 汽车诊断参数包含哪几种参数?
7. 汽车诊断参数的选择原则是什么?
8. 汽车检测诊断设备的日常维护工作有什么要求?

单元二 发动机的检测与诊断

学习目标

知识目标
1. 正确描述发动机检测的项目和内容；
2. 正确描述发动机检测的相关检测标准；
3. 简单叙述发动机检测仪器设备的基本构造与工作原理。

能力目标
1. 会使用发动机检测诊断的仪器和设备；
2. 会分析发动机故障的产生原因，能掌握诊断和排除方法；
3. 会分析发动机各检测项目的检测结果。

发动机是汽车动力的来源。汽车的动力性、经济性、可靠性和环保性等性能指标都直接与发动机有关。由于发动机结构复杂，且处在转速与负荷不断变化的条件下运转，某些零件还要在高温及高压等苛刻的条件下工作，因而故障率较高，往往成为汽车检测与诊断的重点对象。

发动机技术状况变化的主要外观症状有：动力性下降，燃料与润滑油消耗量增加，起动困难，排放污染物增加，漏水、漏油、漏气、漏电以及运转中有异常响声等。

用以评价发动机技术状况的诊断参数很多，详见表1-1。

1 发动机功率的检测

发动机功率的评价指标有指示功率和有效功率。发动机的有效功率是指发动机输出轴上发出的功率，是发动机一项综合性指标，通过检测，可掌握发动机的技术状况，确定发动机是否需要大修或鉴定发动机的维修质量。发动机功率的检测可分为稳态测功和动态测功。

稳态测功是指在节气门开度一定、转速一定和其他参数都保持不变的稳定状态下，在测功器上测定发动机功率的一种方法，又称发动机的台架测功。通过测量发动机的输出转矩和转速，由下式计算出发动机的有效功率：

$$P_e = \frac{M_e \cdot n}{9550}$$

式中：P_e——发动机有效功率，kW；
　　　n——发动机转速，r/min；

M_e——发动机输出转矩，N·m。

动态测功是指发动机节气门开度和转速等参数均处于变动的状态下，测定发动机功率的一种方法。发动机在低速运转时，突然踩下加速踏板，使发动机加速运转，用加速性能直接反映最大功率。这种方法无须对发动机施加外部负荷，又称无负荷测功或无外载测功。无负荷测功可在实验台上进行，也可就车进行，但测量精度低于稳态测功。

1.1 发动机的稳态测功

在实验台上测量发动机输出功率的测试设备有转速仪、水温表、机油压力表、机油温度表、气象仪器（湿度计、大气压力计、温度计）、计时器、燃料测量仪及测功器等。

测功器作为发动机的负载，实现对测定工况的调节，模拟汽车实际行驶时外界负荷的变化，同时测量发动机的输出转矩和转速，即可计算出发动机的功率。

测功器是发动机性能测试的重要设备，主要的类型有水力式、电力式和电涡流式。水力测功器是利用水作为工作介质，调节制动力矩。电力测功器是利用改变定子磁场的激磁电压产生制动力矩。电涡流测功器是利用电磁感应产生涡电流形成制动作用。这里仅就电涡流测功器的结构和工作原理作一介绍。

1.1.1 电涡流测功器的结构与工作原理

(1) 电涡流测功器的结构。电涡流测功器因结构形式不同，分为盘式和感应子式两类。现在应用最多的是感应子式电涡流测功器。

图2-1为感应子式电涡流测功器的结构图。制动器由转子和定子组成，制成平衡式结构。转子为钢制的齿状圆盘。定子的结构较为复杂，由激磁绕组、涡流环、铁芯组成。电涡流测功器吸收的发动机功率全部转化为热量，测功器工作时，冷却水对测功器进行冷却。

(2) 电涡流测功器的工作原理。当激磁绕组中有直流电通过时，在由感应子、空气隙、涡流环和铁芯形成的闭合磁路中产生磁通，当转子转动时，空气隙发生变化，则磁通密度也发生变化。在转子齿顶处的磁通密度大，齿根处磁通密度小，由电磁感应定律可知，此时将产生感应电动势，力图阻止磁通的变化，于是在涡流环上感应出涡电流，涡电流的产生引起对转子的制动作用，涡流环吸收发动机的功率，产生的热量由冷却水带走。

1.1.2 稳态测功的测试过程

(1) 将发动机安装在测功器台架上，使发动机曲轴中心线与测功器转轴中心线重合。

(2) 安装仪表并接上电器线路及接通各种管路。

(3) 检查调整气门间隙，汽油机检查调整分电器

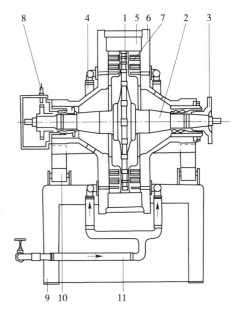

图2-1 电涡流测功器结构图
1-转子；2-转子轴；3-连接盘；4-冷却水管；5-激磁绕组；6-外壳；7-冷却水腔；8-转速传感器；9-底座；10-轴承座；11-进水管

的断电器触点间隙、火花塞电极间隙及点火提前角；柴油机要检查调整喷油器的喷油提前角、喷油压力、喷油锥角及喷雾情况。检查调整各紧固件。

(4) 记录当时的气压和气温。

(5) 起动发动机,操纵试验仪器,观察仪表工作情况,记录数据,根据记录数据计算并绘制出 P_e、M_e、g_e 曲线。

1.2 发动机的无负荷测功

由于稳态测功需从汽车上卸下发动机,易造成密封件和连接件的损坏,将缩短机构的工作寿命。拆卸发动机还将耗费时间和劳力,并增加汽车的停歇时间。用发动机无负荷测功,可以在不拆卸发动机的情况下,快速测定发动机的功率。

1.2.1 发动机无负荷测功的原理

发动机无负荷测功不需外加载装置,能在短时间内测出发动机功率,其测量原理是：对于某一结构的发动机,它的运动件的转动惯量可认为是一定值,这就是发动机加速时的惯性负荷,因此,只要测出发动机在指定转速范围内急加速时的平均加速度,即可得知发动机的动力性能。或者说通过测量某一转速时的瞬时加速度,就可以确定发动机的功率大小。瞬时加速度越大,则发动机功率越大。

1.2.2 发动机无负荷测功方法

进行发动机无负荷测功时,首先使发动机与传动系分离,并使发动机的温度与转速达到规定值,然后把传感器装入离合器壳的专用孔中,迅速踩下加速踏板,使发动机加速,此时功率表便可显示被测发动机的功率。为了取得较准确的测量值,可重复试验几次,取其平均值。

测试时,汽油机有两种加速方法,一种是通过迅速踩下加速踏板;另一种是在发动机运转时切断点火电路,待发动机转速下降后再接通点火电路加速。后一种加速方法排除了化油器加速泵的附加供油作用,因而可以检查化油器的调整质量。

无负荷测功仪可以测定发动机的全功率,也可测定某一汽缸的功率,断开某一缸的点火线或高压油路测得的功率与全功率比较,二者之差即为该缸的单缸功率。各单缸功率进行对比,可判断各缸技术状况。

1.2.3 发动机无负荷测功仪的使用方法

发动机无负荷测功仪既可以制成单一功能的便携式测功仪,也可以和其他测试仪表组合成为台式发动机综合性能分析仪。无论哪种形式,其使用方法基本相同。

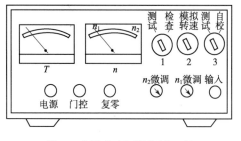

图 2-2 便携式无负荷测功仪面板
1-计数检查旋钮；2-模拟转速旋钮；3-自校旋钮

(1) 便携式无负荷测功仪的使用方法：

① 仪器自校和预热。便携式无负荷测功仪如图 2-2 所示,按使用说明书,对仪器进行预热,然后进行自校。把计数检查旋钮 1 拨向"检查"位置,左边时间(T)表头指针 1s 摆动一次。把旋钮 1 拨向"测试"位置,把旋钮 3 拨向"自校"位置,再缓慢旋转"模拟转速"旋钮 2,注意转速(n)表头指针慢慢向右偏转(模拟增加转速)。当指针偏转至起始转速 $n_1 = 1000 \text{r/min}$ 位置时,门控指示灯即亮。继续增加

模拟转速至 $n_2 = 2800\text{r/min}$ 时,"T"表即指示出加速时间,以表示模拟速度的快慢。按下"复零"按钮,表针回零,门控指示灯熄灭,表示仪器调整正常。否则,微调 n_1、n_2 电位器。

②预热发动机和安装转速传感器。预热发动机至正常工作温度(80~90℃),并使发动机怠速正常,变速器置空挡,然后把仪器传感器两接线卡分别接在分电器低压接线柱和搭铁线路上(汽油机)。

③测加速时间。操作者在驾驶室内迅速地把加速踏板踩到底,发动机转速猛然上升,当"T"表指针显示出加速时间(或功率)时,应立即松开加速踏板,切忌发动机长时间高速空转。记下读数,仪器复零。重复操作三次,取其平均值。

④确定功率。仅能显示加速时间的无负荷测功仪,测得加速时间后应对照仪器厂家推荐的曲线或表格确定发动机的功率值。表2-1所示为某发动机功率—时间对照表。

某发动机功率—时间对照表　　　　　　　　　　　　　　　表2-1

加速时间(s)	0.31	0.36	0.46
稳态外特性功率值(kW)	99.3	88.3	66.2

有的无负荷测功仪做成袖珍式,带有伸缩天线,可接收发动机运转时的点火脉冲信号,而不必与发动机采取任何有线连接。使用时,用手拿着该测功仪,只要面对发动机侧面拉出伸缩天线,发动机突然加速运转,即可遥测到加速时间和转速。然后查看仪器背面印制的主要机型的功率、时间对照表,便可得知发动机功率的大小。

(2)发动机综合性能分析仪检测功率的方法。一些发动机综合性能分析仪也具有无负荷测功功能。以元征 EA1000 型发动机综合性能分析仪为例说明使用方法如下:

①预热发动机,开启元征 EA1000 型发动机综合性能分析仪,将仪器与发动机连接;
②在主菜单中点击"柴油机"或"汽油机";
③在柴油机/汽油机下级菜单中选择"无外载测功",进入无外载测功界面,如图2-3所示;

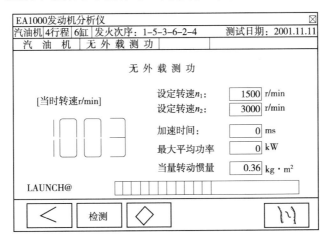

图2-3　发动机综合性能分析仪无外载测功界面

④设定起始转速 n_1 和终止转速 n_2;
⑤键入发动机当量转动惯量(查阅相关资料或使用转动惯量仪器测定);
⑥点击"检测"按钮,界面出现5s倒计时;

⑦当倒计时为"0"时,迅速踩下加速踏板,至发动机转速超过 n_2 时松抬加速踏板;
⑧读取发动机的加速时间和最大平均功率;
⑨点击"保存报表"按钮,对数据进行保存或打印。
点击"显示菜单"返回。

1.2.4　单缸功率的检测

无负荷测功仪既可以检测发动机的整机功率,又可以检测某汽缸的单缸功率。检测单缸功率的方法是,先测出发动机整机功率,再测出某单缸断火后发动机功率,两功率之差即为断火之缸的功率。技术状况良好的发动机,各缸的功率相同,称为发动机的动力平衡。动力不平衡,会造成发动机运转不平稳。

也可以通过单缸断火的方法检测发动机转速下降值,来评价发动机各缸工作状况。

发动机综合性能分析仪通过提取汽油机一缸点火信号和点火系一次信号,在"动力平衡"菜单启动后,自动使各缸依次断火,从而获得各缸断火前转速、断火后转速及转速下降的百分比,如图2-4所示。

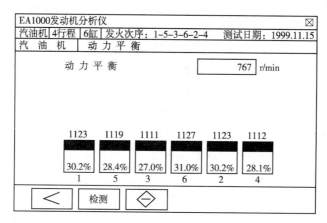

图 2-4　检测动力平衡界面

单缸断火试验时,会造成断火汽缸内积存燃油,破坏润滑条件,所以断火试验时间不宜过长。

1.2.5　检测结果分析

检测完毕后,应对测量结果进行分析,对照诊断标准确定发动机的技术状况,及时查明故障原因并给予排除。

在用发动机功率不得低于原额定功率的75%,大修后发动机功率不得低于原额定功率的90%。

若发动机功率偏低,应首先检查燃料供给系和点火系技术状况,若该两系统工作正常但功率仍然偏低时,应结合汽缸压力和进气歧管真空度的检查(后述),判断机械部分是否有故障。

工作正常的发动机,在某一转速下稳定空转时,发动机的指示功率与摩擦消耗功率是平衡的。此时,若取消任一汽缸的工作,发动机转速都会有相同的下降值。要求最高与最低下降值之差不大于平均下降值的30%。如果转速下降值低于一定规定值,说明断火之缸工作不良。转速下降值越小,则该缸功率越小,当下降值等于零时,该缸功率也等于零,即该缸不工作。

发动机单缸功率偏低,一般系该缸高压分火线或火花塞技术状况不佳、汽缸密封性不良、汽缸窜机油、喷油器故障等原因造成,应调整或检修。

发动机功率与海拔有密切关系,无负荷测功仪所测结果是实际大气压力下的发动机功率,如果要校正到标准大气压下的功率,应乘以校正系数。

2 汽缸密封性的检测

汽缸的密封性与汽缸体、汽缸盖、汽缸垫、活塞、活塞环和进排汽门等零件的技术状况有关。在发动机使用过程中,由于这些零件磨损、烧蚀、结焦或积炭,导致汽缸密封性下降。汽缸密封性是表征发动机技术状况的重要参数。汽缸密封性不良,将使发动机功率下降,燃油消耗率增加。

在不解体的条件下,检测汽缸密封性的常用方法有:测量汽缸压缩压力;测量曲轴箱窜气量;测量汽缸漏气量或汽缸漏气率;测量进气管负压等。在就车检测时,只要进行其中的一项或两项,就能确定汽缸密封性的好坏。

2.1 汽缸压缩压力的检测

活塞到达压缩终了上止点时汽缸内的压力称为汽缸压缩压力,简称汽缸压力。检测汽缸压缩压力的大小可以表明汽缸的密封性。检测方法有:用汽缸压力表检测和用汽缸压力测试仪检测。

2.1.1 用汽缸压力表检测汽缸压缩压力

汽缸压力表是一种气体专用压力表,它一般由压力表头、导管、止回阀和接头等组成,如图2-5所示。汽缸压力表的接头有两种形式。一种为锥形或阶梯形的橡胶接头,可以压紧在火花塞或喷油器孔上;另一种为螺纹管接头,可以拧紧在火花塞或喷油器螺纹孔内。

（1）检测方法。

①起动发动机,使其运转至正常工作温度(冷却液温度为70~90℃)。

②发动机熄火,清除发动机火花塞或喷油器(柴油机)周围脏物并将火花塞或喷油器全部拆下。

③把节气门和阻风门置于全开位置。

④把汽缸压力表的锥形橡胶接头压紧在被测汽缸的火花塞孔内(或把螺纹管接头拧在火花塞孔上)。

⑤用起动机带动曲轴旋转3~5s(不少于4个压缩行程),指针稳定后读取读数,然后按下止回阀使指针回零。

⑥重复步骤⑤。需要说明的是,每个汽缸的测量次数应不少于2次,测量结果应取其测量次数的平均值。

图2-5 汽缸压力表

⑦按上述方法依次检测各个汽缸。

⑧检测缸压注意事项:不能在冷车时测缸压。由于发动机温度和大气压等因素的影响,只有在发动机达到正常的工作温度时测得的缸压才具有实质性的参考价值;对于电喷车在测试前必须拆下燃油泵熔断丝或其他继电器、熔断丝后再测量,否则会导致"淹缸"以及缸压偏低

的情况;测试过程中,必须将节气门、阻风门全部打开,否则会由于燃烧室内进气量不足,从而导致缸压偏低;由于缸压测量具有一定的偶然性,只测一次往往不准确,只有经过2~3次测试然后取其平均值,测试结果才有效;测试中起动机运转时间不能过长或过短,时间过长会过多消耗电能和损害起动机,过短则会达不到测试标准。

(2)诊断参数标准。汽缸压缩压力标准值一般由汽车厂商提供。在《道路运输车辆综合性能要求和检验方法》(GB 18565—2016)中删除了"汽缸压缩压力"(2001年版的4.1),在一般的诊断维修过程中,在用汽车发动机各汽缸压力应不小于原设计值的10%,柴油发动机各汽缸压力应不小于原设计值的20%。每缸压力与各缸平均压力的差:汽油机应不大于8%,柴油机应不大于10%。根据《汽车修理质量检查评定标准 发动机大修》(GB/T 15746.2—1995)附录B的规定:大修竣工发动机的汽缸压力应符合原设计规定,每缸压力与各缸平均压力的差:汽油机不超过8%,柴油机不超过10%。

(3)结果分析。测得结果如高于原设计规定,并不一定是汽缸密封性好,要结合实际情况进行分析。这种情况有可能是燃烧室内积炭过多,或汽缸衬垫过薄,或缸体与缸盖结合平面修理加工过甚所造成。测得结果如低于原设计规定,可向该缸火花塞或喷油器孔内注入适量机油,然后用汽缸压力表重测汽缸压力。根据重测结果,按以下方法进行分析:

①第二次测出的压力比第一次高,接近标准压力,表明是汽缸、活塞环、活塞磨损过大或活塞环对口、卡死、断裂及缸壁拉伤等原因造成汽缸密封不严。

②第二次测出的压力与第一次略同,即仍比标准压力低,表明是进、排气门或汽缸衬垫不密封。

③两次检测结果均表明某相邻两缸压力都相当低,说明两缸相邻处的汽缸衬垫烧损窜气。

以上仅为对汽缸组不密封部位的故障分析或推断。为了准确地测出故障部位,可在测完汽缸压力后,针对压力低的汽缸,采用如下简易方法:以汽油机为例,卸下空气滤清器,打开散热器盖和加机油口盖,用一根胶管,一头接压缩空气气源,另一头通过锥形橡皮头插在火花塞孔内。摇转发动机曲轴,使被测汽缸活塞处于压缩终了上止点位置,然后将变速器挂低挡,拉紧驻车制动器操纵杆,打开压缩空气(600kPa以上)开关,注意倾听漏气声。如在进气口处听到漏气声,说明进气门不密封;如在排气消声器处听到漏气声,说明排气门不密封;如在散热器加水口处看到有气泡或听到漏气声,说明汽缸衬垫不密封造成汽缸与水套沟通;如在相邻汽缸火花塞口处听到漏气声,说明汽缸衬垫在该两缸之间处烧损窜气;如在加机油口处听到漏气声,说明汽缸活塞配合副不密封。

汽缸压缩压力的值不但与汽缸内各处的密封程度有关,而且还与曲轴的转速有关。研究表明,只有当曲轴转速超过1500r/min,压缩压力才变化不大。但在低速范围内,即使较小的转速差也能引起压缩压力测量值的较大变化。

用汽缸压力表测量汽缸压力,虽然使用方便,但存在测量误差较大的缺点。

2.1.2 用汽缸压力测试仪检测汽缸压缩压力

(1)用压力传感器式汽缸压力测试仪检测。用这种测试仪检测汽缸压力时,需先拆下被测缸的火花塞,旋上仪器配置的压力传感器,用起动机转动曲轴3~5s,由传感器取出汽缸的压力信号,经放大后送入A/D转换器进行模数转换,再送入显示装置即可获得汽缸压力。

(2)用起动电流或起动电压降式汽缸压力测试仪检测。起动机带动发动机曲轴所需的转矩是起动机电流的函数,并与汽缸压力成正比。发动机起动时的阻力矩,主要是由曲柄连杆机构产生的摩擦力矩和各缸压缩行程受压空气的反力矩两部分组成的。前者可认为是常数,而后者是随各缸汽缸压力变化的。因此,起动电流的变化与汽缸压力的变化间存在着对应关系,通过测量起动时某缸的起动电流,即可确定该缸的汽缸压力。通过测量起动电源(蓄电池)的电压降,也可获得汽缸压力。这是因为起动机工作时,蓄电池端电压的变化取决于起动机电流的变化。当起动电流增大时,蓄电池端电压降低,即起动电流与电压降成正比。起动电流与汽缸压力成正比,因此起动时蓄电池的电压降与汽缸压力也成正比,所以通过测量蓄电池电压降可以获得汽缸压力。用该测试仪检测汽缸压力时,无须拆下火花塞。

国产WFJ-1型发动机检测仪,利用电流传感器测出起动过程中起动电流的变化波形,如图2-6所示。从图中可以看出,起动电流变化波形上的峰值与各缸汽缸压力的最大值有关,起动电流波形峰值高的汽缸压力也高,峰值低的汽缸压力也低。在测量起动电流波形的同时,用压力传感器测出任一缸的汽缸压力值,其他各缸压力值按相对应的电流波形幅度即可算出。

发动机综合性能检测仪可将起动电流的波形变成柱方图显示各缸的汽缸压力,非常直观。以EA1000型为例,在选择"起动机及发电机"后,进入起动电流检测功能。按下"检测"键,起动发动机,分析仪自动发出全部断油指令,屏幕显示出发动机转速、起动电流,同时绘制起动电流曲线和相对汽缸压力的柱方图,通过检测起动电流从而间接检测汽缸压力变化量的目的,如图2-7所示。

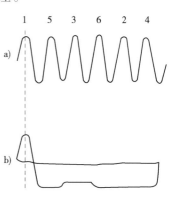

图2-6 起动电流与汽缸压力波形图
a)起动电流波形;b)一缸汽缸压力波形
1、2、3、4、5、6-各缸序号

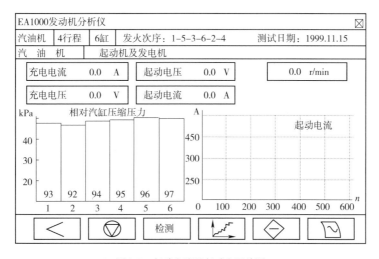

图2-7 起动电流及起动电压检测

(3)用电感放电式汽缸压力测试仪检测。这是一种通过检测点火二次电感放电电压来确定汽缸压力的仪器,仅适用于汽油机。汽油机工作中,随着断电器触点打开,二次电压随即上升击穿火花塞间隙,并维持火花塞放电。火花放电电压又称点火电压,它属于点火系电容放电后的电感放电部分。电感放电部分的电压与汽缸压力之间具有近乎直线的对应关系,因此各缸火花放电电压可作为检测各缸压力的信号,该信号经变换处理后即可显示汽缸压力。

使用以上几种测试仪检测汽缸压力时,发动机不应着火工作。汽油机可拔下分电器中央高压线并搭铁或按测试仪要求处理,柴油机可旋松喷油器高压油管接头断油,即可达到目的。

2.2 曲轴箱漏气量的检测

检测曲轴箱的漏气量,也是检测汽缸密封性的方法之一,特别是在发动机不解体的情况下,使用该方法诊断汽缸活塞摩擦副的工作状况具有显著的作用。随着汽缸活塞配合副的磨损,窜入曲轴箱的气体量将有所增加。所以,发动机工作时单位时间内窜入曲轴箱的气体量的多少,可作为衡量汽缸活塞配合副密封性的评价指标。曲轴箱的漏气量又称曲轴箱窜气量。

2.2.1 曲轴箱漏气量的检测方法

曲轴箱漏气量的检测,需采用专用气体流量计进行。国家标准《装用点燃式发布机重型汽车曲轴箱污染物排放限值》(GB 11340—2005)规定采用的漏气量测量装置及连接方法,如图2-8所示。

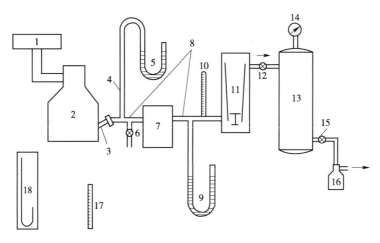

图2-8 曲轴箱漏气量测量装置及连接方法

1-空气滤清器;2-被测发动机;3-选定的曲轴箱入口;4-平衡管(内径3mm);5、9-U形压力计(水);6-放气阀;7-油水分离器;8-通气管(内径不小于20mm);10-温度计;11-流量计;12、15-流量调节阀;13-稳压筒;14-真空表;16-真空泵;17-大气温度计;18-大气压力计

该漏气量测量装置由平衡管(内径3mm)、U形压力计(水)、放气阀、油水分离器、通气管(内径不小于20mm)、温度计、流量计、流量调节阀、稳压筒、真空表、真空泵、大气温度计和大气压力计等组成。检测曲轴箱漏气量时,发动机运转到正常工作温度,在选定的曲轴箱入口(其余入口全部封闭)处,连接漏气量测量装置,不使用PCV阀,并将曲轴箱入口处的压力调整至环境大气压力,在底盘测功试验台上,按表2-2或表2-3所示工况进行检测。当直接挡车速为50km/h,进气管真空度达到55kPa时,按表2-2工况测量;达不到55kPa时,按表2-3工况进行测量。曲轴箱漏气量从流量计上读取。

曲轴箱的漏气量除了与汽缸活塞组的技术状况有关以外,还与发动机的转速和负荷有关,因而检测时发动机必须加载。发动机加载最好在底盘测功试验台上进行。该试验台的测功装置就是加载装置,可方便地通过滚筒对驱动车轮加载。

曲轴箱漏气量测量工况1　　　　　　　　　　　　　　　　　　　　　表2-2

测量顺序	进气管真空度(kPa)	直接挡车速(km/h)
1	—	急速
2	55±1	50±2
3	35±1	50±2
4	10±1	50±2

曲轴箱漏气量测量工况2　　　　　　　　　　　　　　　　　　　　　表2-3

测量顺序	进气管真空度(kPa)	直接挡车速(km/h)
1	—	急速
2	按50km/h平坦路面等速行驶时的进气管真空度	50±2
3	按测量顺序2的真空度×(35/55)	50±2
4	节气门全开	50±2

曲轴箱的漏气量检测后,应对流量计进行修正,修正方法如下:

(1)流量计均有标定的压力和温度,应根据实测时的压力和温度将实测流量换算到标定的压力和温度状态下的流量。

(2)将流量计标定流量修正到标准大气状态下的流量,采用下式进行计算:

$$Q_\text{p} = Q_\text{a} \frac{p_\text{a}}{T_\text{a}} \times \frac{T_\text{p}}{P_\text{p}}$$

式中：p_a——流量计标定压力,kPa;

T_a——流量计标定温度,K;

Q_a——流量计标定后的流量,m³/h;

P_p——标准状态的大气压力,100kPa;

T_p——标准状态的大气温度,298K;

Q_p——标准状态的流量,m³/h。

2.2.2　曲轴箱漏气量诊断参数标准

对于曲轴箱漏气量,在国家标准 GB 11340—2005 中,对曲轴箱排放物的定性标准为:"汽车运行80000 km内,从机油标尺测量不允许出现正压力"。但是,这一规定不仅没有具体流量数值,也没有与发动机技术状况的对应关系,给判断汽缸密封性带来了困难。有些维修企业自用的曲轴箱漏气量企业标准,一般是根据具体车型逐渐积累资料制定的。由于曲轴箱漏气量还与缸径大小和缸数多少有关,很难把众多车型统一在一个诊断标准内。有些国家以单缸平均漏气量作为诊断参数标准,表2-4所示参数可作为参考性诊断标准。

曲轴箱单缸平均漏气量参考性诊断参数标准　　　　　　　　　　　　表2-4

发动机技术状况	单缸平均漏气量(L/min)	
	汽油机	柴油机
新发动机	2~4	3~8
需大修发动机	16~22	18~28

曲轴箱漏气量大,一般是汽缸、活塞、活塞环磨损量大,活塞环对口、结胶、积炭、失去弹性、断裂及缸壁拉伤等原因造成的。

2.3 汽缸漏气量和漏气率的检测

2.3.1 汽缸漏气量的检测

汽缸的密封性可用检测汽缸漏气量的方法进行评价。检测汽缸漏气量时,发动机不运转,活塞处在压缩终了上止点位置,从火花塞孔通入压缩空气,通过测量汽缸内压力的变化情况,来表征整个汽缸组的密封性。

国产 QLJ-2 型汽缸漏气量检测仪如图 2-9 所示。该仪器由调压阀、进气压力表、测量表、校正孔板、橡胶软管、快速接头和充气嘴等组成,此外还需配备外部气源、指示活塞位置的指针和活塞定位盘。外部气源的压力相当于汽缸压缩压力,一般为 600~900kPa。压缩空气按箭头方向进入汽缸漏气量检测仪,其压力由进气压力表 2 显示。随后,它经由调压阀、校正孔板、橡胶软管、快速接头和充气嘴进入汽缸,汽缸内的压力变化情况由测量表 3 显示。检测方法如下:

(1)先将发动机预热到正常工作温度,用压缩空气吹净缸盖、火花塞孔上的灰尘,拧下所有火花塞,装上充气嘴。

(2)将仪器接上气源,在仪器出气口完全密封的情况下,通过调节调压阀,使测量表的指针指在 400kPa 位置上。

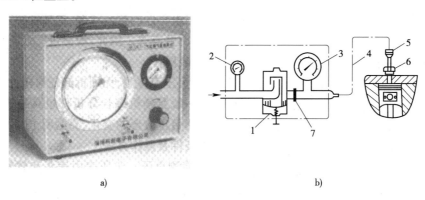

图 2-9 汽缸漏气量检测仪

a)仪器照片图;b)工作原理图

1-调压阀;2-进气压力表;3-测量表;4-橡胶软管;5-快速接头;6-充气嘴;7-校正孔板

(3)卸下分电器盖和分火头,装上指针和活塞定位盘。指针可用旧分火头改制,仍装在原来的位置上。活塞定位盘用较薄的板材制成,其上按缸数进行刻度,并按分火头的旋转方向和点火次序刻有缸号。假定是 6 缸发动机,分火头顺时针方向转动,点火次序为 1-5-3-6-2-4,则活塞定位盘上每 60°有一刻度,共有 6 个刻度,并按顺时针方向在每个刻度上分别刻有 1、5、3、6、2、4 的字样。

(4)摇转曲轴,先使第 1 缸活塞处于压缩终了上止点位置,然后转动活塞定位盘,使刻度"1"对正指针。变速器挂低速挡,拉紧驻车制动器操纵手柄,以保证压缩空气进入汽缸后,不会推动活塞下移。

(5)把1缸充气嘴接上快速接头,向1缸充气,测量表上的读数,便反映了该缸的密封性。在充气的同时,可以从进气口、排气口、散热器加水口和机油注入口等处,察听是否有漏气声,以便找出故障部位。

(6)摇转曲轴,使指针对正活塞定位盘下一缸的刻度线,按以上方法检测下一缸漏气量。

(7)按以上方法和点火次序,检测其他各缸的漏气量。为使数据可靠,各缸应重复测量一次,取其平均值。

本检测方法仅适用于汽油机。仪器使用完毕后,调压阀应退回到原来的位置。

2.3.2 汽缸漏气率的检测

汽缸漏气率的检测,无论在使用的仪器、检测的方法,还是判断故障的方法上,与汽缸漏气量的检测是基本一致的,只不过汽缸漏气量检测仪的测量数据单位为 kPa 或 MPa,而汽缸漏气率测量表的测量数据为百分数。一般说来,当汽缸漏气率达 30%~40% 时,如果能确认进排气门、汽缸衬垫、汽缸盖和汽缸套等是密封的,则说明汽缸活塞摩擦副的磨损临近极限值,已到了需换环或镗磨缸的程度。

2.4 进气管负压的检测

进气管负压(也称真空度)是进气管内的压力与大气压力的差值,发动机进气管负压的大小随汽缸活塞组零件的磨损而变化,并与气门组零件的技术状况、进气管的密封性以及点火系和供油系的调整有关。因此,检测进气管负压,可以用来诊断发动机多种故障。

进气管负压用负压表检测,无须拆卸任何机件,而且快速简便,应用极广。一般发动机综合分析仪也具有进气管负压检测功能,且可观测负压波形的变化,直观明了。

2.4.1 测试条件及操作方法

(1)用负压表检测负压。负压表由表头和软管组成。负压表的表头与汽缸压力表头一样,多为鲍登管,当负压进入表头后,在表盘上指示出负压的大小。软管的一头固定在表头上,另一头连接在节气门后方的进气管专用接头上。

检测步骤如下:

①起动发动机,使发动机达到正常工作温度;

②将负压表软管接到进气歧管的测压孔上;

③变速器挂空挡,发动机怠速运转;

④读取负压表上的示值。

(2)用示波器通过波形分析负压。用示波器观测负压波形,可以分析、判断汽缸的密封性,以 EA1000 型发动机综合性能分析仪为例,其方法如下:

①发动机运转至正常工作温度。

②将负压(真空度)传感器的橡胶软管通过三通接头连接到发动机的进气管上。化油器式发动机的连接如图 2-10 所示。电喷发动机的负压软管一般在发动机总成顶部,拔下一端后通过三通接头连接负压传感器。

③使发动机转速稳定在 1700r/min 左右。

④在主菜单下的副菜单上选择"进气管内真空度",进入负压检测状态,检测界面如图 2-11 所示。

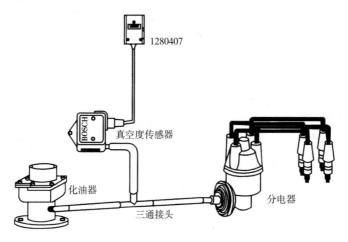

图 2-10 负压传感器与发动机连接图

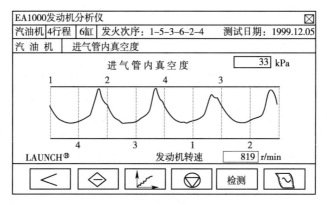

图 2-11 检测进气管负压

⑤按下界面下方的"检测"按钮，分析仪高速采集进气管负压值，并显示出被检发动机进气管负压波形。

⑥对所示波形进行分析。

⑦再次按下"检测"按钮，采集结束。

⑧必要时，可按下 F4 按钮，分析仪将提供 4 缸、6 缸或 8 缸发动机进气管负压标准波形。4 缸和 6 缸标准波形分别如图 2-12 和图 2-13 所示。除此之外，还可提供进气门开启不良、进气门漏气、排气门开启不良和排气门关闭不严等故障波形，以供观测波形时对照分析。4 缸发动机第 4 缸进气门严重漏气波形如图 2-14 所示。

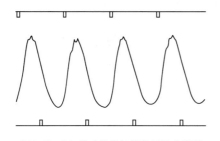

图 2-12 4 缸发动机进气管负压标准波形

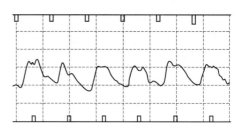

图 2-13 6 缸发动机进气管负压标准波形

⑨按 F2 按钮可对数据进行存储,按 F3 按钮可进行图形存储,按 F6 按钮可进行图形打印,按 F1 按钮返回主菜单。

2.4.2 诊断标准

根据《汽车发动机大修竣工技术条件》(GB/T 3799—2005)的规定,大修竣工的四行程汽油机转速在 500~600r/min 时,以海平面为准,进气管负压应在 57.33~70.66kPa 范围内。波动范围:六缸汽油机一般不超过 3.33kPa,四缸汽油机一般不超过 5.07kPa。

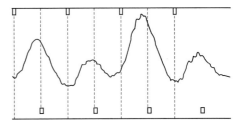

图 2-14 4 缸发动机第 4 缸进气门严重漏气波形

由于进气管的负压随海拔升高而降低,因此应根据所在地区海拔对测量值进行修正(一般海拔每升高 1000m,负压将减少 10kPa 左右)。

3 点火系统的检测与诊断

汽油机在运行过程中出现的故障大多数都是由供油系统和点火系统引起的。一般情况下发动机在运转过程中逐渐熄火,多为供油系统故障。发动机在运转中突然熄火并发动不着,多为点火系统故障。

在诊断点火系统的故障时,要对点火系统的电路及工作原理非常熟悉,能够利用点火系统的基本工作原理分析故障可能发生的部位,并可通过更换零件验证自己的推测。诊断故障时,要本着先易后难的原则,逐步查找故障的部位。

在点火系统的故障中,主要的故障有无火、缺火、乱火、火弱及点火正时失准等。这些故障将会造成发动机不能起动或工作不正常。点火系统故障部位可分为低压线路和高压线路两部分。

汽油机的点火系统分为以机械方式控制的传统点火系统和以电子技术控制的电子点火系统。点火系统的故障可采用人工经验诊断法和仪器诊断法进行,这里主要讲述仪器诊断法。

3.1 点火示波器的使用

3.1.1 点火示波器简介

示波器是一种可显示电压随时间变化波形的多用途检测设备。示波器显示信号的速度比一般电子检测设备要快得多,是能即时显示瞬态波形的仪器。示波器一般由传感器(包括夹持器、测试探头和测针等)、中间处理环节和显示器等组成。

点火示波器是专门用来检测诊断汽油机点火系统技术状况的检测设备。当点火示波器连接在运转的汽油机点火系统电路上时,示波器屏幕上将显示出点火系统中电压随时间变化的曲线,即点火波形。示波器屏幕显示的波形,在垂直方向上表示电压,在水平方向上表示时间,基线的上方为正电压,下方为负电压。

3.1.2 点火示波器的使用

(1)点火示波器观测的项目。点火示波器可观测、分析、判断点火系的项目如下:

①断电器触点闭合角；
②各缸波形重叠角；
③点火提前角；
④断电器触点是否烧蚀；
⑤断电器活动触点臂弹簧弹力是否正常；
⑥火花塞是否"淹死"或断续点火；
⑦各缸点火高压值；
⑧火花塞加速特性；
⑨点火系统最高电压值；
⑩分火头跳火间隙；
⑪点火线圈次级线圈是否断路；
⑫电容器性能是否良好等。

(2)点火示波器的联机与准备工作。使用前应按要求，对示波器通电预热，检查校正，待符合要求后再投入使用。

点火示波器的点火传感器（包括夹持器等）与发动机点火系统的连接，传统点火系统初级点火信号是从断电器触点两端采集的，次级点火信号是从点火线圈高压总线上采集的，具体连接方法请仔细阅读使用说明书。带有点火示波器功能的元征 EA1000 型发动机综合性能分析仪的联机方法如下：

①传统点火系统的联机：EA1000 型分析仪的电源夹持器夹持在蓄电池正、负极上，红色夹持器为正极，黑色为负极。初级信号红、黑小鳄鱼夹分别夹在点火线圈的初级接线柱上，红为正极，黑为负极。1 缸信号传感器（外卡式感应钳）卡在第 1 缸高压线上。次级信号传感器（外卡式电容器感应钳）卡在点火线圈中心高压线上，如图 2-15 所示。通过次级信号传感器的信号可获得次级点火波形，通过 1 缸信号传感器信号的触发，可获得按点火次序排列的各缸波形。

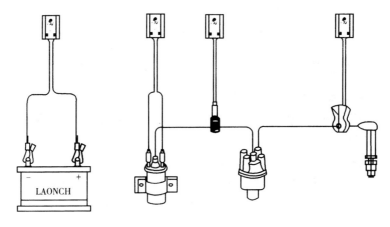

图 2-15　分析仪传感器与传统点火系统联机方法

②无分电器点火系统的联机：对于单缸独立点火线圈式，须采用分析仪的金属片式次级信号传感器联机，连接方法如图 2-16 所示。对于双缸独立点火线圈式，在检测任一点火波形时，

须将1缸信号传感器和次级信号传感器共同卡在该缸高压线上,如图2-17所示。

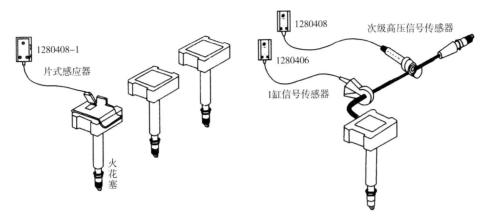

图2-16 分析仪传感器与单缸独立点火线圈式点火系统的联机方法

图2-17 分析仪传感器与双缸独立点火线圈式点火系统的联机方法

(3)检测使用方法。

①在分析仪主菜单上选择"汽油机",在副菜单上选择"点火系统",在点火系统的下级菜单中选择"次级点火信号",于是分析仪屏幕显示点火系次级检测界面。

②点击界面下端的波形切换软按钮,可分别观测到次级多缸平列波、次级多缸并列波(三维波形)和次级多缸重叠波,如图2-18至图2-20所示。需要指出的是,显示屏幕上击穿电压的坐标刻度具有智能性,当击穿电压值大于20kV时,量程会自动切换为40kV。

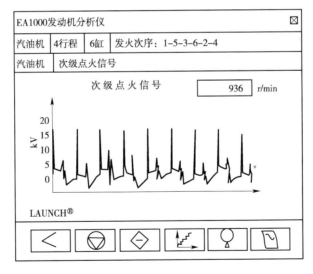

图2-18 次级多缸平列波

③在点火系统的下级菜单中选择"初级点火信号",于是分析仪屏幕显示点火系初级检测界面,如图2-21所示。

④点击界面下端的其他按钮,可实现数据存储、图形存储、故障诊断、图形打印和返回主菜单功能。

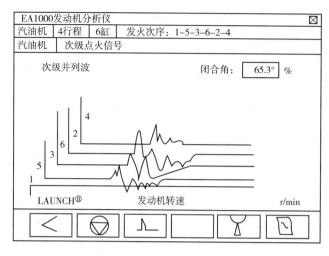

图 2-19 次级多缸并列波

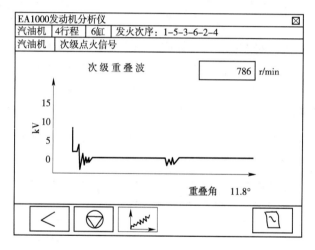

图 2-20 次级多缸重叠波

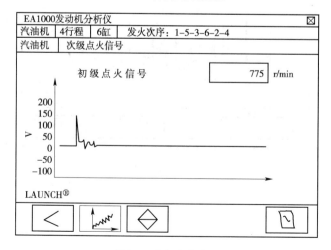

图 2-21 初级点火波形

3.2 点火波形分析

3.2.1 传统点火系统点火波形分析

示波器可以显示发动机点火过程的三类波形:直列波、重叠波和高压波,通过将所显示的波形与标准波形的比较,即可诊断出故障所在部位。

(1)直列波。在进行测试时,先按图2-22所示将示波器的信号线和电源线接好,打开示波器电源,调整示波器上的上下、左右旋钮,使屏幕上的光点位于屏幕的中央,然后起动发动机,使发动机的转速保持在1500r/min。调整各旋钮,使各汽缸点火电压直列波形显示在坐标刻度内,其波形如图2-23所示。

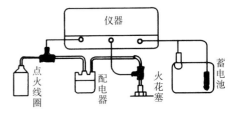

图2-22 示波器与点火系统的接线

发动机工作时,其点火线圈次级电压的波形即为直列波,调整示波器的左右旋钮,使要观察的某一缸的波形位于屏幕标线的适当位置,此时屏幕上所显示波形如图2-24所示,此波形即为单缸直列波。此波形反映了点火系统次级电压在点火工作过程中各个阶段的变化情况,波形各阶段的含义如下。

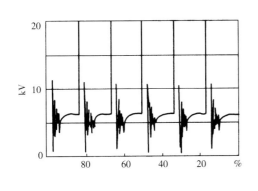

图2-23 点火电压直列波

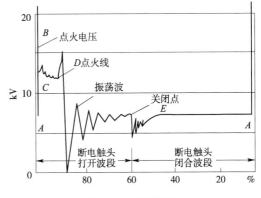

图2-24 单缸直列波

EA 段:为断电器触点闭合,初级电流增长的阶段。*E* 点为触点闭合的瞬间,因触点闭合时初级电流的突然增加,在次级绕组中会出现一个小而向下的振荡波形(第二次振荡),随着初级电流变化率的减小,次级电压即成为一条水平线。

AB 段:为触点断开、次级电压上升的阶段。*A* 点为触点断开的瞬间,*AB* 垂线表示点火线圈所产生的点火电极间的击穿电压。

BC 段:为电容放电阶段的电压。

CD 段:为电感放电阶段的电压。在电感放电的同时,伴随有高频振荡波的发射。

DE 段:为火花消失后剩余能量所维持的低频振荡波(第一次振荡)。

如果示波器显示的波形与标准不同,说明点火系统中出现了故障。常见的故障波形如图2-25所示。

①第一次振荡波少,说明初级电路中的电阻过大。

②第一次振荡波多,说明初级电路的电容量过大或点火系统次级电路阻抗大。

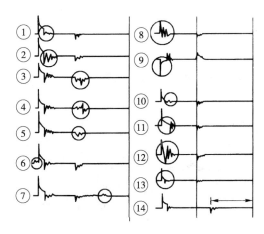

图 2-25 单缸直列波常见故障波形

③第二次振荡波前出现小的多余波形,说明初级电路在接通瞬间,导通状况不够好,故出现小的多余波形。

④第二次振荡波呈上下振荡形式,说明初级电路在接通瞬间有时断时通的情况,而引起电压波动。

⑤第二次振荡波小而少,说明点火线圈的阻抗过大,将这部分振荡波吸收。

⑥初级电路在切断之前有小的多余波形,说明初级电路中有接触不良的部位,在初级电路切断之前,出现瞬间的接触不良,引起电压波动,出现多余波形。

⑦初级电路导通阶段出现多余波形,说明初级电路中有接触不良的部位,在初级电路导通的时间内,由于接触不良引起电压波动而出现多余波形。

⑧无点火线,说明高压线接触不良。

⑨波形上下颠倒,说明点火线圈的初级绕组的两个接线柱的导线接反。

⑩火花电压过低而且第一次振荡波基本消失,说明火花塞短路或漏电。

⑪点火线变长,说明火花塞间隙过大。

⑫点火线与第一次振荡界限分不清,说明火花塞的间隙无法被击穿。

⑬点火线变短,说明初级电流小,点火能量小。

⑭闭合时间短,说明初级电路的闭合角小。

(2)重叠波。重叠波是将多缸发动机次级电压的波形重叠在一起。利用重叠波可以检查初级电路的闭合角、断电器凸轮的状况、各缸工作的均匀情况等。

检查时,在上述单缸直列波的基础上调出各缸的直列波,并使发动机的转速保持在1000r/min 左右,按下示波器的重叠波按键,调整各旋钮,使波形位于坐标刻度内。屏幕上出现的波形如图 2-26 所示。

在标准重叠波中,初级电路导通时间(触点闭合的时间)所占的比例,4 缸发动机为 45%~50%;6 缸发动机为 63%~70%;8 缸发动机为 64%~71%。此外,要求闭合段波形的变化范围不应超过整个闭合段的 5%。

图 2-27 所示为重叠波显示的故障波形。

①闭合波太短,说明断电器触点间隙过大或闭合角过小。

②闭合波太长,说明断电器触点间隙过小或闭合角过大。

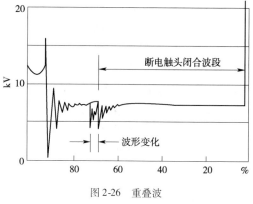

图 2-26 重叠波

③闭合段的变化大于 5%,说明断电器凸轮不均匀或分电器轴与铜套磨损过大等。

(3)高压波。多缸发动机各缸的次级点火电压同时显示于屏幕,即为高压波,一般用于诊断次级电路故障。检查时,先将各缸直列波调出,发动机转速保持在1500r/min,按下 kV 键,调整上下、左右旋钮,把各缸波形调整到屏幕的坐标刻度上,高压波形底端与横坐标重合。高压波的标准波形如图 2-28 所示。

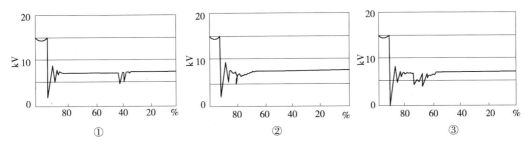

图 2-27 故障重叠波

高压波的常见波形如图 2-29 所示,分析如下:

①各缸点火电压均过高,可能由于火花塞间隙过大或烧蚀、混合气过稀引起。

②个别汽缸点火电压过高,如图中的 3、4 缸,说明这两个汽缸的火花塞可能烧蚀。

③全部汽缸点火电压过低,原因可能是电源电压过低、火花塞间隙过小、混合气过浓等。

④个别汽缸点火电压过低,如图中的 3 缸,可能为该缸的火花塞间隙小或绝缘体损坏。

⑤拔下某缸的高压线,电压应在 20～30kV,否则说明高压线、分电器盖绝缘不良或点火线圈、电容器性能不良。

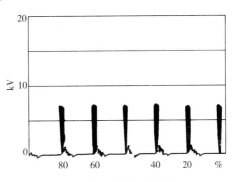

图 2-28 高压波的标准波形

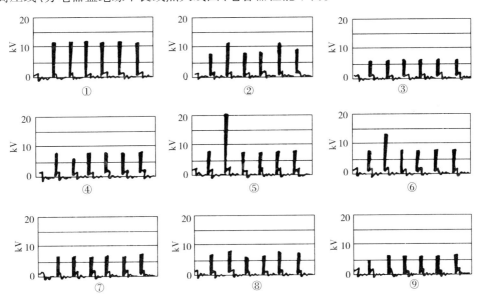

图 2-29 高压波常见波形

⑥拔下某缸的高压线,电压低于 20kV,说明点火线圈性能不好或分电器和高压线有漏电

故障。

⑦将发动机的转速提高到 2500r/min,各缸点火电压减小,保持在 5kV 以上,说明点火系统能在高速下正常工作。

⑧发动机转速升高后,个别汽缸的电压高于其他汽缸,说明该缸火花塞的间隙过大。

⑨发动机转速升高后,个别汽缸的电压低于其他汽缸,说明该缸火花塞的间隙过小、脏污或绝缘体绝缘不良。

3.2.2 电子点火系统点火波形的特点

随着电子技术的发展,现在汽车上广泛采用了电子点火系统。电子点火系统的点火电压波形与传统点火系统点火电压波形相比,波形类别、波形观测方法等均相同,不同之处如下:

①点火电压波形上低频振荡波异常时,仅表示点火线圈的技术状况不良,而不是电容器的原因,因为电子点火系统中无电容器。

②点火电压波形上闭合点处和张开点处的波形,虽然与传统点火系统极为相似,但不是触点闭合和张开造成的,而是三极管或晶闸管的导通和截止电流造成的。

③点火电压波形上波形闭合段的长度和形状与传统点火系统波形不完全相同,甚至不同车型之间也略有差异,有的车型闭合段在发动机高速时加长,这属正常现象。

④有的电子点火系统当点火电压波形闭合段结束时,先产生一条锯齿状的上升斜线,然后导出点火线,不像传统点火系统点火电压波形那样,随着触点打开产生一条急剧上升的点火电压线。

3.3 点火正时的检测

点火正时是指正确的点火时间,点火时间一般用点火提前角(曲轴转角或凸轮轴转角)表示。当点火正时正确时,点火提前角处于最佳状态。然而,最佳点火提前角是随转速、负荷和汽油辛烷值等因素的改变而变化的。对于传统点火系统,随转速和负荷的变化,是在动态情况下由分电器上离心式调节器和真空式调节器自动调节的;随辛烷值的变化,则是在静态情况下通过获得最佳初始点火提前角,亦即获得最佳分电器壳固定位置得到的。当使用的汽油辛烷值改变时,发动机的初始点火提前角也要随之改变,即改变分电器壳的固定位置。

初始点火提前角又称初始点火正时,它是点火提前自动调节装置进入工作状态前的基础。在离心式调节器和真空式调节器工作正常的情况下,发动机最佳点火提前角往往决定于初始点火提前角。

发动机的点火正时是非常重要的,它直接影响到动力性、燃料经济性和排气净化。检测点火正时的方法有人工(经验)法、闪光(正时灯)法和缸压法等。

3.3.1 用人工法检查并校正点火正时

(1)用人工法检查并校正点火正时的方法。检查点火正时的目的是为了查证点火时间的准确性,而校正点火正时的目的是为了获得最佳初始点火提前角,亦即为了获得最佳分电器壳固定位置。检查及校正的方法如下。

①用手摇把摇转曲轴,使分电器凸轮将断电器触点完全打开,检查并调整触点间隙,使其保持在 0.35~0.45mm 范围内。继续摇转曲轴,察看其他各缸触点间隙是否均在规定范围内。

②将第 1 缸活塞摇至压缩终了上止点位置。可采用下列方法:先拆下第 1 缸火花塞,摇转

曲轴，当听到从火花塞孔发出排气声时，说明第1缸已处于压缩行程；然后继续摇转曲轴，同时观察飞轮上或曲轴传动带盘上的上止点标记，当该标记与固定标记对正时，停止摇转并抽出摇把，此时第1缸活塞正好处于压缩终了上止点位置。

③拆去分电器真空式调节器的连接管路，松开分电器壳与缸体之间的定位螺钉，有辛烷值调节器的应将其调整在"0"的位置上。

④用手握住分电器壳，先顺分火头转动方向转动一个角度，使触点闭合，然后再逆分火头转动方向转动一个角度，使触点接近完全打开（根据所使用汽油的辛烷值决定）。如果飞轮或曲轴传动带盘上打有点火正时标记，可对正该标记，在使用规定牌号汽油的情况下，断电器触点开口刚刚打开即可。

⑤拧紧分电器壳定位螺钉，并连接好真空式调节器的管路。

⑥插上分火头，扣上分电器盖，分火头指向的插孔即为第1缸高压线插孔。插上第1缸高压线，该线的另一端和第1缸火花塞连接；然后沿分火头转动方向按点火次序插上其他各缸高压线，并与对应的火花塞连接好。

⑦起动发动机并预热，进行无负荷加速试验。当突然打开节气门时，发动机应加速良好。如果加速不良，且有突爆声，则为点火过早；如果加速不良且发闷，甚至排气管有"突、突"声，则为点火过晚。用无负荷加速试验检查点火正时不太准确，只能起一定参考作用，准确的检查应进行路试。

⑧为检查点火正时进行汽车路试时，应选择平坦、坚硬的直线道路或专用跑道，预热后以最高挡的最低稳定车速行驶，然后突然将加速踏板踩到底，使汽车处于急加速状态。此时，若能听到发动机有轻微的突爆声，且随着车速提高瞬间消失，则点火正时正确；若听到的突爆声强烈，且车速提高后长时间不消失，则为点火时间过早；若听不到突爆声，且加速困难，甚至排气管有"突、突"声，则为点火时间过晚。

路试中发现发动机点火正时不正确时，可停车进行调整。如点火时间过早，可使分电器壳顺分火头方向转动少许；如点火时间过晚，可使分电器壳逆分火头方向转动少许，并结合路试反复调试几次就可获得满意的结果。

以上检查及校正点火正时的方法是以第1缸为基准进行的，其余各缸的点火正时是否正确则决定于点火间隔的准确性。

(2)用人工法检查并校正点火正时中应掌握的原则。发动机的点火正时在使用中并不是一成不变的，应及时根据汽车的技术状况、燃料和运行条件的变化进行检查及校正，掌握的原则如下：

①使用辛烷值较高的汽油时，应将点火时间略为提前；反之，使用辛烷值较低的汽油时应将点火时间略为推迟，以防爆燃。

②混合气成分不同，直接影响燃烧速度。根据试验测定，当过量空气系数 $\alpha = 0.8 \sim 0.9$ 时燃烧速度最快，此时点火提前角应小些；当 α 大于或小于此值，即混合气过稀或过浓时，都会使燃烧速度变慢，此时点火提前角应大些。

③容易产生爆震的发动机，点火提前角应小些。

④高原地区的大气压力低，因而发动机的进气压力和压缩终了的压力均降低，影响了汽油的雾化和混合气的涡流运动，使燃烧速度变慢。与平原地区相比，在相同的混合气成分下，高

原地区点火时间应提早些。

⑤外界气温的变化对汽油的雾化有一定影响。气候寒冷时,点火时间应略为提前;气候炎热时,点火时间应略为推迟。

⑥发动机已接近大修、汽缸压缩压力降低时,点火时间可略为提前。

⑦对于要求排气净化的发动机,不能仅以功率的大小作为检查及校正点火正时的依据,要同时考虑排放要求。适当推迟点火时间,可减少 NO_x 的排放量。

发动机点火时间的正确与否,可参照上述原则进行具体分析,并且要通过路试作出准确的评价。

3.3.2 用闪光法检测点火正时

闪光法是采用点火正时灯检测点火正时,系利用闪光与第1缸点火同步的原理测出发动机的点火提前角,目前应用比较广泛。

正时灯是一种频率闪光灯,每闪光一次表示第1缸的火花塞发火一次,因此闪光与第1缸点火同步。当正时灯对准发动机第1缸压缩终了上止点标记,并按实际跳火时间进行闪光时,若飞轮或曲轴传动带盘上的标记还未到达固定指针,即第1缸活塞还未到达压缩终了上止点,可调整正时灯电位器,使闪光时机推迟至转动部分上的标记正好对准固定指针之时,推迟闪光的时间就是点火提前的时间,将其显示到表头上,便可读出要测的点火提前角。需要说明的是,有些表头指针的角度是分电器凸轮轴转角,对于四冲程发动机来说,换算成曲轴转角则要乘以2。

测量时,先接上正时灯,再将传感器插接在第1缸火花塞与高压线之间,并事先擦拭飞轮或曲轴传动带盘上第1缸压缩终了上止点标记,最好用粉笔或油漆将标记涂白。发动机怠速下稳定运转,打开正时灯并对准飞轮壳或机体前端面上的固定指针。调整正时灯电位器,使飞轮或曲轴传动带盘上的标记逐渐与固定指针对齐,此时表头的读数即为发动机怠速运转时的点火提前角。若测出的点火提前角符合规定,说明初始点火提前角调整正确。用同样的方法可分别测出不同工况时的点火提前角,如果符合规定,还可说明离心式调节器和真空式调节器工作正常。

发动机怠速运转时,由于离心式和真空式调节器未起作用或作用很小,此时测得的提前角实为初始提前角。在拆下真空管(要堵塞通化油器的管道)的情况下,发动机在某转速下测得的提前角减去初始提前角,即可得到该转速下的离心提前角;反之,在连接真空管的情况下,在同样转速下测得的提前角减去离心提前角和初始提前角,则又可得到真空提前角。测出的点火提前角应与规定值进行对照。

点火正时灯,既可以制成单一功能便携式,又可以和其他仪表组合成多功能综合式。其指示装置既可以是表头式、数码管式,也可以是显示屏式,带有打印功能的还可以打印输出。指示装置还应有显示瞬时转速的功能,以便在规定转速下测得点火提前角。

图 2-30 所示的仪器为某发动机测试仪上的正时灯,它不仅能用闪光法测出发动机的点火提前角,而且能测出发动机转速、触点闭合角以及电压、电阻等参数。

3.3.3 用缸压法检测点火正时

缸压法采用的点火正时仪,由缸压传感器、点火传感器、中间处理环节和指示装置等组成。如果仪器带有油压传感器,还可以检测柴油机供油提前角。国产 QFC-5 型和 WFJ-1 型等发动机综合测试仪,都带有缸压法检测点火(供油)正时的装置,其测量的基本原理是采用缸压传感器找出某一缸压缩压力的最大点作为活塞上止点,同时用点火传感器(油压传感器)找出同一缸的点火(供油)时刻,两者之间的凸轮轴转角即为点火(供油)提前角,如图2-31所示。

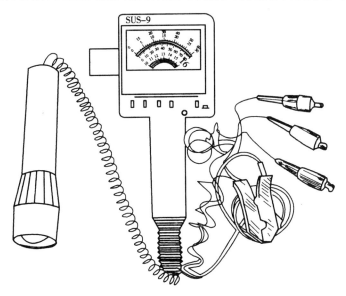

图2-30 发动机测试仪上的正时灯

用该仪器检测点火提前角时,应预热发动机,拆下任意一缸的火花塞,装上缸压传感器。在拆下的火花塞上仍接上原高压线,在高压线与火花塞之间接点火传感器或在高压线上卡上外卡式点火传感器,然后将火花塞放置在机体上使之搭铁良好。起动发动机运转。

由于被测缸不工作,因而缸压传感器采集的是汽缸压缩压力信号,其压力最大点就是活塞压缩终了上止点。拆下的火花塞虽在缸外但仍在跳火,其上的点火传感器可采集到点火开始信号。此时,通过按键或输入操作码,即可从指示装置得到怠速、规定转速或任意转速下的点火提前角及对应的转速。测得的点火提前角如不符合规定,应在点火正时仪监测情况下重新调整,直到符合要求。

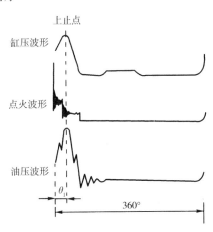

图2-31 缸压法检测点火(供油)提前角的原理图

缸压法和闪光法检测点火正时时,一般仅测得一个缸(如第1缸或最末缸)的结果就可以了,其他缸的点火提前角决定于点火间隔。当测得的各缸波形间的重叠角很小时,可以认为各缸间的点火间隔是相等的,因而其他缸的点火提前角与被测缸相等,此时被测缸的点火提前角可认为是整台发动机的点火提前角。

3.3.4 电喷发动机点火提前角的检测

电喷汽油发动机是由电子控制器ECU控制点火系统,其点火提前角包括初始点火提前角、基本点火提前角和修正点火提前角三部分。其中,基本点火提前角是点火提前角中最主要的部分,其大小取决于发动机工况。不同的发动机工况,基本点火提前角的大小也不一样。汽车运行中,ECU 根据发动机转速、进气量或进气管压力等信号,从存储器中查取该点火提前角。该点火提前角是在设计发动机电控系统时,根据发动机性能要求并通过大量实验优化处理而获得的,并预先存储在 ECU 的一个存储单元中,以此构成点火提前角脉谱图。汽车运行中通过传感器检测出发动机的实际工况,然后由中央处理器 CPU 查询点火提前角脉谱图并调出与此工况相对应的基本点火提前角,再根据其他有关传感器信号加以修正,就获得了最佳点火提前角。

电喷发动机的点火提前角一般是不可调的,但需要检测,目的是当发现点火提前角不符合要求时,进一步确定是否 ECU 或传感器存在故障。电喷发动机点火提前角的检测方法,与传统发动机相同。

4 电控汽油喷射系统的检测与诊断

电子控制汽油喷射(EFI)系统,是利用计算机代替传统的化油器装置控制燃油喷射。汽车运行中,EFI 系统中的各种传感器和开关,能将各种状态参数,诸如发动机转速、进气流量、节气门位置、进气温度、冷却液温度、曲轴位置、排气氧含量、爆震燃烧、起动、变速器挡位、转向助力器工作情况、点火开关、空调开关等,转变为电信号输入计算机。电信号经放大处理后,再由计算机计算、比较,然后发出指令信号给喷油器、点火器和怠速控制阀等执行器,使发动机得到最佳混合比、最佳点火时间和最稳定的怠速。

计算机的指令信号控制大功率三极管进行导通与截止。当大功率三极管导通时,喷油器电磁线圈电路接通,产生电磁吸力。当电磁力超过针阀弹簧力时,磁芯被吸起,针阀被打开,喷油器喷油。当大功率三极管截止时,喷油器电磁线圈电路切断,电磁力消失,弹簧力又使针阀返回阀座,喷油器停止喷油。

电控系统中的各种传感器、各种开关信号以及电动汽油泵、喷油器等执行元件的性能对发动机运行的影响很大,是故障的多发元器件,也是检测的主要对象。

4.1 传感器的检测

检测传感器信号是否正常可用万用表、示波器,也可用检测仪。这里主要介绍用万用表检测传感器的方法。

4.1.1 冷却液温度传感器的检测

冷却液温度传感器安装在发动机冷却水通道上,与发动机冷却液直接接触,将发动机冷却液温度转变为电压信号传递给发动机控制单元 ECU。

冷却液温度传感器与 ECU 之间有两条连线,一条是电压信号线,另一条是搭铁线。冷却液温度传感器内部是一个负温度系数的热敏电阻,低温条件下传感器电阻值大,信号电压高;温度升高,传感器电阻值逐渐减小,信号电压也逐渐降低。

冷却液温度传感器电阻值的检测如图 2-32 所示,在盛有冷水的容器中,放入温度计,再将冷却液温度传感器下部放入水中,逐渐把水加热,测量不同温度下冷却液温度传感器的电阻值。对应着不同的温度,冷却液温度传感器有固定的对应电阻值(图 2-33),对照汽车制造商提供的电阻值,若不符合,则应更换。

就车检测时,冷却液温度传感器的电阻值应与发动机对应温度下的电阻值相同。把冷却液温度传感器装在发动机上,对应着不同的冷却液温度,在接线端(见图2-33的THW端),有对应的电压值。如丰田车THW与E2端在80℃时的标准电压为0.2~1.0V。如果发动机THW与E2端子无电压(点火开关ON),应检查有关部件。

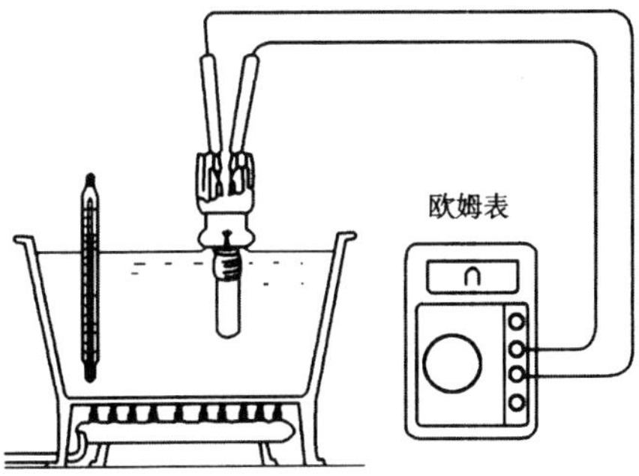

4.1.2 进气温度传感器的检测

进气温度传感器又称进气歧管空气温度传感器。有些进气温度传感器拧入进气歧管内,传感器的下端突出在进气歧管的某一个空气流道中。在某些汽车中,进气温度传感器安装在空气滤清器内,检测这个位置的进气空气温度。进气温度传感器中也有一个负温度系数的热敏电阻,其阻值和电压降与冷却液温度传感器相近。

与检测冷却液温度传感器的方法一样,在盛有冷水的容器中,检测进气温度传感器在不同温度下的电阻值,如果传感器没有显示出应有的电阻值(图2-34),应修理或更换。

图2-32 冷却液温度传感器电阻值的检测

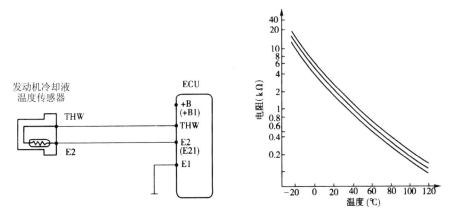

图2-33 冷却液温度传感器的接线及温度与电阻的特性曲线(丰田)

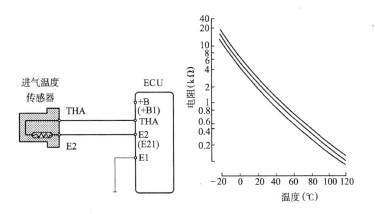

图2-34 进气温度传感器的接线及温度与电阻的对应关系(丰田)

把进气温度传感器装在发动机上,在传感器两个接线端之间用电压表测量电压降。对应任一温度,传感器都应有确定的电压降。表2-5是美国克莱斯勒公司提供的进气温度传感器温度与电压降的对应关系。

进气温度传感器温度与电压降的对应关系(克莱斯勒)　　　　表2-5

进气温度(℃)	电压差(V)	进气温度(℃)	电压差(V)
-28.9	4.81	60	1.52
-17.8	4.70	71.1	1.15
-6.7	4.47	82.2	0.86
4.4	4.11	93.3	0.65
15.6	3.67	104.4	0.48
26.7	3.08	115.6	0.35
37.8	2.51	126.7	0.28
48.9	1.97		

4.1.3　节气门位置传感器的检测

节气门位置传感器输出的模拟电压信号随节气门的开度而增大。旋转式节气门位置传感器包含一个电位器,其动臂由节气门轴带动旋转。

节气门位置传感器与计算机之间用三根或四根导线连接,当点火开关接通时,计算机通过其中一根导线向传感器送出一个稳定的5V基准电压信号;另一根线是传感器到计算机的信号线,第三根是这两个器件之间的搭铁线,传感器的搭铁线一般是黑线,或者带有彩色条纹的黑线。

典型的节气门位置传感器在节气门怠速位置时有1000Ω电阻值,而在节气门全开时为4000Ω。在怠速时的输出电压是0.5~1V,而在节气门全开时是4.5V。这个信号就告诉计算机准确的节气门位置。

根据传感器的信号,计算机还可以知道节气门打开的速度。发动机突然加速时,由于额外的空气流入发动机,要求较浓的混合气。如果计算机收到突然加速的信号,它将供给必要的较浓的混合气。计算机还用节气门位置传感器信号控制其他输出。

(1)三线式节气门位置传感器的检测。有故障的节气门位置传感器可能引发发动机加速不圆滑(过渡不畅)、发动机熄火和怠速不良等故障。

如图2-35所示,首先在节气门位置传感器端检测基准电压,如果未达到规定电压,应在计算机PCM接线端上检测电压,如果PCM上测得的电压在规定值范围内而传感器处电压值偏低,应检查或更换导线。如果PCM上测得的基准电压偏低,应检查PCM的导线和搭铁线。如果电路正常,应检修PCM。

接通点火开关,在传感器信号导线和搭铁线间连一只电压表。慢慢地开大节气门,观察电压表,读数应该平稳、逐渐地增大。怠速时,正常的节气门位置传感器上测得的读数应为0.5~1V,全开节气门应为4~5V。如果在节气门位置传感器上没有获得规定的电压或电压不稳,应更换传感器。

测试节气门位置传感器电压信号时,可以使用指针式电压表,因为导线上电压的逐渐变化通过指针反应是十分明显的。慢慢地开大节气门,检查节气门位置传感器电压信号,轻轻地拍一下传感器,并仔细观察电压表指针,如指针波动,表明传感器有故障。

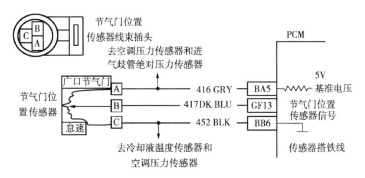

图2-35 节气门位置传感器及其接线(GM公司)

(2)四线式节气门位置传感器的检测。有些节气门位置传感器上装有怠速开关,这个开关与计算机连接。这类传感器的接线方式与三线传感器相同,多出的一根线接在怠速开关上(图2-36)。

①电阻值的检测。四线式节气门位置传感器可以用欧姆表测量其电阻值,如图2-37所示,将搭铁端E2与欧姆表的负极连接,其他各端分别与欧姆表正极连接,检测相应的电阻值。

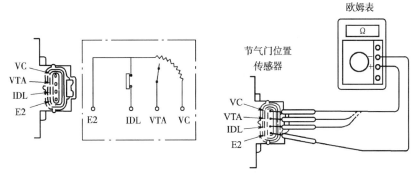

图2-36 带怠速开关的四线式节气门　　图2-37 用欧姆表检测四线式节气门
　　　　 位置传感器(丰田)　　　　　　　　　　　位置传感器的接线图

表2-6是丰田公司的2JZ-GE发动机节气门位置传感器电阻值检测数据。

2JZ-GE发动机节气门位置传感器电阻值检测数据(丰田)　　　　表2-6

节气门杆与止动螺钉间的间隙	检 测 端 子	电 阻 值
0mm	节气门位置信号端(VTA)—搭铁端(E2)	0.34～6.3kΩ
0.45mm	怠速端(IDL)—搭铁端(E2)	0.5 kΩ 或更小
0.55mm	怠速端(IDL)—搭铁端(E2)	无穷大
节气门全开	节气门位置信号端(VTA)—搭铁端(E2)	2.4～11.2 kΩ
—	电压端(VC)—搭铁端(E2)	3.1～7.2 kΩ

②电压值的检测。点火开关置ON挡,在节气门位置传感器接插良好的情况下,怠速端(IDL)、基准电压端(VC)和节气门位置信号端(VTA)处均应有电压。如无电压,则节气门位

置传感器有故障。丰田公司的2JZ-GE发动机节气门位置传感器标准电压值见表2-7。

2JZ-GE发动机节气门位置传感器电压值检测数据(丰田)　　表2-7

检测端子	检测条件		标准电压(V)
怠速端(IDL)—搭铁端(E2)	点火开关置ON挡	节气门开	9~14
电压端(VC)—搭铁端(E2)		—	4.0~5.5
节气门位置信号端(VTA)—搭铁端(E2)		节气门全开	0.3~0.8
		节气门开	3.2~4.9

(3)节气门位置传感器的调整。在某些节气门位置传感器上,安装孔是长圆孔,使传感器可以调整,但大多数不能调整,请仔细阅读汽车制造商提供的维修手册。

节气门位置传感器调整不当,会使汽车怠速有偏差、发动机熄火或加速不圆滑。典型的节气门位置传感器的调整方法如下:

①在节气门位置传感器的信号线和搭铁线间接一个电压表。

②节气门置于怠速位置,接通点火开关,观察电压表的读数。

③如果节气门位置传感器不能提供规定的电压信号,松开节气门位置传感器的固定螺钉,转动传感器壳体,直到电压表上指示出规定的电压信号(图2-38)。

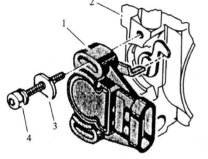

图2-38　带调节用长孔的节气门位置传感器(GM公司)

1-节气门位置传感器;2-节气门体组件;3-传感器固定压板;4-传感器固定螺钉

④固定在调好的位置上。

4.1.4　空气流量计的检测

空气流量计安装在空气滤清器与节气门体之间,直接检测进气量。空气流量计有翼片式、热膜式和卡门旋涡式3种,由于测量原理与结构不同,检测的方法也不同。

(1)翼片式空气流量计的检测。翼片式空气流量计有5线与7线两种,5线翼片式空气流量计内没有油泵开关,7线翼片式空气流量计内装有油泵开关。7线式接线插头如图2-39所示,各接线端名称和作用见表2-8。

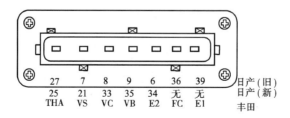

图2-39　7线翼片式空气流量计接线插头

7线翼片式空气流量计各端子名称(丰田)　　表2-8

端子名称	THA	VS	VC	VB	E2	FC	E1
作用	信号	基准电压	电源电压	搭铁端	油泵开关	搭铁端	—

翼片式空气流量计根据信号变化情况有两种类型,一种随进气量增大而信号电压升高,另一种随进气量增大而信号下降。

下面以丰田翼片式空气流量计为例介绍检测方法。

拔下空气流量计插头,用万用表电阻档测量各端子之间的电阻值,应符合表2-9的电阻值。

用万用表直流电压档测量各端子之间的电压值,应符合表2-10。

(2) 热膜式空气流量计的检测。热膜式空气流量计制造成本低,寿命长,使用较为广泛。桑塔纳、SGM别克等车均使用这种空气流量计。

桑塔纳轿车热膜式空气流量计电路如图2-40所示。ECU(J220)上的端子11为电源线(+5V),端子12为信号负极线,端子13为信号正极线。

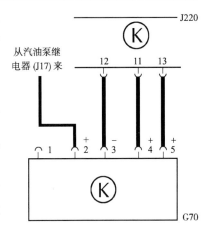

图2-40 桑塔纳热膜式空气流量计电路
1、2、3、4、5-空气流量计端子;11、12、13-ECU(J220)上的电源线、信号负极线、信号正极线

翼片式空气流量计各端子间的电阻值(丰田)　　　　表2-9

检测端子	电阻值	条件	温度(℃)
FC—E1	∞	测量翼片全关闭	—
FC—E1	0Ω	测量翼片非全关闭	—
VS—E2	200～600Ω	测量翼片全关闭	—
VS—E2	20～200Ω	测量翼片从全关到全开	—
VC—E2	200～400Ω	—	—
THA—E2	10～20 kΩ		-20
THA—E2	4～7kΩ		0
THA—E2	2～3kΩ		20
THA—E2	0.9～1.3kΩ		40
THA—E2	0.4～0.7kΩ		60

翼片式空气流量计标准信号电压值(丰田)　　　　表2-10

检测端子	电压值(V)	条件	
FC—E1	12	测量翼片全关闭	
FC—E1	0	测量翼片非全关闭	
VS—E2	3.7～4.3	点火开关置ON档	测量翼片全关闭
VS—E2	0.2～0.5	点火开关置ON档	测量翼片全开
VS—E2	2.3～2.8	怠速	
VS—E2	0.3～1.0	3000r/min	
VC—E2	4～6	点火开关置ON挡	

因热膜式空气流量计的信号是频率型的,所以用万用表检测输出信号时,应选择频率档(Hz)。以桑塔纳时代超人为例,热膜式空气流量计故障检测步骤为:

①检查附加熔断器(30A)是否良好。然后用发光二极管试灯连接流量计端子 2 和搭铁点,起动发动机,检查试灯是否点亮。

②若试灯不亮,应检查熔断器至空气流量计端子 2 之间的线路是否良好,若正常,应检查燃油泵继电器。

③若试灯亮,则检查流量计端子 4 在点火开关打开时有无 5V 电压。若没有 5V 电压,则检查流量计至 ECU 之间的线路是否正常,若线路正常,则 ECU 有故障。若有 5V 电压,则空气流量计有故障,应予以更换。

(3)卡门旋涡式空气流量计的检测。卡门旋涡式空气流量计用于丰田雷克萨斯 LS400、三菱、现代等轿车上。雷克萨斯 LS400 的卡门旋涡式空气流量计电路如图 2-41 所示。

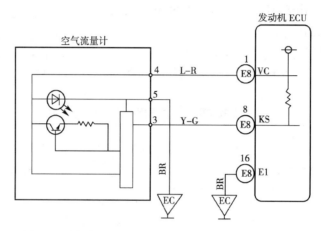

图 2-41　卡门旋涡式空气流量计电路图(丰田雷克萨斯 LS400)

用万用表欧姆档测量 THA 和 E2 之间的电阻,如图 2-42 所示,0℃时为 4~7kΩ;20℃时为 2~3kΩ;60℃时为 0.4~0.7kΩ。

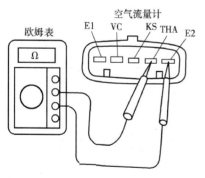

图 2-42　空气流量计端子与测量

检查进气温度传感器的信号电压,20℃时信号电压为 2.5~3.4V;60℃时为 0.2~1.0V。

当发动机转速高于 300r/min 时,空气流量计 5s 没有输入信号,发动机失速,故障可能是由空气流量计、或 ECU、或 ECU 与空气流量计之间的线路所至,可按以下步骤检查:

①打开点火开关,发动机不起动,测量流量计端子 KS 和 E_2 之间的电压,应为 4.5~5.5V。发动机运转时,输出电压应为 2~4V(脉冲电压信号)。进气量越大,电压越高。若输出电压正常,则应检查或更换 ECU;如不正常,转下一步。

②检查流量计至 ECU 之间的线路是否正常。

③拔开流量计连接器插头,测量端子 VC 和 E2 之间的电压,应为 4.5~5.5V。若不正常,应检查或更换 ECU;若正常,应更换空气流量计。

4.1.5　进气歧管绝对压力传感器的检测

进气歧管绝对压力传感器种类很多,其中电容式和半导体压敏电阻式进气压力传感器应用较为广泛。压敏电阻式进气压力传感器的信号是电压型的,电容式进气压力传感器的信号是频率型的。

进气压力传感器都是3线的,一根电源线,一根信号线,一根搭铁线。拔开进气压力传感器的插头,接通点火开关,电源线的开路电压约5V。用万用表检测时因信号类型不同,应选用不同的档位,电压信号选用直流电压档,频率信号选用频率档。

丰田2JZ-GE发动机半导体压敏电阻式进气压力传感器电路如图2-43所示,它输出的是电压信号,用万用表检测的方法如下:

接通点火开关,电源端子VC和搭铁端子E2间的电压应当是4.5~5.5V。接通点火开关ECU信号线端子PIM与搭铁端子E2之间的信号电压应当是3.3~3.9V,发动机怠速时信号电压为1.5V左右,随着节气门开度的增加,信号电压应上升,真空度与电压信号关系应符合图2-44所示的关系。

拆下进气歧管处的真空软管,并接在真空枪上,接通点火开关,用真空枪对传感器施以13.3~66.7kPa的压力,端子PIM与E2间的信号电压应符合表2-11的标准值。

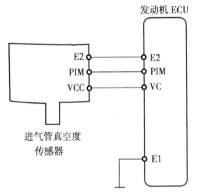

图2-43 压敏电阻式进气压力传感器电路(丰田)

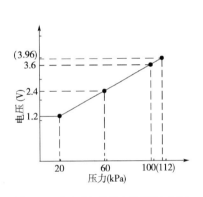

图2-44 真空度与信号电压关系(丰田)

2JZ-GE发动机不同真空度下的标准进气压力传感器信号　　表2-11

真空度(kPa)	13.3	26.7	40.0	53.5	66.7
信号电压(V)	0.3~0.5	0.7~0.9	1.1~1.3	1.5~1.7	1.9~2.2

4.1.6 氧传感器的检测

氧传感器根据混合气空燃比和排气流中的含氧量向计算机输送一个模拟电压信号。浓的混合气使氧传感器产生高电压,稀的混合气使氧传感器产生低电压。氧传感器用螺纹拧在排气歧管或接近发动机的排气歧管中。某些制造厂把这种传感器分别称为排气含氧(EGO)传感器,或加热型排气含氧(HEGO)传感器。氧传感器中心有一个氧敏元件,它被钢制外壳包围着。

氧传感器有单线、双线、3线和4线四种。单线式只有一根引线,是把氧敏元件连接到计算机上的信号线。如果氧传感器有两根引线,第二根引线就是搭铁线,也与计算机相连。许多氧传感器有三根引线,第三根线与传感器中的电热元件相连,点火开关接通时,加热元件上的电压就由点火开关提供。鉴于氧传感器只有在温度达到315℃时才能产生令人满意的信号,采用内部加热器能使传感器快速预热,而且能在长时间的怠速运行时保持较高的传感器温度。氧传感器的内部加热器使氧传感器维持较高的温度,有助于烧掉传感器上的沉积物。当氧传感器有内部加热器时,就可安装在远离发动机处,而这也使设计者在传感器的位置方面有更大的灵活性。某些氧传感器有四根引线:一根信号线,一根加热器线,还有两根搭铁线。在这类四引线的氧传感器中,加热元件和氧敏元件都有各自的搭铁线。更换氧传感器时其引线数目必须与原传感器相同。

许多氧传感器中的氧敏元件由二氧化锆制成,但也有用二氧化钛制造。

(1)二氧化锆式氧传感器的诊断。二氧化锆式氧传感器的信号电压范围是 0.1~0.9V。当信号电压小于0.45V时,氧传感器反馈给ECU的是稀混合气信号,ECU接到此信号将增加喷油器的喷油脉宽来加浓混合气。当信号电压大于0.45V时,反馈信号表示浓混合气,ECU接到此信号将减少喷油器的喷油脉宽来降低混合气浓度。所以氧传感器信号应在0.45V上下变动,变动率一般每4次/10s四次以上。

①由电压信号诊断。在测试氧传感器之前,发动机必须处在正常的工作温度范围内。必须用数字式电压表测试氧传感器,如果使用其他类型的电压表,可能损坏传感器。

测试时,将一数字式电压表连接在氧传感器的信号线与搭铁端之间,如图2-45所示。当发动机怠速且温度正常时,典型的氧传感器电压从 0.3~0.8V 周期地变化。

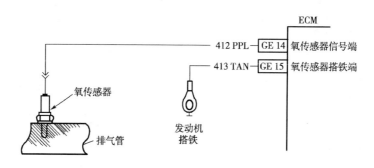

图2-45 氧传感器与计算机之间的连线

若电压读数过高,可能是混合气过浓,或是传感器被污染。氧传感器可能被室温硅密封胶或渗漏的冷却液污染,也可能被含铅汽油中的铅污染。

若电压读数过低,可能是混合气过稀,或是传感器故障,或是传感器与计算机之间导线电阻过大等原因。

如果电压信号保持为一个中间值,可能是计算机回路不通或传感器损坏。

把氧传感器从发动机上拆下,将氧传感器的氧敏元件放到丙烷焊枪的火焰上加热。丙烷火焰可以使氧敏元件与氧气隔离,这样,将导致传感器产生电压。传感器的氧敏元件处在火焰中时,输出电压应该接近1V,而把氧敏元件从火焰中拿出时,输出电压应立刻降至0V。如果氧传感器输出电压没有按上述变化,证明存在故障,应予更换。

②由氧传感器导线诊断。如果怀疑氧传感器信号线有故障,在发动机处于怠速时,在计算机和传感器两处用探针刺破导线测量电压。传感器和计算机两处电压差不应超出汽车制造厂给的规定值。一般而言,这两者间的标准平均压差为0.2V。超过0.2V,检查或更换搭铁线。

③由氧传感器上的加热器诊断。如果氧传感器上的加热器不工作，传感器的预热时间就要延长，计算机处在开环状态的时间也延长，计算机将误传出一个浓混合气指令。拆下传感器接线器，在加热器供电导线和搭铁线之间接上数字式电压表。在点火开关接通时，这段导线间应为12V电压，如果电压不足12V，应检查电源线或熔断器并排除故障。

拆下氧传感器，在加热器的接线端上连接一个欧姆表（图2-46），如果加热器没有正常的电阻值，应更换传感器。

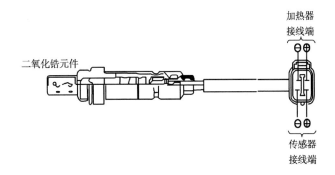

图2-46　氧传感器上的加热器接线端

（2）二氧化钛式氧传感器。二氧化钛型传感器中包含一个可变电阻，可变电阻根据周围的混合气空燃比变化而改变电阻值，以改变电压，计算机读取电阻两端的电压降。随着混合气浓稀变化，二氧化钛型氧传感器的阻值相应地变化。混合气浓时，二氧化钛型氧传感器的阻值低，向计算机提供一个较高的电压信号；混合气稀时，二氧化钛型氧传感器的阻值高，输到计算机的电压就低（图2-47）。

发动机冷起动之后，二氧化钛型氧传感器几乎能立即提供令人满意的信号，这就能在发动机暖车期间提供较好的混合气空燃比控制。

（3）氧传感器使用与检测的注意事项。使用某些室温硫化密封剂会污染氧传感器，应使用汽车厂家推荐的室温硫化密封剂。

含铅汽油将使氧传感器上出现铅沉积层，导致传感器信号不准，甚至使传感器失效。

冷却液漏进燃烧室会污染氧传感器。

检测氧传感器必须使用数字电压表，模拟电压表会吸收较大的电流，易损坏传感器。

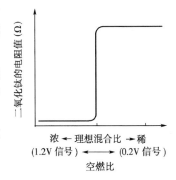

图2-47　二氧化钛型氧传感器的阻值与电压信号

在安装之前，传感器的螺纹表面应涂上防黏结剂，否则下次要拆除传感器会很困难。

4.1.7　曲轴位置传感器和凸轮轴位置传感器的检测

曲轴位置传感器用于检测曲轴转角信号（转速信号），是电控系统点火和燃油喷射的主控制信号；凸轮轴位置传感器用于检测凸轮轴位置信号，是点火主控制信号。当发动机无法起动、怠速不稳或加速不良时，应检测曲轴位置传感器和凸轮轴位置传感器。曲轴位置传感器安装位置一般在分电器内、曲轴皮带轮后或飞轮旁。凸轮轴位置传感器一般安装在分电器内或凸轮轴前端。目前使用的曲轴位置传感器和凸轮轴位置传感器大都是磁感应式和霍尔效应式两种。

（1）磁感应式曲轴（或凸轮轴）位置传感器的检测。桑塔纳时代超人、别克7X和丰田皇冠、雷克萨斯等车的曲轴位置传感器均采用磁感应传感器。图2-48所示为丰田汽车磁感应式曲轴和凸轮轴位置传感器线路图。

检测磁感应式曲轴（或凸轮轴）位置传感器是否良好，应检查磁感应线圈阻值与交流信号电压。线圈阻值应符合厂家规定，见表2-12。

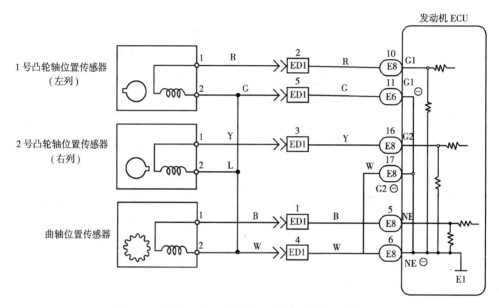

图2-48　丰田汽车磁感应式曲轴和凸轮轴位置传感器线路图

磁感应线圈阻值（丰田）　　　　　　　　　　表2-12

车　　型	曲轴位置传感器电阻值(Ω)	凸轮轴位置传感器电阻值(Ω)
丰田皇冠3.0	155～240（冷机）	155～190（冷机）
丰田雷克萨斯LS400	835～1400（冷机） 1060～1645（热机）	835～1400（冷机） 1060～1645（热机）
SGM别克	500～1500	—
桑塔纳时代超人	480～1000	—

磁感应线圈良好，但信号电压不一定良好，所以还应检测交流信号电压，交流信号电压随信号转子转速的增加而增大。用万用表检测磁感应传感器信号，万用表档位应设置在交流电压20V档，脱开磁感应传感器的连接器，用万用表两根表棒接触传感器的两个端子，起动时观察有无交流电压信号。丰田（四缸）分电器内的曲轴位置传感器(NE)信号在急速时约为0.77V，2000r/min时约为1.3V，凸轮轴位置传感器(G)信号在急速时约为0.45V，2000r/min时约为1V。当分电器从发动机上拆下，用手快速转动分电器轴，也能测试信号电压，NE信号约为0.08V，G信号约为0.04V。

（2）霍尔效应式传感器的检测。霍尔效应式传感器信号是频率调制信号，其波形是方波，所以可用直流电压档检测平均电压,以判别霍尔传感器有无信号输出。

桑塔纳时代超人车的凸轮轴位置传感器,SGM 别克车的曲轴位置传感器(24X)、凸轮轴位置传感器均采用霍尔效应传感器。克莱斯勒 2.5L 发动机上的曲轴位置传感器(CKP)与凸轮轴位置传感器(CMP)也是采用霍尔效应式传感器,其电路如图 2-49 所示,检测方法如下:

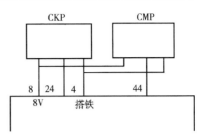

图 2-49　曲轴与凸轮轴位置传感器电路(克莱斯勒 2.5L)

脱开传感器插头,打开点火开关,检查插头上电源端子与搭铁之间的电压,应为8V。若无电压,则应检查传感器至发动机控制单元之间的线路,若线路正常,则应检查 ECU。

插头电源端子与搭铁间有 8V 电压时,将插头插回,起动发动机,测量传感器输出端子信号电压,应为 3~6V,如无信号电压,则为传感器故障。

4.1.8　爆震传感器的检测

爆震传感器安装在发动机体、汽缸盖或进气歧管上。为了更好地控制爆震,许多发动机上安装两个爆震传感器。发动机爆震时,缸体和缸盖会产生振动,爆震传感器内有一个压电敏感元件,它把这种振动变成电压信号,输送给 ECU。ECU 收到这一信号后,就会减小点火提前角以消除爆震。

发动机爆震传感器的线路(GM 公司)如图 2-50 所示。诊断发动机爆震传感器的典型步骤如下:

①拆下爆震传感器的导线接线器,接通发动机点火开关。

②在拆下的两条导线之间用电压表测量,电压值应为4~6V。如果电压值不在这个范围内,可测量 ECU 端的导线电压值,如果该端电压值符合要求,需换导线。如果该端的电压值也不符合要求,则 ECU 有故障。

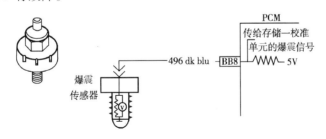

图 2-50　发动机爆震传感器线路图(GM 公司)

③在爆震传感器与搭铁线之间用欧姆表测量,传感器应有 3300~4500Ω 的电阻。如果不符,需更换传感器。

④可用一个与发动机相连的正时信号灯来对爆震传感器进行快速检查。发动机转速设定在 2000r/min,观察正时信号。用一小锤在靠近爆震传感器的位置上轻敲,如果传感器工作正常,点火提前角将有所减小。

发动机爆震传感器检测时,应注意以下问题:

爆震传感器紧固力矩过大,可能使它过于灵敏,将导致点火提前角过小;紧固力矩过小,传感器灵敏度下降,将导致点火提前角过大,易使发动机产生爆震。所以必须按规定的力矩紧固爆震传感器。

在许多发动机上,拆下爆震传感器之前,必须先把冷却液放尽。

4.1.9 车速传感器的检测

车速传感器向 ECU 提供一个与车速有关的电压信号,ECU 通过这个信号来控制发动机怠速和减速时的混合气空燃比,并用于控制自动变速器变矩器的锁止、自动变速器的换挡、发动机冷却风扇的开闭和巡航定速等。

当车速传感器有故障时,会引发离合器锁死、行驶时汽车不能正常换挡、测速表不准确等。

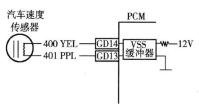

图2-51 车速传感器接线图(GM 公司)

检测车速传感器之前,应先把汽车升起,使驱动轮能自由转动。在传感器的信号线和搭铁线之间连接一个电压表,然后起动发动机(图2-51)。

让变速器处于驱动状态,使驱动轮转动。如果车速传感器的电压信号不大于0.5V,则需更换传感器。如果传感器提供的电压符合要求,在 PCM 的 GD14 引脚处测量电压,如果电压大于0.5V,那么问题可能出在 PCM 上。

当在这个引脚上测得的电压低于0.5V 时,关断点火开关,拆下传感器400引脚与 PCM 间的导线,在这之间接一个欧姆表,表的读数应为0;在401与 GD13之间的导线上测量,电阻也应为0,否则应更换导线。

4.2 开关信号检测

电控发动机控制系统开关信号有起动信号、空调需求信号、挡位开关和驻车/空挡开关信号、离合器开关信号、制动开关信号和动力转向开关信号等。这些信号都是开关量,其类型有搭铁型和正极型两种。搭铁型开关,平时开关断开,发动机 ECU 测得信号电压为5V,接通时发动机电控单元测得的信号电压为0V,如图2-52a)所示。正极型开关断开时 ECU 测得0V 信号,接通时测得12V 信号,如图2-52b)所示。例如,制动开关就属于正极型开关,其作用使 ECU 获得制动信号,因此控制自动变速器中变矩器松开,并使发动机缓慢降速以免熄火。

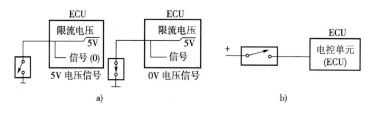

图2-52 开关电路
a)搭铁开关;b)正极开关

4.2.1 起动信号的检测

发动机起动时,进气流动缓慢,燃油蒸发差,为获得良好的起动性能,需要提供较浓的混合气。起动时,由起动开关向 ECU 提供一个12V 的起动信号,作为喷油量和点火提前角的修正信号。

图2-53是丰田5S-FE 发动机的起动电路。起动时,STA 端子与 E1 端子的电压应为6~14V,若无电压,可按以下步骤检测。

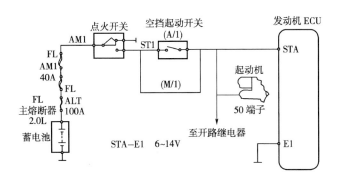

图 2-53　发动机起动电路(丰田 5S-FE)

①检查起动机工作状况。

②若起动机工作正常,检查 ECU 的 E1 搭铁是否良好。若搭铁良好,则 ECU 有故障。

③若起动机不能起动,则检查熔断器、蓄电池电路、点火开关、空挡起动开关和起动继电器是否正常。若都正常,则检查起动机 50 端子的电压,起动时应为 6~14V。若电压正常,则应检查起动机;若不正常,则应检查蓄电池至起动机继电器之间线路或起动机继电器至起动机 50 端子之间的线路是否正常。

4.2.2　驻车/空挡开关的检测

驻车/空挡开关又称空挡起动开关、停车/空挡开关或 P/N 开关,一般安装在自动变速器旁。驻车/空挡开关由自动变速器操纵杆控制,自动变速器在停车挡(P)或空挡(N)位置时,开关处在接通状态,此时向 ECU 输送一个低于 1V 的电压信号。而当自动变速器在驱动挡(D,L,…)或倒挡(R)位置时,开关处在断开状态,此时向 ECU 输送一个高于 5V 的信号。开关将自动变速器操纵杆位置传输给 ECU,ECU 用这个信号控制怠速转速。

有故障的停车/空挡开关可能会导致起动电路故障等后果。一定要按照汽车制造商提供的维修手册上的测试程序测试。把停车/空挡开关的插头拔下,并在 B 与搭铁线之间连上一个欧姆表(图 2-54)。如果欧姆表读数大于 0.5Ω,就要检查或更换搭铁线。

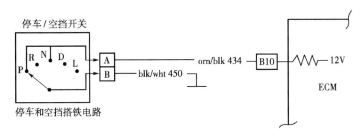

图 2-54　停车/空挡开关电路图(GM 公司)

把线束插头与开关相连,在开关的接线端 A 和搭铁线间连一个电压表。接通点火开关,变换变速器操纵杆的位置,除空挡外,在所有的位置上,电压表读数都应是 5V 以上。

如果电压表没有显示标准电压的读数,应在 ECM 的 B10 引脚和搭铁线间连一个电压表。如果这时电压表的指示超出标准值,那么应检查 ECM 到停车/空挡开关之间的导线,如果这时仍然没有标准读数显示,则 ECM 有故障。

把变速器操纵杆放在空挡位置,电压表读数应该小于 0.5V。如果这时显示读数大于 0.5V,

则停车/空挡开关有故障。

4.2.3 动力转向开关的检测

动力转向开关用于监测动力转向液压系统的压力,如图2-55所示。

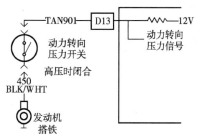

图2-55 动力转向压力开关电路

汽车低速或怠速运行时,动力转向系统的压力可能比较高,动力转向泵所增加的负荷可能使发动机转速下降甚至熄火。当低速或怠速时转动转向盘,达到校准压力时,动力转向压力开关闭合,ECU接收到12V的电压信号,立即增加发动机怠速时混合气的供给量,将发动机转速加以提高。

检测动力转向压力开关信号是否良好的步骤如下:

拆下动力转向压力开关插头,接通点火开关,检测线束端电源端子电压是否为12V。若不是12V,则检查动力转向开关至ECU之间线路是否正常,若正常,则检查ECU。若是12V,则检查线束端搭铁端子是否良好。若良好,则应检查或更换动力转向开关。

4.2.4 空调需求信号的检测

当按下空调开关(A/C),空调系统开启,空调压缩机的起动会给发动机带来一定的负荷,从而使发动机转速下降,在怠速时会使发动机怠速不稳甚至熄火。为防止发生这种情况,空调开关不直接控制空调压缩机,而是用该开关向ECU发出需求信号,ECU根据接收到的信号首先提高怠速转速,以便对额外的负荷作出补偿,然后再发出命令控制空调离合器工作。

在图2-56所示的空调控制电路中,怠速时按下空调开关,电源经空调开关、高压开关、低压开关至PCM(ECU),ECU根据怠速实际转速与设定值比较计算,需要时首先增加怠速空气量提高怠速转速,然后发出控制命令给空调控制继电器,空调控制继电器再控制空调压缩机离合器工作。

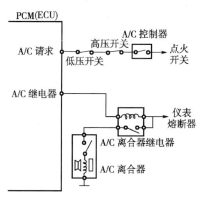

图2-56 空调控制电路

发动机怠速运转,按下空调开关,如果发动机转速下降使怠速不稳甚至熄火,可按以下步骤进行检测:

①首先检查ECU是否接收到空调需求信号,ECU的A/C端与E1(图2-53中STA端与E1)之间的电压应为8~14V。

②如果电压符合要求,检查A/C端与搭铁间电压,检查E1与搭铁线路情况,如果良好,则ECU有故障。

③如果电压不符合要求,则故障出在点火开关到A/C端,应逐项检查各段线路及元件。

4.2.5 制动开关信号

在制动时,由制动开关向ECU提供制动信号,作为对喷油量、点火提前角、自动变速器等的控制修正信号。丰田制动开关电路如图2-57所示,制动时电源经制动灯熔断器、制动灯开关,至ECU的STP端子,提供制动信号,同时经制动灯再搭铁,点亮制动灯。

检测制动开关信号,当踩下制动踏板时,ECU的STP端子应有12V的电压。

4.3 燃油供给系的检测与诊断

4.3.1 燃油压力的检测

在电控燃油喷射发动机中,燃油泵提供一定压力的燃油。燃油泵及其控制电路的故障将直接影响发动机的工作性能,该部分的故障在电控发动机故障中占据了较大的比例,因此对燃油泵及控制电路检测是十分重要的。

电控燃油喷射分单点喷射和多点喷射,现在大部分发动机都采用多点喷射。不同的喷射类型、不同车系、不同排量的汽车,其燃油压力是不同的,表2-13列举了几款汽车的电控燃油喷射压力值。

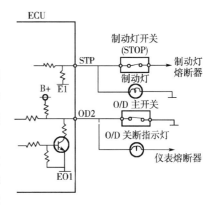

图 2-57 制动开关电路

几款汽车电控燃油喷射压力值　　　表 2-13

车型	排量(L)	喷射类型	系统油压 (接真空管)(kPa)	残压(kPa)
桑塔纳	1.8	多点喷射	约300	>150(停车10min后)
奥迪 A6	1.8	多点喷射	约350	>250(停车10min后)
SGM 别克	3.0	多点喷射	284～325	>33(停车10min后)
切诺基	2.5	多点喷射	196(急速) 268(静态)	>100(停车10min后)
本田	2.0、2.2	多点喷射	285±20(急速)	150(停车10min后)

油压检测包括系统油压检测和熄火后系统残余压力检测。

(1) 系统油压检测。多点式燃油喷射系统如图 2-58 所示,大多数汽车的燃油导管上都有油压测试口,用于安装油压表。系统油压的检测方法如下:

① 释放油压。发动机熄火,拉紧驻车制动器操纵杆,将变速器置于 P 挡或 N 挡。打开油箱加油口盖,释放油箱压力,断开燃油泵电源。起动发动机几次(或 3s),卸除油管内残余压力。

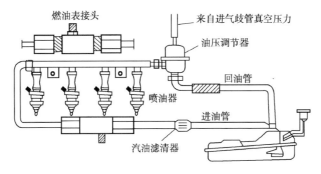

图 2-58 多点喷射系统

② 有油压测试口的,可将油压表直接接在油压测试口上,没有油压测试口的可断开进油管,将三通油压表串接在系统管路中。

③接上燃油泵电源,打开点火开关(发动机不起动)即可测量静态油压;起动发动机即可测量怠速油压。

常见系统油压故障有油压过高和油压过低,油压过高将使混合气过浓,油压过低将使混合气过稀。

油压过高的原因是油压调节器故障或回油管堵塞,应对油压调节器和回油管进行检测,对症检修或更换。

油压过低的原因可能是油箱中燃油少、油泵滤网堵塞、油泵故障、油泵出油管松动泄漏、汽油滤清器堵塞或油压调节器故障,逐一检查,对症检修或更换。

(2)系统残压检测。发动机停熄后,系统管路中应保持一定的残余油压,便于再次起动,如果残余油压很低或等于零,将造成起动困难或不能起动的故障。发动机停止运转后(一般5~10min),观察油压读数,应符合规定。

系统残压过低的原因有燃油泵止回阀关闭不严,或油压调节器阀门关闭不严,或喷油器漏油,或燃油系统管路漏油,应逐一检查,排除故障。

4.3.2 燃油泵及控制电路的检测

燃油泵的控制电路因车型不同而异,有油泵开关控制型、油泵ECU控制型、电阻器式、燃油泵驱动模块式等。在诊断故障之前一定要分清楚燃油泵控制电路的类型。控制的类型虽然不同,但诊断的基本方法和思路大同小异。

图2-59所示是丰田公司断路继电器控制的燃油泵电路。断路继电器内有两个线圈,一个线圈接在起动机继电器触点与搭铁线之间,另一个线圈接在蓄电池正极和动力控制模块(PCM)之间。当发动机起动时,起动机继电器触点闭合,电流从起动机继电器触点经断电器一个线圈搭铁,此电流将继电器触点闭合,燃油泵通电工作。另外,当点火开关接通时,PCM给继电器的另一个线圈供电,使断电器触点闭合,在发动机运行时,燃油泵始终工作。

燃油泵不工作或工作不正常时,检查步骤如下(图2-59):

①跨接线短接数据连接器1上的FP和+B端子,打开点火开关(发动机不起动)。打开加油口盖,仔细听有无燃油泵运转的声音或用手触摸油管有无油压脉动。

②若听不到燃油泵运转声音或感觉不到油压脉动,说明燃油泵没有工作,应拆下跨接线。检查电源电压、电源主熔断器、EFI熔断器、MFI主继电器是否正常;电路、连接器有无断路或短路。若正常,应拆检燃油泵。

③若燃油泵运转,说明燃油泵继电器、PCM及导线、连接器等不良,应分别进行检查。测量PCM的各端子电压,应符合厂家的要求,否则应更换。检查燃油泵继电器,拔下燃油泵继电器插头,测量各端子之间的电阻以检查通断情况。

④燃油泵的检测。如果线路连接正常,而燃油泵就是不工作,则应从车上拆下燃油泵,对燃油泵单独进行检查。首先检查燃油泵电机线圈电阻,测量燃油泵连接器两端子之间的电阻值(注意测试时间不可过长,以免烧坏线圈),一般为$0.5 \sim 3\Omega$。如果电阻值不符,说明电机线圈有短路、断路或电刷接触不良的故障,应更换燃油泵。

当确认燃油泵线圈电阻没有问题后,可将燃油泵直接接在蓄电池上进行运转试验。如果燃油泵不能转动或转动缓慢、转速不匀,说明燃油泵有故障,应予更换。注意在运转试验时,持续通电时间不可超过 10s,防止在没有燃油对油泵电机进行润滑的情况下,长时间运转造成油泵电动机的过热损坏。

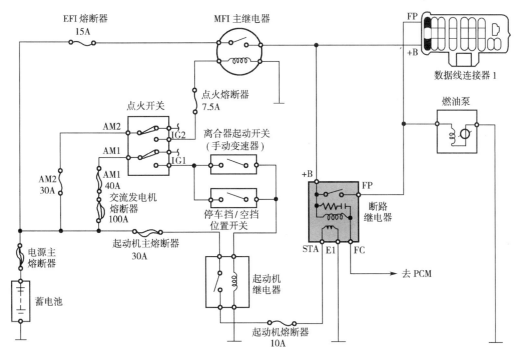

图 2-59 断路继电器控制的燃油泵电路(丰田)

4.3.3 喷油器的检测

喷油器的性能对发动机工作影响很大,喷油器的故障可能导致发动机运转不良,甚至熄火。喷油器的检测是电喷发动机检测中的重要内容。

(1)检查喷油器的工作情况。发动机怠速运行时,用手接触喷油器,应有振动感,如图 2-60 所示,或用听诊器(可用旋具代替)搭在喷油器上,应听到清脆的"嗒嗒"声(电磁阀开、关声)。如用手摸无振动感或听不到电磁阀动作声音,说明该喷油器不工作。

(2)检测喷油器线圈的电阻值。断开点火开关,拔下喷油器的插头,用万用表电阻档测量喷油器线圈的电阻值,如图 2-61 所示。喷油器按阻值可分为低阻和高阻两种,低阻的电阻值在 2~3Ω,高阻的电阻值在 13~18Ω。检测时,对照相关标准。

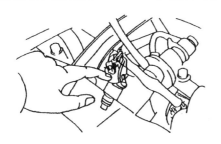

图 2-60 用手指感觉检查喷油器的工作情况

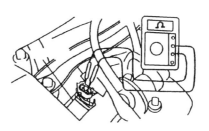

图 2-61 检查喷油器电阻

(3)喷油品质检测。喷油器的喷油品质可按以下三种方法进行检测:

①以丰田车为例,断开点火开关,拆下蓄电池搭铁线;将进油管与分油管拆开,装上丰田专用的软管连接头和检查用的软管,连接头和油管旋紧;把喷油器、压力调节器和油管用连接头和连接卡夹连接好,如图 2-62 所示。将喷油器喷口置入量筒中,用连接线把连接插头中 +B 与 FP 端子连接起来(图 2-59),重新装上蓄电池搭铁线。

如图 2-63 所示,接通电源 15s,检查喷油器喷油雾化情况,用量筒测出喷油量。每个喷油器测 2~3 次,15s 内的标准喷油量为 70~80cm³,各喷油器允许误差 9cm³,喷油状况的检测如图 2-64 所示。

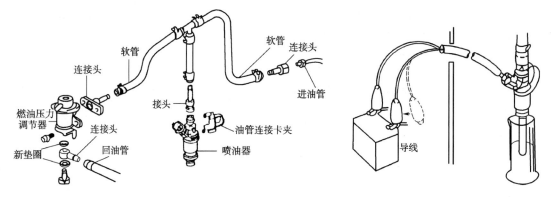

图 2-62 安装喷油器测试件　　　　图 2-63 检测喷油量

停止喷油后检查喷油器喷口处有无漏油,每分钟漏油不允许多于 1 滴。

②将全部喷油器拆下安置在超声波喷油器清洗机上,直接检测喷油状况和喷油量。

③有的气动式或电动式燃油喷射清洗机有专门检测单个喷油器喷油情况的油管、接头或喷油脉冲发生器。将单个喷油器安装在清洗机的出油管上,喷油器插座上接上喷油脉冲发生器的控制线插头,调节清洗机输出油压,检测喷油状况和有否漏油。

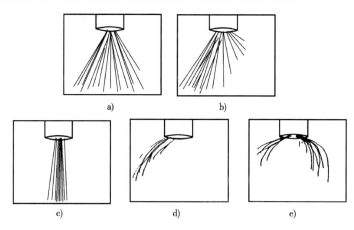

图 2-64 喷油器喷油状况

a)良好;b)尚可使用;c)、d)、e)差

(4)喷油控制信号的检查。脱开喷油器连接器,接通点火开关,检查连接器线束端电源线的电压,应为蓄电池电压。若无电压,应检查点火开关至喷油器电源线之间的线路是否

正常。

将一个330Ω电阻串联一个发光二极管作试灯。断开点火开关,拔出喷油器电线插头,在线束插头上接上发光二极管试灯。发动机运行时观察发光二极管,信号正常时发光二极管闪烁。如不闪烁说明没有喷油脉冲控制信号,应检查喷油器至ECU的线路、传感器及ECU。

4.3.4 冷起动喷油器及控制电路的检测

冷起动喷油器在丰田、尼桑及奥迪5缸K型等车上得到使用,20世纪90年代的欧美电控车一般没有冷起动喷油器。丰田车的冷起动喷油器控制电路如图2-65所示。

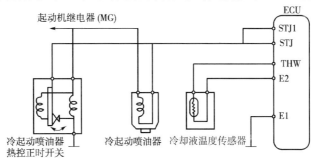

图2-65 冷起动喷油器控制电路

冷起动时(发动机温度低于30℃),冷起动喷油器喷油;热起动时(发动机温度高于40℃),冷起动喷油器不喷油,连续起动也不喷油,不同车的温度控制略有不同。

冷起动喷油器是由一个热控正时开关控制的,热控正时开关的检测方法是,拆下冷起动喷油器热控正时开关,测量不同温度下的电阻值(图2-66),应符合表2-14所列要求。

冷起动喷油器的检查包括漏油和喷油状况检查,冷起动喷油器线圈的电阻值应为2~4Ω,如不合格,应予更换。拆下冷起动喷油器,放置在容器中,连接检查连接器上的FP和+B端子(图2-59),冷起动喷油器每分钟漏油应不多于1滴。

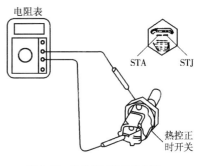

图2-66 热控正时开关的检测

不同温度下冷起动喷油器热控正时开关的电阻值(丰田)　　表2-14

端子	电阻(Ω)	冷却液温度(℃)
STA-STJ	20~40	<30
	40~60	>40

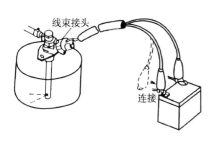

图2-67 检查冷起动喷油器喷油情况

冷起动喷油器在冷起动时不喷油,会造成冷车难起动的故障。冷起动喷油器在热起动时喷油,会造成热车难起动的故障。检查冷起动喷油器喷油状况,如图2-67所示。冷起动喷油器热起动时喷油,故障原因是STJ导线搭铁或热控正时开关内触点常闭。冷起动喷油器在冷起动时不喷油,故障原因是冷起动喷油器故障、冷起动喷油器STA端子在起动时无电源、STJ端子导线断路或正时开关内触点常开不能闭合。

4.3.5 油压调节器的检测

油压调节器一般安装在分油管的末端。油压调节器的作用是调节燃油供给系统油压,保持喷油器内与进气歧管内的压力差为一个恒定值。

燃油系统油压过高、过低、不稳或残压保持不住都与油压调节器有关。判断油压调节器是否良好可用如下方法。

当系统油压过高时,首先对系统卸压,拆下油压调节器上的回油管,套上准许的容器,接通点火开关或起动一下发动机,观看油压调节器回油管,如回油少或没有回油,则油压调节器不良,应予以检修或更换。

当系统油压过低时,首先起动发动机怠速运行,夹住回油软管,如油压立即上升至400kPa以上,则油压调节器不良,应予以检修或更换。注意不要使系统油压高于450kPa,否则容易损坏油压调节器。

起动发动机怠速运行,拔去油压调节器上的真空管,油压应上升50kPa左右,如不符合,则油压调节器不良,应予以检修或更换。

4.4 空气供给系的检测与诊断

空气供给系统的作用是测量和控制进入汽缸的空气量。空气经空气滤清器、空气流量计、节气门、进气总管、进气歧管进入各汽缸。

在进气系统中,安装有传感器和执行元件,它可控制发动机正常运行工况的进气量。空气供给系统中各传感器和执行元件对发动机工作的影响很大。

4.4.1 进气系统中传感器的检测

进气系统中的传感器有空气流量计、进气歧管绝对压力传感器、节气门位置传感器。流量型电喷发动机采用空气流量计直接检测进气量,压力型电喷发动机采用进气歧管绝对压力传感器间接检测进气量。SGM别克(3.0L)车上既有空气流量计,又有进气压力传感器,空气流量计测量一定时间内进入发动机的进气量,发动机PCM根据空气流量信号及发动机操纵状况,进行供油计算,进入发动机的空气量大,表示加速或大负荷工况;反之,则表示减速或怠速。进气压力传感器监测进气歧管内压力(真空)的变化,信号电压在怠速时低于2V,点火开关接通发动机不起动或在节气门全开(低真空度)时信号电压高于4V。进气压力传感器监视废气循环时的进气歧管压力变化,还为某些故障诊断确定发动机的真空度,并确定大气压力。

空气流量计信号弱的原因,除了空气流量计本身的故障外,进气系统故障也会造成空气流量计信号弱。常见的进气系统故障原因有空气流量计滤网堵塞,空气滤清器脏堵或吸入杂物,空气流量计后方进气管路漏气,进气管积炭,节气门体积炭,怠速空气通道积炭,怠速控制阀不灵,发动机汽缸压缩压力低,排气管(主要三元催化净化器)堵塞,废气再循环系统漏气,曲轴箱通风阀有故障等。

进气歧管压力传感器信号取决于进气歧管内的压力(负压),所有进气压力传感器信号偏离标准值的原因,除了进气压力传感器本身故障外,还与进气歧管压力有关,所以必须检查发动机进气歧管压力,并检查影响压力降低的原因。

节气门位置传感器监测节气门开度。节气门位置传感器信号偏离正常值,除了节气门位置传感器本身故障外,常见的故障原因有安装位置不正确、节气门卡滞、节气门拉索过紧或过松、节气门高速限位螺钉调整不当等。

上述各种传感器的具体检测方法详见前述。

4.4.2 怠速控制阀的检测

怠速空气量控制方式有两种,一种是怠速时节气门关闭,空气由怠速空气旁通道通过,怠速空气通道开启截面由怠速控制器控制;另一种没有怠速空气旁通道,怠速空气量由节气门的开度直接控制。

(1)旁通空气式怠速控制阀的检测。旁通空气式怠速控制阀的种类较多,目前主要使用的有步进电动机型和旋转电磁阀型等。

①步进电动机型怠速控制阀的检测。图 2-68 所示为丰田公司提供的步进电动机型怠速控制阀工作原理图和电路图,步进电动机安装在怠速控制阀(ISC)内,由 4 个线圈、磁性转子、阀轴和阀组成。ECU 根据节气门位置传感器、冷却液温度传感器、发动机转速传感器等信号,控制怠速控制阀内的步进电动机运转,使阀前后移动控制怠速旁通道开启面积,即控制发动机怠速空气量,从而控制发动机怠速的转速。

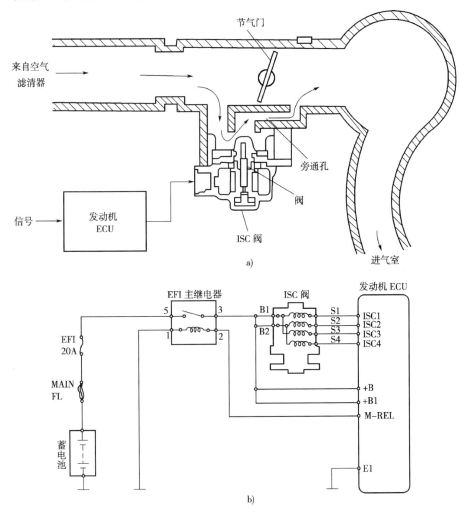

图 2-68 步进电动机型怠速控制阀(丰田)
a)工作原理图;b)电路图

a. 在车上检查怠速控制阀。当发动机熄火时,怠速控制阀会"咔嗒"一声,如果不响,应检查 ISC 阀和 ECU。

b. 检查 ISC 阀的电阻值。如图 2-68b)所示,检测 B1—S1、B1—S3、B2—S2 和 B2—S4 四个线圈电阻,都应是 10~30Ω,如电阻值不符,应更换 ISC 阀。

c. 检查 ISC 阀的工作情况。在 B1 和 B2 端子上接上蓄电池正极,然后依次将 S1、S2、S3、S4 接负极,阀应逐步关闭,如图 2-69 所示。

在 B1 和 B2 端子上接上蓄电池正极,然后依次将 S4、S3、S2、S1 接负极,阀应逐步开启,如图 2-70 所示。

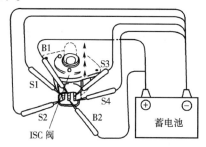 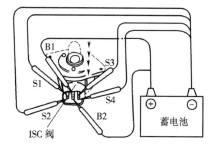

图 2-69　检查 ISC 阀的关闭情况　　　图 2-70　检查 ISC 阀的开启情况

如果在上述检查时,阀不能关闭或打开,则应更换 ISC 阀。

② 旋转电磁阀型怠速控制阀的检测。图 2-71 所示所示为丰田公司的旋转电磁阀型怠速控制阀电路,在整个怠速范围内,ECU 通过占空比(0~100%)对怠速转速进行控制。

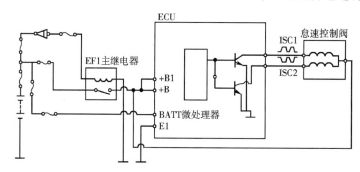

图 2-71　旋转电磁阀型怠速控制执行机构控制电路图

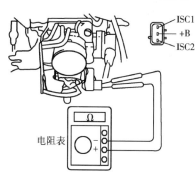

图 2-72　检查旋转电磁阀型怠速控制执行机构的电阻

a. 检查 ISC 阀的电阻值,在图 2-72 所示中,+B 与 ISC1、+B 与 ISC2 之间的电阻均为 18.8~22.8Ω,如电阻值不符合要求,应更换 ISC 阀。

b. 检查 ISC 阀的工作情况,在正常冷却液温度、发动机正常运转及变速器位于空挡位置时,将检查连接器中 TE1 和 E1 端子连接起来,发动机以转速 1100~1200r/min 运转 5s 后,转速应降低 200r/min,如不符合要求,应检查 ISC 阀、ISC 阀至 ECU 的线路和 ECU。

(2)直通空气式怠速控制阀的检测。直通空气式怠速控制装置,是通过节气门体怠速稳定控制器,控制节气门的开启来实现怠速稳定控制的,它没有怠速空气旁通道。怠速稳定控制器由一个直流电动机通过齿轮传动,控制节气门开启。桑塔纳时代超人轿车采用的是直通空气式怠速控制阀,如图 2-73 所示。

发动机怠速运转时,怠速稳定控制器根据发动机的负荷(进气量)和发动机温度对节气门进行控制。当发动机温度低时,节气门开度大。当发动机温度高时,节气门开度小。当突然放松加速踏板时,节气门由怠速稳定控制器逐渐关闭,直到所需的怠速开度。在紧急运行状态下,节气门控制部件电源被切断,节气门控制部件内的紧急运行弹簧将节气门定位在预先设定的紧急运行位置,此时驾驶人对节气门调节无效。用 V. A. G1552 诊断仪可检测桑塔纳怠速和节气门控制部件。

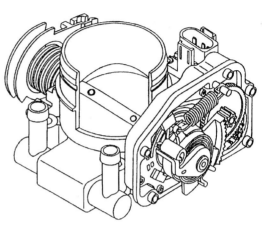

图 2-73　直通式节气门控制部件(桑塔纳)

①怠速的检测。怠速转速由 ECU 预先设置,不可以调整。

输入地址"01",进入发动机检测
↓
输入选择功能"08",进入读取数据块功能
↓
输入组号"03",读取基本数据
↓
显示

读取数据块			3 →
800/min	13.650V	92.0℃	43.2℃
①	②	③	④

检查区域③,冷却液温度应大于80℃,测试时冷却风扇不能转;

检查区域①,发动机怠速标准值应在(800 ± 30)r/min,如果怠速转速不在标准值范围内,按[C]键退出,输入组号[20],读取工作状态数据,显示:

读取数据块			20 →
800/min	0.000	A/C - LOW	Kompr. AUS
①	②	③	④

检查区域③,空调 A/C 开关应关闭(A/C - LOW);

检查区域④,压缩机应关闭(Kompr. AUS)。

如果怠速转速仍然超过范围,按[C]键退出,输入组号[04],读取怠速稳定数据,显示:

读取数据块			4 →
3∠°	0.23g/s	0.00g/s	Leerlauf
①	②	③	④

检查区域④,应当怠速(Leerlauf),如果没有显示怠速(Leerlauf),应检查怠速开关。

检查区域①,标准值:0～5∠°,如果没有达到标准值,应检查节气门控制部件与发动机电控单元的匹配,按[↑]键,显示:

读取数据块			5 →
810/min	800/min	1.7%	2.9g/s
①	②	③	④

检查区域①,怠速转速标准值应在(800±30)r/min。如果怠速转速过低,故障的原因可能是:发动机负荷太大;节气门控制部件与发动机电控单元没有匹配;节气门控制部件损坏。如果怠速转速过高,故障的原因可能是:进气系统有泄漏;节气门控制部件与发动机电控单元没有匹配;节气门控制部件损坏;活性炭罐电磁阀常开。

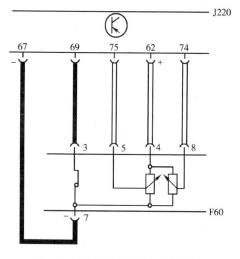

图2-74 节气门控制部件电路(桑塔纳)
3、4、5、7、8-节气门电位计插头端子;62、67、69、74、75-ECU线束插座端子

②节气门控制部件检测。桑塔纳节气门控制部件位于节气门拉索轮的对面。节气门电位计、怠速开关、节气门定位电位计和紧急弹簧全部安装在节气门控制组件壳体内。这个壳体不必打开,全部调整由 V.A.G1552 诊断仪基本设定功能来完成。节气门控制部件控制电路如图2-74 所示。

a.节气门电位计的检测。节气门电位计也就是节气门位置传感器,当节气门电位计出现故障时,ECU 就用发动机转速和空气流量计的信号值计算替代。

测量节气门电位计的供电电压,拔下节气门控制部件的插头,用数字式万用表测量插头上4和7端子之间的电压值。打开点火开关,此电压值应接近5V(ECU 提供)。

测量节气门电位计导线的导通情况,用数字式万用表测量插头上的4、5和7端子分别至ECU 线束插座端子62、75和67之间的电阻值,测得电阻值应小于1Ω。

测量节气门电位计的信号电压,插上节气门控制部件的插头,用数字式万用表测量插头上5和7端子(端子5和7分别对应ECU 插座上的端子75和67)之间的电压值,打开点火开关,使节气门开度变化,此电压值应在0.5～4.9V 之间变化。

b.节气门定位电位计的检测。节气门定位计的作用是,怠速时节气门定位器动作,使节气门打开输出位置信号。在节气门定位电位计出现故障时,节气门控制部件中的紧急运行弹簧起作用,使发动机处于紧急运行状态,此时发动机的怠速升高,约1500r/min。

测量节气门定位电位计的供电电压,拔下节气门控制部件的插头,用数字式万用表测量插头上4和7端子之间的电压值,打开点火开关,此电压值应接近5V。

测量节气门定位电位计导线的导通情况,用数字万用表测量插头上的4、8和7端子分别至ECU线束插座端子62、74和67之间的电阻值,测得的电阻值应小于1Ω。

测量节气门定位电位计的信号电压,插上节气门控制部件的插头,用数字式万用表测量插头上8和7端子(端子8和7分别对应ECU插座上的端子74和67)之间的电压值,打开点火开关,使节气门开度变化,此电压值应在0.5~4.9V之间变化。

c. 怠速开关的检测。当怠速开关出现故障时,ECU就对节气门电位计和节气门定位电位计的信号值进行比较,判断出怠速位置。

测量怠速开关的电阻,将万用表两根表棒接触ECU插座上的69和67端子,当打开节气门时,测到的电阻值应为无穷大;当节气门关闭时,测得的电阻值应小于1Ω。

测量怠速开关导线的导通情况,拔下节气门控制部件的插头,用数字式万用表测量节气门控制部件插头上的3和7端子至ECU线束插座69和67端子间的电阻值,测得的电阻值应小于1Ω。

d. 节气门定位器的检测。节气门定位器即怠速稳定装置,俗称怠速电机,怠速电机损坏或ECU对怠速控制出现故障,节气门控制部件内的紧急运行弹簧设置节气门处于紧急运行位置。

测量节气门定位器的供电电压,打开点火开关,用数字式万用表测量ECU线束插座上的66和59端子的电压值,66号端子的电压值应为蓄电池电压值(12V左右),59号端子的电压值应为10V左右。

测量节气门定位器导线的导通情况,用数字式万用表测量ECU线束插座至节气门定位器电线插头间的电阻值,电阻值应小于1Ω。

5 柴油机燃料供给系统的检测与诊断

5.1 柴油机的供油压力及波形分析

柴油机燃料供给系统工作性能的好坏,在很大程度上取决于喷油泵和喷油器的工作质量。喷油泵和喷油器的工作质量,可通过高压油管中的压力变化情况及针阀升程情况反映出来。因此,用示波器观测高压油管中的压力波形与喷油泵凸轮轴转角的对应关系,观测喷油器针阀升程与凸轮轴转角及高压油管中压力的对应关系,就可以判断柴油机供给系的工作是否良好。

图2-75是在柴油机有负荷情况下实测的某缸高压油管内压力p和针阀升程S随凸轮轴转角θ的变化曲线,图中可以看出针阀升程S与压力p的对应关系。其中:p_r为残余压力,p_0为针阀开启压力,p_b为针阀关闭压力,p_{max}为最大压力。在横坐标方向上,整个曲线可划分为三个阶段,其中:Ⅰ为喷油延迟阶段,若调高针阀开启压力p_0,高压油管渗漏,出油阀偶件或喷

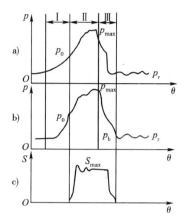

图 2-75 高压油管内压力曲线和喷油器针阀升程曲线

a)喷油泵端压力曲线；b)喷油器端压力曲线；c)针阀升程曲线

油器针阀偶件不密封，随意增加高压油管的长度或增加高压系统的总容积（如漏装减容体）等，都会使这个阶段延长。Ⅱ为主喷油阶段，该阶段的长短主要与柴油机负荷有关，对于柱塞式喷油泵来说，即与柱塞的供油有效行程长短有关，供油有效行程越长，该阶段越长。Ⅲ为自由膨胀阶段，若高压油管内最大压力 p_{max} 不足，可使该阶段缩短，反之使该阶段延长。

从图中可以看出，第Ⅰ、Ⅱ阶段为喷油泵的实际供油阶段，第Ⅱ、Ⅲ阶段为喷油器的实际喷油阶段。在循环供油量一定的情况下，若Ⅰ阶段延长和Ⅲ阶段缩短，则喷油器针阀升程所占凸轮转轴转角减小，使喷油量减少。反之，若Ⅰ阶段缩短和Ⅲ阶段延长，则使喷油量增大。因此，曲线上三个阶段的长短，对该缸工作的好坏是有影响的。多缸发动机各缸对应的Ⅰ、Ⅱ、Ⅲ阶段如果不一致，则对发动机工作性能的影响更大。所以，必须将各缸的压力波同时取出，以多种形式进行对比观测。

5.1.1 波形分析

高压油管内的压力波形，可用全周期单缸波、多缸平列波、多缸并列波和多缸重叠波四种形式进行观测，以下以 CFC-1 型柴油发动机测试仪所测波形为例进行分析。

（1）全周期单缸波。将某一缸高压油管中的压力随喷油泵凸轮轴转过 360°时的变化情况显示出来的波形，如图 2-76 所示。波形上有一个人工移动的亮点，指针式表头可以指示出亮点所在位置的瞬态压力。因此，移动亮点可测出某缸高压油管中的残余压力 p_r、针阀开启压力 p_0、针阀关闭压力 p_b 和最大压力 p_{max} 等。

（2）多缸平列波。以各缸高压油管内的残余压力 p_r 为基线，将各缸波形按着火次序从左向右首尾相连的一种排列形式，如图 2-77 所示。利用该波形可观测到各缸 p_0、p_b 和 p_{max} 点在高度上是否一致，因而可用于比较各缸 p_0、p_b 和 p_{max} 值的大小。

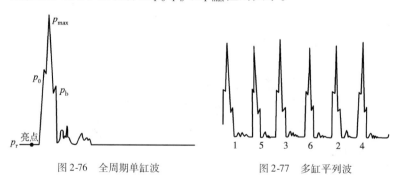

图 2-76 全周期单缸波　　图 2-77 多缸平列波

（3）多缸并列波。将各缸波形按着火次序自下而上单独放置并将其首部对齐的一种排列形式，如图 2-78 所示。通过观测各缸波形三阶段面积的大小，即可用于比较各缸供油量、喷油量的一致性。必要时可将某缸波形单独选出观测。

（4）多缸重叠波。将各缸波形之首对齐并重叠在一起的一种排列形式，如图 2-79 所示。

利用该波形可观测到各缸波形在高度、长度和面积上的一致程度,可用于比较各缸 p_0、p_b、p_{max}、p_r 和供油量、喷油量的一致性。

除了压力波形的观测外,还可进行针阀升程波形的观测。针阀升程是判断实际喷油情况的重要参数。通过对针阀升程波形的观测,可发现喷油器有无二次喷射、间断喷射和停喷等故障。针阀升程与凸轮轴转角及高压油管中压力的对应关系可参见图 2-75。

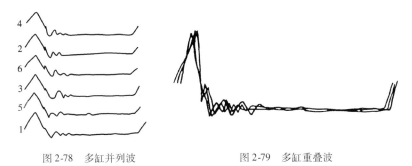

图 2-78　多缸并列波　　　　图 2-79　多缸重叠波

5.1.2　波形检测的方法

使用 CFC-1 型柴油发动机测试仪,对某 6 缸柴油机的供油压力进行测试,说明波形的检测与分析,该柴油机着火次序为 1-5-3-6-2-4。按仪器使用说明书要求,将示波器预热、自校、调试后,将串接式油压传感器按要求安装在高压油管与喷油器之间,或将外卡式油压传感器按要求卡在高压油管上。经过预热的柴油机处于工作状态,然后通过按键选择,即可在屏幕上出现被测的多缸平列波、多缸并列波、多缸重叠波或全周期单缸波,并可进行以下检测。

(1) 高压油管内瞬态压力的检测。柴油机在 $800 \sim 1000 \text{r/min}$ 下稳定运转,通过按键选择,使屏幕上出现稳定的多缸平列波;再通过选缸键,从多缸平列波上选出被测缸的全周期单缸波。此时,屏幕上仅存被测缸的全周期单缸波,即可进行该缸高压油管内瞬态压力测量。调正时灯上的电位器,有一亮点沿全周期单缸波形移动(图 2-76),亮点所在位置的瞬态压力由表头指示。由此可分别测出喷油器针阀开启压力 p_0、关阀压力 p_b、最大压力 p_{max} 和油管残余压力 p_r。

当发动机空转且循环供油量很小时,有时 $p_0 = p_{max}$,即针阀开启压力等于油管内最大压力。

同一台发动机各缸的 p_0、p_b、p_{max} 和 p_r 应该相等,并应符合原厂要求。当喷油压力不符合要求时,应拆下喷油器,在专用喷油器试验器上进行调试。

(2) 各缸供油量一致性的检测。经过上一项检测,在各缸 p_0、p_b、p_{max} 和 p_r 一致的情况下,可进一步比较各缸供油量的一致性。先将发动机调到需要的转速,一般是中速或中高速。然后通过按键选择调出该机多缸重叠波,观测波形Ⅰ、Ⅱ、Ⅲ阶段的重叠情况。若波形三阶段重叠较好,说明各缸供油量比较一致;若波形三阶段重叠不好,说明各缸供油量不一致。其中,波形三阶段窄的缸供油量小,波形三阶段宽的缸供油量大。通过选缸键,可以找出是哪一缸的供油量不正常;也可以调出多缸并列波进行比较,但波形幅度要适当调小些。

应当指出,当各缸供油间隔不一致时,应先按下述(4)检测并调整好供油间隔后,再进行各缸供油量一致性的检测。

(3) 针阀升程的检测。将被测缸喷油器顶部的回油管拆下,把针阀传感器旋在喷油器上,

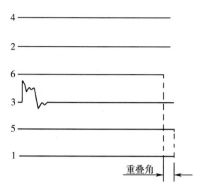

图 2-80 针阀传感器接在第 3 缸时的针阀升程波形
1、2、3、4、5、6—汽缸序号

当传感器上触杆被顶起时(从方孔中观看),将传感器锁紧。置发动机在中速下运转,通过按键使屏幕上出现 6 条并列线,被测缸的针阀升程波形出现在对应的并列线上,如图 2-80 所示。

通过针阀升程波形,可检测喷油器针阀的开启、关闭、跳动和喷油器异常喷射等。异常喷射是指喷油器间隔喷射、二次喷射、停喷和针阀抖动等不正常喷射现象。间隔喷射和停喷等现象常在喷油量很小的怠速或低速情况下出现,此时的针阀升程波形变得时有时无或升程时大时小。

(4)各缸供油间隔的检测。第 1 缸供油提前角检测(在后面"供油正时的检测"中介绍)出来后,按工作顺序各缸供油间隔应相等,即各缸的供油提前角均等于第 1 缸供油提前角。利用 CFC-1 型柴油发动机综合测试仪检测各缸供油间隔时,应在检测针阀升程波形之后接着进行,仍保持原来的操作键位。检测时,通过操作有关旋钮使屏幕上的并列线首端与屏幕左边的横标尺零线对齐,而尾端处于屏幕右边横标尺的 60°(喷油泵凸轮轴转角)左右。读取各线所占屏幕横标尺度数,即为各缸实际供油间隔。各并列线的长度可能是不相等的,其中最短并列线与最长并列线之间的重叠区所占凸轮轴转角,称为喷油泵重叠角,如图 2-80 所示。重叠角以接近零为好,亦即各缸供油间隔的误差越小越好。

柴油机按工作顺序的各缸供油间隔用下式计算:

$$供油间隔 = \frac{360°}{缸数}(凸轮轴转角)$$

可以看出,6 缸柴油机的各缸供油间隔为 60°凸轮轴转角,而 4 缸、8 缸柴油机的各缸供油间隔分别为 90°和 45°凸轮轴转角,因此读数时要注意选择横标尺。

各缸供油间隔也可以用曲轴转角表示。根据规定,实际供油间隔与标准供油间隔相比,其误差应在 ±0.5°曲轴转角范围内。

如果各缸供油间隔不符合要求,可通过调整喷油泵柱塞与滚轮体之间的调整螺钉高度或更换不同厚度的调整垫块解决。

(5)压力波形的检测。检测压力波形可判断柴油机燃料系的技术状况。当使用 WFJ-1 型微电脑发动机检测仪,将油压传感器串接在被测缸的高压油管与喷油器之间并按下规定的操作码时,所测单缸典型供油压力波如图 2-81 所示。

常见的几种故障波形如下,供实测时参考。

①喷油泵不供油或喷油器针阀在开启位置"咬死"的故障波形如图 2-82 所示。

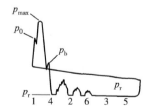

图 2-81 实测的典型供油压力波形

②喷油器针阀在关闭位置不能开启的故障波形如图 2-83 所示。

③喷油器喷前滴漏的故障波形如图 2-84 所示。

④高压油路密封不严时的故障波形如图 2-85 所示。

⑤残余压力上下抖动的故障波形如图 2-86 所示。残余压力上下抖动,说明喷油器有隔

次喷射现象,这是因为当喷油器不能喷油时残余压力升高,而在喷油时残余压力降低的缘故。

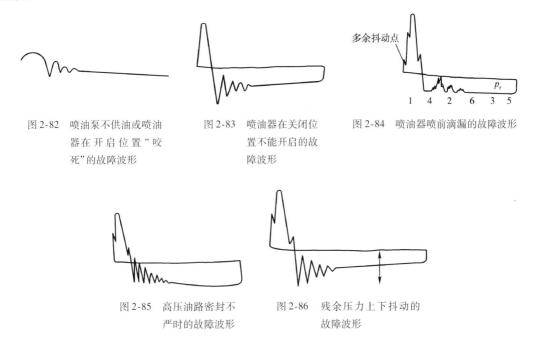

图 2-82　喷油泵不供油或喷油器在开启位置"咬死"的故障波形

图 2-83　喷油器在关闭位置不能开启的故障波形

图 2-84　喷油器喷前滴漏的故障波形

图 2-85　高压油路密封不严时的故障波形

图 2-86　残余压力上下抖动的故障波形

5.2　柴油机供油正时的检测

供油正时是指喷油泵正确的供油时间,一般用供油提前角表示。供油提前角是指喷油泵第 1 缸柱塞开始供油时,该缸活塞距压缩终了上止点的曲轴或凸轮轴转角。柴油在汽缸中燃烧存在着着火落后期,要想使活塞在压缩终了上止点附近获得最大爆发压力,喷油器必须在该上止点前开始喷油。喷油泵向喷油器供油时,由于高压油管的弹性变形和压力的升高及传递都需要一定时间,因而开始供油时间应比开始喷油时间还要提前。

供油提前角的大小,对柴油机的工作过程影响很大。当供油提前角过大时,汽缸内的速燃期在压缩终了上止点以前发生,亦即汽缸内爆发压力的峰值在活塞到达上止点以前出现,这将造成功率下降、工作粗暴、油耗增加、着火敲击声严重、怠速不良、加速无力及起动困难等现象。当供油提前角过小时,汽缸内的速燃期在压缩终了上止点以后较远处发生,使爆发压力的峰值降低,同样造成功率下降、油耗增加、加速无力等现象,且将引起发动机过热。

因此,柴油机具有一个最佳供油提前角是非常重要的。所谓最佳供油提前角,是指在转速和供油量一定的情况下,能获得最大功率、最小耗油率和最佳排气净化的供油提前角。运行中的柴油机,其最佳供油提前角应随转速和供油量的变化而变化。转速越高、供油量越大时,最佳供油提前角也应越大。为此,有些柴油机的喷油泵上装有供油提前角自动调节器,能在初始供油提前角的基础上,随转速的变化自动调节。

在柴油机使用过程中,如供油正时失准或喷油泵检修后,均需检查并校正供油正时。

5.2.1　用经验法检查并校正供油正时

(1)用摇柄摇转柴油机曲轴,使第 1 缸活塞处于压缩行程中。当固定标记对准飞轮或曲轴传动带轮上的供油提前角记号或规定角度时，停止摇转。

（2）检查喷油泵联轴器从动盘上刻线记号是否与泵壳前端面上的刻线记号对正，如图2-87所示。若两刻线记号正好对正，说明喷油泵第1缸柱塞开始供油时间是准确的；若联轴器从动盘刻线记号还未到达泵壳上的刻线记号，说明第1缸柱塞开始供油时间晚；反之，若联轴器从动盘上的刻线记号已越过泵壳上的刻线记号，说明第1缸柱塞开始供油时间早。若喷油泵第1缸柱塞开始供油时间过早或过晚，应松开联轴器固定螺钉，在上述一对刻线记号对正的情况下紧固。

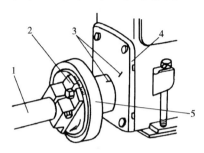

图2-87 喷油泵第1缸开始供油记号
1-驱动轴；2-联轴器主动盘；3-第1缸开始供油记号；4-泵壳前端面；5-联轴器从动盘

（3）进行路试。选择平坦、坚硬的直线道路或专用跑道，汽车走热后以最高挡、最低稳定车速行驶，然后将加速踏板迅速踩到底，使汽车急加速。此时，若能听到柴油机有轻微的敲击声，且随着车速提高逐渐消失，则为供油正时正确；如果听到的敲击声强烈，且车速提高后长时间不消失，则为供油时间过早；如果听不到着火敲击声，且加速无力，动力不足，则为供油时间过晚。当供油时间过早或过晚时，只要停机松开喷油泵联轴器，使喷油泵凸轮轴逆转动方向或顺转动方向转动少许，反复调试，直至达满意程度。

检查喷油泵第1缸柱塞开始供油时间，也可以采用摇转曲轴，使联轴器从动盘上的刻线记号与泵壳前端面的刻线记号对正，然后观察飞轮或曲轴传动带轮上的供油提前角记号或规定角度与固定标记的相对位置。若供油提前角记号或规定角度正好与固定标记对正，说明第1缸柱塞开始供油的提前角是正确的；若供油提前角记号或规定角度还未转到固定标记，说明第1缸柱塞开始供油的提前角太大，造成供油太早；反之，若供油提前角记号或规定角度已转过固定标记，说明第1缸柱塞开始供油的提前角太小，造成供油太迟。

当喷油泵检修调试后重新装回时，只要摇转曲轴使供油提前角记号或规定角度与固定标记对正，再使联轴器从动盘与泵壳前端面的两刻线记号对正，就能保证第1缸供油正时。如果还有差异，可在路试中调试。

以上是喷油泵第1缸柱塞供油提前角的检查和校正，其他各缸的供油正时是否正确，则决定于各缸间供油间隔。

5.2.2 用闪光法检测供油正时

供油正时仪的组成、结构、工作原理和使用方法与点火正时仪基本相同。常见的柴油机供油正时仪，其油压传感器串接在第1缸高压油管与喷油器之间或外卡在高压油管上，可使油压变为电信号，并触发频率闪光灯（正时灯）。正时灯每闪光1次表示第1缸供油1次，因此闪光与第1缸供油同步。当用正时灯对准柴油机第1缸压缩终了上止点标记，如其转动部分（飞轮或曲轴传动带轮）上的供油提前角记号或规定角度还未到达固定标记，则第1缸活塞还未到达上止点。此时，若调整正时灯上的电位器，使闪光逐渐延迟至转动部分上的供油提前角标记或规定角度正好对准固定标记时，那么延迟闪光的时间就是供油提前的时间，经过变换将其显示到指示装置上，便可读出供油提前角。

柴油机的供油提前角应符合原厂规定。常见车型喷油泵的供油提前角见表2-15。

单元二　发动机的检测与诊断

常见车型的供油顺序和供油提前角　　　　表2-15

车　　型	供油顺序	供油提前角
黄河 JN1150/100	1-5-3-6-2-4	28°～30°
黄河 JN1150/106	1-5-3-6-2-4	24°±1°
五十铃 TD50A-D	1-4-2-6-3-5	17°
日野 KL 系列	1-4-2-6-3-5	18°
菲亚特 682N3	1-5-3-6-2-4	24°
三菱扶桑 T653BL	1-5-3-6-2-4	带送油阀15°；无送油阀17°
太脱拉 138A	1-6-3-5-4-7-2-8	26°～28°
沃尔沃 GB-88	1-5-3-6-2-4	23°～24°

5.2.3　用缸压法检测供油正时

用缸压法检测柴油机供油正时时，须拆下被测缸的喷油器，在其孔内安装缸压传感器。拆下的喷油器仍应连接在原来的高压油管上，并在两者之间串接上油压传感器。对于有些型号的柴油机，缸压传感器也可以装在预热塞孔处。检测中，缸压传感器可采集到被测缸的压缩压力信号，其最大压力点就是活塞压缩终了上止点；油压传感器还可采集到供油开始信号，两者之间的曲轴转角即为供油提前角。

6　汽车检测与诊断专用仪器的使用

随着科学的发展，电子技术在汽车上应用越来越广泛，汽车的检测与诊断也越来越依靠专用检测仪器。解码器、车用数字万用表和发动机综合性能检测仪等就是使用非常广泛的专用仪器。

6.1　解码器

解码器又称汽车电控系统故障测试仪，是一种专门用于测试汽车电控系统故障的微型计算机。解码器是在读码器的基础上发展起来的检测仪器，它除了读码、清码功能外，还具有显示诊断代码内容的功能，即具有解码功能。因此，使用解码器无须再从汽车维修手册中查取诊断代码的含义，使用起来更为便捷。

6.1.1　解码器的功能、类型和基本结构

（1）解码器的功能如下：
①可直接读取故障码，不需通过发动机故障报警灯的闪烁读取。
②可直接清除故障码，使发动机故障报警灯熄灭。
③能与汽车上的计算机直接进行交流，显示数据流，使电控系统工作状况一目了然，为诊断故障提供依据。
④能在静态或动态下，向电控系统各执行器发出检修作业需要的动作指令，以便检查执行器的工作状况。
⑤行车时可监测并记录数据流。

⑥有的具有示波器功能、万用表功能或打印功能。
⑦有的能显示系统控制电路图和维修指导,以供诊断时参考。
⑧可与 PC 相连,进行资料的更新与升级。
⑨功能强大的专用解码器,还能对车上 ECU 进行某些数据的重新输入和更改。
（2）解码器的类型。解码器可分为专用型和通用型两大类。
专用型解码器,是汽车制造厂家为检测诊断本厂生产的汽车而专门设计制造的解码器。世界上一些大的汽车厂家,如奔驰、宝马、大众、通用等厂家都有专用型解码器,如 V.A.G1552 解码器就是德国大众公司专门为本公司汽车研制的专用型解码器。

通用型解码器,是检测设备厂家为适应检测诊断多种车型而设计制造的解码器。通用型解码器存储有几十种甚至几百种不同厂家、不同车型汽车电控系统的检测程序、检测数据和故障码等资料,并配备有各种车型的检测接头,可以检测诊断多种车型,适合于综合型维修企业使用。

（3）解码器的基本结构。以国产通用型 431ME 电眼睛解码器为例介绍解码器的基本结构。431ME 电眼睛解码器由主机、测试卡、测试主线、测试辅线和测试接头组成,并附带一个传感器/测试仪。

①主机由显示屏、操作键、两个上端 9PIN 接口、一个下端测试卡插孔组成。两个上端 9PIN 接口,左侧的接口与测试主线连接,右侧的接口与 PC 机相连。

②配有 12 块测试卡,其中 A01-A05 为亚洲车系测试卡,可测丰田、本田、日产、现代等车;B01-B04 为欧洲车系测试卡,可测大众、奥迪、奔驰、宝马等车系;C01 为美洲车系测试卡,可测通用、福特、克莱斯勒等车;D01OBD-Ⅱ 为 OBD-Ⅱ 数据流测试卡,并具有字典功能;F01 为传感器模拟测试卡,用于模拟和测试传感器。

③测试主线用于连接汽车诊断座和解码器。

④测试辅线包括双钳电源线、点烟器线、万用-1 线、万用-2 线和飞线。

⑤配有 15 个测试接头,包括大众/奥迪 4PIN 接头、宝马 20PIN 接头、奔驰 38PIN 接头、丰田 17PIN 接头、本田 3PIN 接头、三菱/现代 12PIN 接头、通用/大宇 12PIN 接头、OBD-Ⅱ 16PIN 接头和传感器测试接头等。

⑥传感器模拟测试仪有输出、输入、搭铁三个测试端口,上端的 9PIN 接口与测试主线连接。当进行传感器测试时,有传感器测试线的红线插入输入端,黑线插入搭铁端。当进行传感器模拟测试时,用传感器测试的红线插入输出端,黑线插入搭铁端。

6.1.2 解码器的使用方法

不同类型的解码器,使用方法略有不同,以 431ME 电眼睛为例,通过对丰田车的测试,介绍解码器的使用方法。431ME 电眼睛主机的面板如图 2-88 所示,其上有方向键、确认键、退出键和 0~9 数字键。

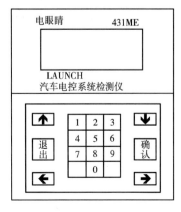

图 2-88　431ME 电眼睛主机面板图

（1）开机。选择相应测试卡(丰田车选择亚洲车系测试卡,假定为 A01)，将其标签朝上插入主机下部的测试卡中。将测试主线与主机相连，另一端的电源线与汽车点烟器或通过双钳线与蓄电池相接，使主机通电。

(2)调显示屏亮度。主机通电后即打开仪器，并响两声，此时立即用[↑]或[↓]键调节显示屏亮度，而在进入菜单后不可再调。

(3)选择测试接头。

①主机通电后进入亚洲车系诊断系统，如图 2-89 所示。

②按[确认]键后，显示 A01 卡可测试的车系，如图 2-90 所示。

CARD A01	Ver6.2
亚洲车系诊断系统	
LAUNCH	431ME

图 2-89　显示亚洲车系诊断系统

431ME	Select	mode
丰田 / TOYOTA		
三菱 / MITSUBISHI		
马自达 / MAZDA		

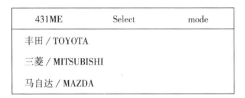

图 2-90　A01 卡测试车系

③选择“丰田/TOYOTA”车系，按[确认]键屏幕显示出该车系测试接头形式，如图 2-91 所示。

④用[↑]或[↓]键阅读图中内容，按提示选择合适的测试接头。将选择的测试接头一端与测试主线相连，另一端与车上的诊断插座相接。

选择好测试卡和测试接头后，就可以进行测试操作了。测试操作通常分为读系统数据流和测试故障码两大部分。

读取数据流，可以获取汽车有关传感器参数，了解汽车的运行状态。测试故障码，可以读取汽车故障码，诊断汽车故障。以下介绍测试故障码的操作方法。

(4)测试故障码。

①在选择测试接头时，若选择“半圆形诊断座”，按[确认]键，显示测试功能，如图 2-92 所示。可以看出，有测试故障码、重阅已测故障码、查阅故障码、清除故障码、清除 SRS 故障码和打印测试结果 6 项测试功能。

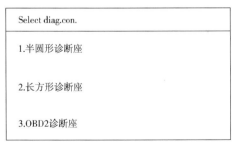

Select diag.con.
1.半圆形诊断座
2.长方形诊断座
3.OBD2诊断座

图 2-91　选择测试接头

431ME	Select	func
(1)测试故障码		
(2)重阅已测故障码		
(3)查阅故障码		
(4)清除故障码		
(5)清除SRS故障码		
(6)打印测试结果		

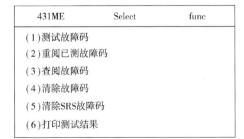

图 2-92　测试功能

②选择“测试故障码”功能，按[确认]键，屏幕显示“自动测试所有系统”和“选择系统测试”两项供选择，如图 2-93 所示。

③选择“自动测试所有系统”，按[确认]键。此时，解码器自动对被检汽车的发动机(ENG)、自动变速器(AT)、防抱死制动系统(ABS)、安全气囊(SRS)和定速系统(CC)进行检

测，并自动显示检测结果。用[↑][↓]键和[确认]键可读取各系统的故障码及内容。

a. 若选择“ENG系统”，按[确认]键，则显示出故障码，如图2-94所示。

Sel test operation
自动测试所有系统 选择系统测试

图2-93 测试项目选择

发动机系统 ……………… ENG		
12	13	21

图2-94 发动机系统故障码显示

b. 选择“12”，按[确认]键，则显示出故障码所代表的故障含义，如图2-95所示。图中最下一行有“01”“03”字样，其中，“01”表示第1页内容，“03”表示共有3页，用[↑][↓]键可阅读所有内容。

④选择“选择系统测试”，按[确认]键，则显示可测试的5个系统，如图2-96所示。

转速信号不良（发动机起动2s内无曲轴转速NE信号或曲轴位置G信号输送到ECU）	
Code: 12	01 03

图2-95 诊断码“12”的含义

Sel. System
发动机系统 ……………… ENG 自动变速器系统 ………… AT 防抱死制动系统 ………… ABS 安全气囊系统 …………… SRS 定速系统 ………………… CC

图2-96 测试的5个系统

a. 选择“ENG系统”，按[确认]键，进入测试状态，如图2-97所示。解码器即可对发动机进行测试，并显示测试结果。

b. 若选择其他系统，方法相同。

(5)重阅已测故障码。使用“重阅已测故障码”功能，可重新查阅实测操作时读取的故障码内容及故障分析。

①选择“重阅已测故障码”，按[确认]键，屏幕显示出“已测系统列表重阅”和“选择系统重阅”两种选择，如图2-98所示。

Testing System …
正在测试系统: 发动机系统 …………… ENG Code : 00

图2-97 解码器正在对发动机进行测试

Select operation
已测系统列表重阅 选择系统重阅

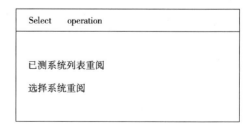

图2-98 “重阅”的选择

②选择“已测系统列表重阅”，按[确认]键，屏幕自动显示已测系统的测试结果，如图2-99所示。

a. 如果选择“ENG 系统”，按[确认]键，屏幕重新显示出发动机系统已测故障码。

b. 选择其中某一故障码，按[确认]键，屏幕显示出故障码的含义。

③选择“选择系统重阅”，按[确认]键，屏幕显示出可选择的 5 个系统，如图 2-96 所示，用[↑][↓]键和[确认]键，可阅读各系统故障码及内容。

(6)查阅故障码。使用“查阅故障码”功能，可查阅电控系统所有故障码或查阅已读取的故障码。

a. 选择“查阅故障码”，按[确认]键，屏幕显示出 5 个系统，如图 2-96 所示。

b. 在选择某系统后，屏幕显示出“依照故障码顺序查阅”和“输入故障码查阅”两项选择，如图 2-100 所示，用[↑][↓]键和[确认]键选择其中的一项。

SYSTEM	RESULT
ENG	Tb.code
AT	Tb.code
SRS	Tb.code
CC	Tb.code

图 2-99　已测系统测试结果

Select　operation
依照故障码顺序查阅 输入故障码查阅

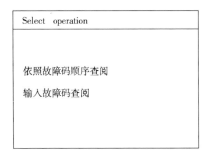

图 2-100　查阅故障码选项

c. 如果选择“依照故障码顺序查阅”，按[确认]键，屏幕可能显示出故障码 11 的内容，如图 2-101 所示。按[→]键，可查看下一个顺序号的故障码内容。

d. 如果选择“输入故障码查阅”，按[确认]键，屏幕显示出“请输入故障码”，如图 2-102 所示。按主机上的 0 ~ 9 数字键，即可将故障码输入，按[→]键可更改数字，按[确认]键可查出该故障码对应的故障内容并指导修车。

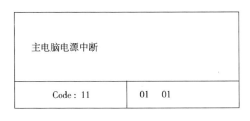

主电脑电源中断	
Code : 11	01　01

图 2-101　故障码 11 的内容

Search　Code …
请输入故障码: 0　0

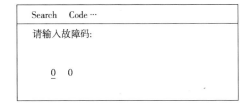

图 2-102　输入故障码显示框

(7)清除故障码。使用“清除故障码”，可自动清除故障码或人工清除故障码。清除故障码前，应读取一遍所有故障码。清除故障码后，应再读取一遍所有故障码，检查是否仍有故障存在。

①选择“清除故障码”，按[确认]键，屏幕显示清码方法，如图 2-103 所示，按照屏幕提示即可清除故障码。

②有些系统故障码的清除有特别提示时，应按特别提示操作，如丰田汽车安全气囊(SRS)的故障码清除，就有特别提示，如图 2-104 所示。

③人工清除故障码的方法有时不止一种，需要根据被测车型的情况进行选择。

[清码方法]	[清除气囊故障码]
除防撞气囊系统以外的其他系统拆下EF1熔断丝或拆下蓄电池电源负极30 s后即可清除故障码	1.接上[TOYOTA-17]或[TOYOTA-17F]测试接头,按[确认]键 2.数秒后,SRS警告灯会快速闪烁,表示SRS故障码已清除,此时应关点火开关即完成清除

图2-103 清除故障码提示　　　　图2-104 丰田汽车安全气囊故障码的清除

(8)打印测试结果。使用"打印测试结果",可通过连接微型打印机将测试结果打印出来。

a.连接微型打印机,选择"打印测试结果",按[确认]键,屏幕显示出5个系统,如图2-96所示。

b.用[↑][↓]键选择要打印的系统,按[确认]键,即可打印出测试结果。

6.2 车用数字万用表

万用表分为模拟式(指针式)和数字式两种,可用来检测电阻、电流和电压。由于指针式万用表内阻小,使用时易造成过大电流,所以在电控发动机的检测中,很多元件的测量都规定要用高阻抗的数字式万用表,以防止烧坏发动机电控元件。

车用数字万用表,除了具有一般万用表的功能外,还具有一些汽车专用测试功能。车用数字万用表,一般能测量电压、电流、电阻、转速、频率、温度、电容、闭合角、占空比和二极管等项目,并具有自动断电、自动量程变换、图形显示、峰值保留和数据锁定等功能。

目前常用的车用数字万用表有EDA系列、OTC系列、VC400型和KM300型等。图2-105所示KM300型车用数字万用表是美国艾克强公司的产品,现以此介绍其使用方法。

6.2.1 测量直流电压

(1)将车用万用表"选择开关"旋转到直流电压(DCV)位置,此时万用表进入自动选择量程方式,能自动选择最佳测量量程。也可以按下"量程(RANGE)"按钮,选择手动选择量程方式,

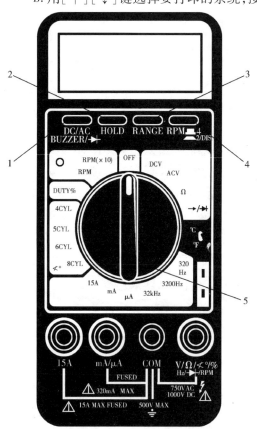

图2-105 KM300型车用数字万用表

1-直流/交流按钮;2-保持按钮;3-量程按钮;4-车速按钮;5-选择开关

每按动"量程"按钮一次,即可选择更高的量程。

(2)红色测针的导线插入面板电压/欧姆插孔中,黑色测针的导线插入面板COM插孔中。红、黑测针接到被测电路上,如图2-106所示。

(3)万用表的"+""-"测针应与电路测点的"+""-"极性一致。

(4)读取被测直流电压值。

6.2.2 测量直流电流

(1)按下"直流/交流(DC/AC)"按钮,选择直流档。

(2)根据被测电流的大小,将"选择开关"旋转到15A、mA或μA位置,如果不能确定所需电流量程,应先从15A开始往下降。

(3)红色测针的导线插入所选定的15A或mA/μA插孔内,黑色测针的导线插入面板的COM插孔内。红、黑测针接到被测电路上,与电路串联,如图2-107所示。

(4)打开被测电路。

(5)读取被测直流电流值。

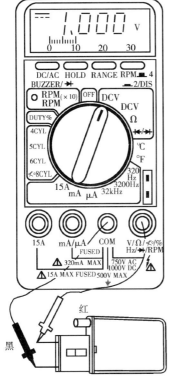

图2-106 测量直流电压

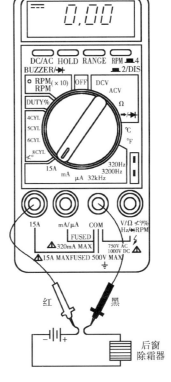

图2-107 测量直流电流

6.2.3 测量电阻

(1)将"选择开关"旋转到欧姆位置上,此时万用表进入自动选择量程方式,能自动选择最佳测量量程。也可以按下"量程(RANGE)"按钮,选择手动选择量程方式。

(2)红色测针的导线插入面板电压/欧姆插孔中,黑色测针的导线插入面板COM插孔中。红、黑测针接到被测电路上,如图2-108所示。

(3)读取被测电阻值。测量电阻时不可带电操作,否则易烧毁万用表。

6.2.4 测量温度

(1)将"选择开关"旋转到温度位置上。

(2)将万用表配备的带测针的特殊插头,插接到面板黄色插孔内,测针与被测温度的部位接触,如图 2-109 所示。

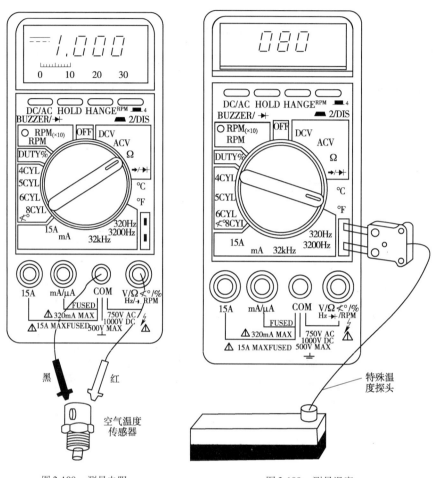

图 2-108　测量电阻　　　　图 2-109　测量温度

(3)温度稳定后,读取测量值。

6.2.5　测量转速

(1)将"选择开关"旋转到转速(RPM 或 RPM×10)位置上。

(2)感应夹的红色导线插入面板电压/欧姆插孔内,黑色导线插入 COM 插孔内,感应夹夹在通往火花塞的高压线上,其上方的箭头应指向火花塞,如图 2-110 所示。

(3)按下"转速"选择按钮,根据被测发动机的冲程数,选择"4"或"2"。

(4)读取被测发动机转速。

车用数字万用表还有一些其他的用途,在此不作介绍,可参阅相关使用手册。

6.3　发动机综合性能检测仪

发动机综合性能检测仪又称发动机综合性能分析仪,是发动机检测诊断仪器中,检测项目最多、功能最全、涉及面最广的一种仪器。它不仅能检测、分析、判断发动机动、静态的工作性能和技术状况,有些还增加了对防抱死制动系统和安全气囊装置等的检测诊断。因此,发动机综合性能检测仪在汽车综合性能的检测诊断中所发挥的作用越来越大。

6.3.1 检测仪的功能与特点

(1)检测仪的功能。大多数发动机综合性能检测仪具有以下的功能:

①发动机常规检测功能。点火系检测,检测点火系的波形,断电器触点闭合角,点火高压值和点火提前角等;无负荷测功;动力平稳分析;转速稳定性分析;温度检测;进气管负压检测;起动机与发电机检测;废气分析(需附带废气分析仪);喷油压力检测,检测喷油压力值,检测供油压力波形;喷油提前角检测;烟度检测(需附带烟度计)等。

②发动机电控系统检测功能。空气流量检测;转速检测;温度检测;进气管负压检测;节气门位置检测;爆震信号检测;氧传感器检测;喷油脉冲信号检测等。

③故障分析功能。故障查询;信号回放与分析等。

④参数设定功能。

⑤数字示波器功能。

⑥数字万用表功能。

(2)检测仪的特点。发动机综合性能检测仪具有以下3个特点:

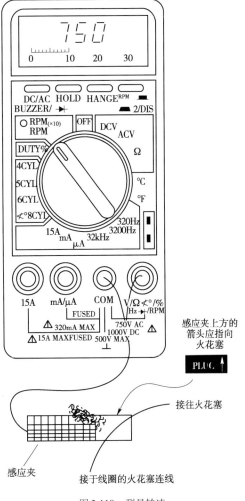

图 2-110 测量转速

①动态测试。检测仪的信号采集系统能迅速、准确地获取发动机运转中各参数值,这些动态参数是对发动机工作性能和技术状况进行判断的重要依据。

②通用性。检测仪的检测分析过程,不依据被测发动机的数据卡,只针对发动机基本结构和工作原理进行检测,因此具有通用性。

③主动性。检测仪不仅能适时采集发动机的动态参数,而且还能主动地发出某些指令干预发动机的工作,以完成某些特定的试验。

6.3.2 检测仪的基本结构与工作原理

发动机综合性能检测仪一般由信号提取系统、信息处理系统和采控显示系统三大部分组成。图 2-111 所示为国产 EA1000 型发动机综合性能检测仪。

(1)信号提取系统。信号提取系统的作用是拾取测量点的信号,配备有多种传感器、夹持器和探针等,直接或间接地与被测点接触。EA1000 型的信号提取系统如图 2-112 所示,该系统由 12 组拾取器组成,每一组拾取器根据用途不同,由相应的传感器、夹持器或探针,通过电缆与其适配器或接插头构成。适配器的作用是对采集的信号在进入前端处理器之前进行预处理。

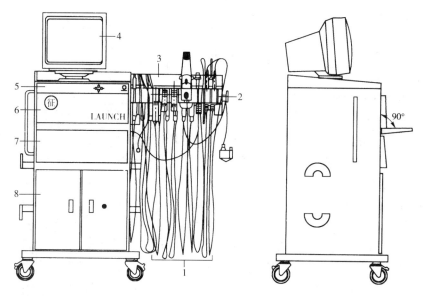

图 2-111　EA1000 型发动机综合性能检测仪

1-信号提取系统；2-传感器挂架；3-前端处理器；4-采集处理与显示系统；5-热键板；6-主机柜与键盘柜；7-打印机柜；8-排放仪柜

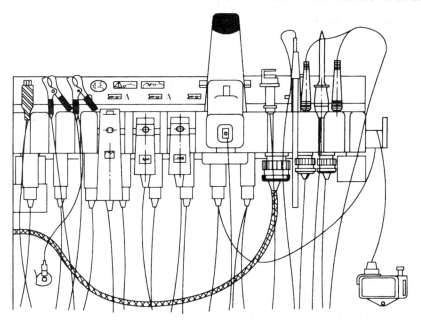

图 2-112　信号提取系统

(2) 信号预处理系统。信号预处理系统又称前端处理器，能对所有或部分采集的信号进行预处理，即进行衰减、滤波、放大、整形等处理，并能将所有脉冲信号和数字信号直接输入 CPU 的高速输入端。从发动机采集来的信号千差万别，不能被检测仪中央控制器直接使用，必须经过预处理，转换成标准数字信号后，才能送入处理器。

(3) 采控与显示系统。现代的发动机综合性能检测仪均由计算机控制，能高速采控信号。检测仪的显示装置多为彩色显示器或液晶显示器。系统采用菜单式操作，使用方便。

6.3.3 发动机综合性能检测仪的使用方法

现以国产 EA1000 型为例介绍发动机综合检测仪的使用方法。

(1) 检测前,检测仪和发动机应做好以下准备工作:

①检测仪的准备。接通电源,打开检测仪总开关,打开计算机主机开关和显示器开关,暖机 20min。电源必须可靠搭铁。

在发动机不工作和点火系关闭的情况下,将信号提取系统连接到被测发动机上。

在测试电喷发动机 ECU 时,仪器必须与发动机共地线,测试人员必须随时与汽车车身接触。

②发动机准备。发动机应预热至正常工作温度。调整发动机怠速,怠速转速应在规定范围内。发动机保持运转。

(2) 启动检测仪,检测仪经预热后,用鼠标左键双击显示器上"检测仪图标",启动检测仪综合性能检测程序。

检测仪主机将对单片机通信、适配器逐一进行自检。自检通过为绿色,未通过将给以提示。

显示屏出现"用户资料录入"界面。点击"修改"按钮,录入汽车用户资料,然后点击"确定"按钮,显示屏出现检测主副菜单。显示屏主副菜单及分区如图 2-113 所示。

图 2-113 主副菜单及分区

在主菜单上,根据测试对象,选择"汽油机""柴油机""电控发动机参数"或"故障分析"等项目。菜单框架结构如图 2-114 所示。如果前述步骤中未进行汽车用户资料录入,则选择"参数设定",点击"修改"按钮,录入汽车用户资料后点击"确定"即可。

如需清除以前测试的数据,点击显示器下方的"清除数据"按钮。

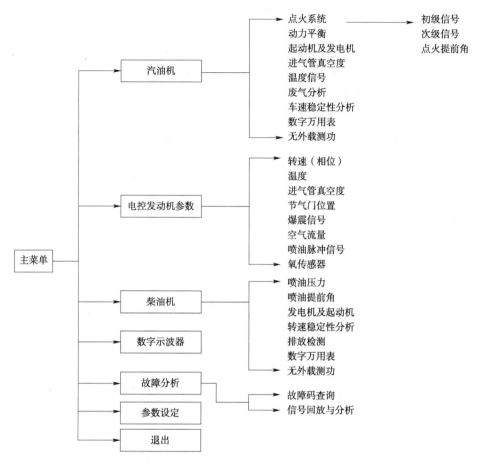

图 2-114　菜单框架结构

(3) 下面以检测某 6 缸汽油机的点火提前角为例,介绍检测方法。

将一缸信号夹夹在一缸高压线上。按动上下键或用鼠标,在屏幕上选择点火提前角功能。

从传感器挂架上卸下正时灯,对准曲轴皮带轮或飞轮上的一缸上止点,如图 2-115 所示。按下正时灯电源按钮,旋转正时灯调整电位器,直到旋转件的上止点标志对准壳体上的上止点标志为止。

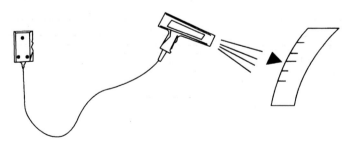

图 2-115　正时灯对准一缸上止点记号

显示器上的指针和数字将显示出点火提前角数值,如图 2-116 所示。

按 F2 数据存储热键,可将有效数据保存。

按 F6 图形打印热键,可将当前屏幕显示图打印。

检测完毕后,按 F1 热键,可返回上级菜单。

上面所测得的点火提前角是总提前角,它由负荷提前值和转速提前值组成。机械触点式点火系总提前角是真空提前量与离心提前量的总和,测量时拆去真空管路即为离心提前量,二者之差即为真空提前量。要测得不同负荷下的点火提前角数值,需在底盘测功机上对发动机加载。

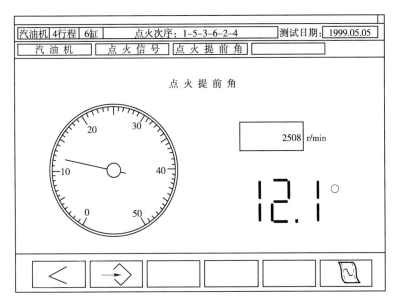

图 2-116　显示器上显示的点火提前角值

对电子点火系,尤其是无分电器的直接点火系统的转速提前角和负荷提前角是由 ECU 根据发动机各传感器提供的信号,从预先存储的数据中优选的,不可人为调整。但检测电子点火系的点火提前角,可查找 ECU 和各传感器是否存在故障。

使用发动机综合性能检测仪检测发动机其他项目的方法和步骤,可参阅使用说明书进行。

1. 发动机检测有哪些项目?
2. 稳态测功是通过测量发动机的什么参数来计算功率的?所用的公式及各符号的意义是什么?
3. 叙述用电涡流测功器检测发动机功率的测试过程。
4. 用于检测汽缸密封性的方法有哪些?
5. 国家对在用汽车发动机和大修竣工后的发动机的汽缸压力有哪些规定?
6. 分析汽缸压力过低或过高产生的原因?
7. 叙述用汽缸压力表测量汽缸压力的过程。
8. 曲轴箱窜气量过大是由于什么原因造成的?

9. 应在发动机什么状态下进行曲轴箱窜气量测量?
10. 当汽缸漏气率达到多少时,应查找原因进行排除或维修?
11. 发动机点火系统的主要故障有哪几种现象?
12. 点火示波器可显示点火过程的哪几类波形?
13. 试分析单缸标准直列波形所表示的点火系的技术状况。
14. 试分析单缸直列波常见故障波形。
15. 利用重叠波可以检查什么?
16. 在标准重叠波中,初级电路导通时间所占比例和闭合段波形的变化范围有什么规定?
17. 试分析故障重叠波形。
18. 试分析常见高压故障波形。
19. 电子点火系统的点火波形与传统点火系统波形相比有何异同?
20. 叙述用人工法检查并校正点火正时的步骤。
21. 叙述用闪光法检查点火正时的步骤。
22. 简述缸压法检测点火正时的工作原理。
23. 冷却液温度传感器和进气温度传感器的电阻值和电压值随温度是怎样变化的?
24. 实际检测一冷却液温度传感器的电阻值。
25. 节气门位置传感器的电阻值和输出电压与节气门的开度是怎样的?
26. 空气流量计有哪几种形式?
27. 以桑塔纳时代超人为例,叙述热膜式空气流量计故障检测步骤。
28. 氧传感器向计算机输送的是什么信号?这个信号与混合气的浓度有什么关系?
29. 氧化锆式氧传感器的信号电压范围在什么范围?
30. 叙述氧传感器使用与检测的注意事项。
31. 叙述检测发动机爆震传感器的步骤。
32. ECU通过车速传感器提供信号,控制发动机的什么?
33. 电控发动机控制系统开关信号有哪些?
34. 搭铁型开关信号在开路和接通时,提供的是什么信号?
35. 正极型开关信号在开路和接通时,提供的是什么信号?
36. 在发动机起动时,起动开关向ECU提供一个什么样的信号?
37. 当低速或急速时转动转向盘,达到校准压力时,动力转向压力开关向ECU提供什么样的信号?
38. 发动机怠速时开启空调,ECU是先提高怠速转速,还是直接开启空调?
39. 当踩下制动踏板时,ECU的STP端子应有多少电压?
40. 电喷发动机燃油压力的检测项目包括哪几个?
41. 分析常见系统油压过高或油压过低的原因。
42. 列举几种燃油泵控制电路的类型。
43. 电喷发动机喷油器的检测内容有哪些?
44. 冷起动喷油器有什么作用,它由什么控制的?
45. 燃油压力调节器的作用是什么?

46. 电喷发动机中的空气供给系统的作用是什么?
47. 怠速空气量控制方式有哪几种?
48. 要使电喷发动机正常工作,必须满足哪些条件?
49. 用示波器检测柴油机高压油管内的压力,可用哪几种波形来进行观测?
50. 对同一台发动机各缸的喷油器针阀开启压力 p_0、关闭压力 p_b、油管最大压力 p_{max} 和油管残余压力 p_r 有什么要求?
51. 通过哪种波形可观测各缸供油量的一致性?
52. 柴油机各缸供油间隔角度是多少?
53. 检查和校正柴油机的供油正时可采用什么方法?

单元三 汽车底盘的检测与诊断

学习目标

知识目标
1. 正确描述汽车底盘检测的项目和内容;
2. 简单叙述汽车底盘检测的基本原理。

能力目标
1. 会正确使用汽车底盘检测诊断的仪器设备;
2. 会正确分析汽车底盘各检测结果;
3. 能掌握汽车底盘故障的诊断和排除方法。

汽车底盘包括传动系统、行驶系统、转向系统和制动系统。汽车底盘的技术状况,直接关系到整车行驶的操纵稳定性和安全性,同时还影响发动机的动力传递和燃油消耗。

常用的汽车底盘检测设备有:离合器打滑频闪测定仪、传动系游动角度检测仪、四轮定位仪、车轮动平衡仪、悬架和转向系检测仪、悬架装置检测台等。随着科学技术的发展,这些检测设备已大量采用光、机、电一体化技术,并采用计算机控制,有些还具有智能化功能或专家诊断系统。

1 传动系统的检测

汽车的传动系统包括离合器、变速器、万向传动装置、主减速器及差速器等部件。随着汽车行驶里程的增加,传动系统功能会逐渐下降,出现异响、过热、漏油及乱挡等故障。对传动系及时进行检测、诊断、维修,可确保汽车安全正常运行。

在汽车不解体的情况下,使用仪器既可以检测传动系统的技术参数,如滑行距离、功率消耗和游动角等,还可以对传动系统的主要部件进行检测诊断,如离合器是否打滑、各部分传动件间的游动角、各部分异响和变速器是否跳挡等。

1.1 滑行距离和传动系统功率消耗的检测

1.1.1 汽车滑行距离的检测

汽车滑行距离的长短取决于传动系统技术状况。滑行距离可在惯性式底盘测功试验台(将在单元四中论述)上进行检测,也可用五轮仪在道路试验中进行检测。检测前要求发动机运行至正常温度,当试验速度达到设定滑行初速度时,变速器置空挡,滑行到车轮停转为止,测量滑行距离即可。

测滑行距离应满足汽车制造商的要求。GB 3798—2005 中规定,汽车空载行驶初速度为 30km/h 的滑行距离应不少于 220m。

1.1.2 汽车传动系统功率消耗的检测

通过检测传动系统功率消耗,可表征传动系统的技术状况。传动系统功率消耗可在惯性式底盘测功试验台上进行检测。在测完驱动车轮的输出功率(将在单元四中论述)后,立即踏下离合器踏板,利用试验台的惯性反拖传动系统运转,即可测出传动系统消耗功率。传动系统功率消耗量应满足汽车制造商的要求。

1.2 离合器打滑的检测

离合器踏板自由行程过小,离合器弹簧弹力减弱或折断,离合器摩擦片粘有油污,离合器压盘与飞轮发生翘曲,离合器摩擦片烧蚀或硬化等都势必导致离合器打滑。离合器打滑将使动力传递受到影响,并使离合器磨损加剧、过热、烧焦甚至损坏。使用离合器频闪测定仪可检测离合器是否打滑。

(1)测定仪的结构与工作原理。离合器打滑频闪测定仪主要由透镜、闪光灯、电阻器、电容器、传感器和电源等组成,如图3-1所示,电源可采用汽车蓄电池。

该仪器由发动机火花塞的高压电极输入电脉冲信号,火花塞每跳火一次,闪光灯就亮一次,闪光频率与发动机转速成正比。

(2)离合器打滑的检测方法。离合器打滑的检测可以在底盘测功试验台上或车速表试验台上进行,无试验台的可支起驱动轮进行。检测时,在传动轴上作一标记,变速器应挂入直接挡并踩下加速踏板,使车轮原地运转,必要时可给试验台滚筒增加负荷或使用行车制动器,以增加驱动论和传动系的负荷。将闪光灯发出的光亮点投射到传动轴的标记处,若离合器不打滑,传动轴上标记点与光亮点同步;若离合器打滑,则传动轴上标记点与光亮点不同步。离合器不容许出现打滑现象。

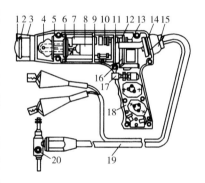

图 3-1 离合器打滑频闪测定仪
1-环;2-透镜;3-框架;4-闪光灯;5-护板;6、9、11、12、18-隔板;7-电阻器;8、10-电容器;13-二极管;14-支持器;15-座套;16-变压器;17-开关;19-导线;20-传感接头

离合器打滑时,汽车将出现起步困难、加速缓慢,严重时会散发出焦煳味等,也可从汽车的这些特征上进行诊断。

1.3 传动系统游动角度的检测

汽车传动系统游动角度的检测使用游动角度检测仪进行,常用的游动角度检测仪有指针式和数字式两种。

1.3.1 使用指针式游动角度检测仪检测传动系游动角度

(1)检测仪的结构与工作原理,指针式游动角度检测仪是由指针、刻度盘、测量扳手等组成。在测量过程中,指针固定在驱动桥主动轴上,刻度盘固定在主减速器壳上,如图3-2a)所示。测量扳手一端带有 U 型卡嘴,以便卡在十字万向节上。为了适应多种车型,卡嘴上带有可更换的钳口。测量扳手另一端有指针和刻度盘,可指示转动扳手的转矩值,如图 3-2b)所示。

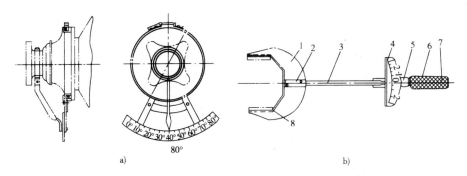

图 3-2 指针式游动角度检测仪
a)指针与刻度盘的安装;b)测量扳手
1-卡嘴;2-指针座;3-指针;4-刻度盘;5-手柄;6-手柄套筒;7-定位销;8-可换钳口

检测传动系统游动角度时,将检测扳手卡在万向节上,用不小于 $30N \cdot m$ 的转矩转动,使之从一个极端位置转到另一个极端位置,刻度盘上指针转过的角度即为所测游动角度值。

(2)游动角度的检测方法如下:

①检测驱动桥的游动角度。变速器操纵杆置空挡,驻车制动器松开,驱动轮制动,将测量扳手卡在驱动桥主动轴万向节的从动叉上,即可测得驱动桥的游动角度。

②检测万向传动装置的游动角度。与测驱动桥游动角度的方法基本相同,只是扳手卡在变速器后端万向节的主动叉上。此时获得的游动角度减去驱动桥的游动角度,即为万向传动装置的游动角度。

③检测离合器和变速器的游动角度。放松制动器踏板,离合器处于接合状态,视必要可支起驱动桥。测量扳手仍卡在变速器后端万向节的主动叉上,依次挂入各挡,即可获得不同挡位下从离合器到变速器的游动角度。

对上述三段游动角度求和,即可获得整个传动系统的游动角度。

1.3.2 使用数字式游动角度检测仪检测传动系统游动角度

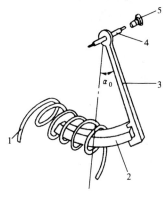

图 3-3 倾角传感器结构示意图
1-弧形线圈;2-弧形铁氧体磁棒;
3-摆杆;4-心轴;5-轴承

(1)检测仪的结构与工作原理。数字式游动角度检测仪的检测范围为 $0° \sim 30°$,使用的电源为直流 12V,检测仪由倾角传感器和测量仪两部分组成,两者以电缆相连。

①倾角传感器。倾角传感器的作用是将其外壳随传动轴游动之倾斜角转换为相应频率的电振荡。传感器外壳是一个长方形的壳体,其上部开有 V 形缺口,并配有带卡扣的尼龙带,因而可方便地固定在传动轴上。传感器壳内的装置如图 3-3 所示。图中弧形线圈固定在外壳中的夹板上,弧形铁氧体磁棒通过摆杆和心轴支承在夹板的两轴承上,因此可绕心轴轴线摆动。在重力作用下,摆杆与重力方向始终保持某一夹角 α_0。当传感器外壳倾斜角度不同时,弧形线圈内弧形磁棒的长度亦随之不同,产生的电感量亦不同,因而也就改变了电路的振荡频率。可见,传感器

实际上是一个倾角—频率转换器。为使传感器摆动后能迅速处于平衡状态,传感器外壳内装有变压器油。

②测量仪。测量仪是一台专用的数字式频率计,由于采用了与传感器特性相适应的门时和初始置数的措施,因而能直接显示传感器的倾角。

仪器采用PMOS数字集成电路。由传感器送来的振荡信号经计数门进入主计数器,在置成的补数基础上累计脉冲数。计数结束后,在锁存器接收脉冲作用下,将主计数器的结果送入寄存器,并由荧光数码管将结果显示出来,将游动范围内两个极端位置的倾角读出,其差值即为游动角度。

(2)游动角度的检测方法。将测量仪接好电源,用电缆把测量仪和传感器连接好,先按仪器使用说明书的要求对仪器进行自校,再将转换开关扳到"测量"位置上,即可进行实测。在汽车传动系统中,最便于固定倾角传感器的部位是传动轴。因此,在整个检测过程中,该传感器一直固定在传动轴上。

①万向传动装置的游动角度检测。把传动轴置于驱动桥游动范围的中间位置或将驱动桥支起,拉紧驻车制动器操纵手柄。左、右旋转传动轴至极端位置,测量仪便直接显示出固定在传动轴上的传感器倾斜角度,将两个极端位置的倾斜角度记下,其差值即为万向传动装置的游动角度。此角度不包括传动轴与驱动桥之间的万向节的游动角度。

②离合器与变速器及各挡的游动角度检测。放松驻车制动器操纵手柄,将变速器操纵杆挂入选定挡位,离合器处于接合状态,传动轴置于驱动桥游动范围中间位置或将驱动桥支起。左、右旋转传动轴至极端位置,测量仪便显示出传感器的倾斜角度。求出两极端位置倾斜角度的差值,便可得到一游动角度值。该游动角度减去已测得的万向传动装置的游动角度,即为离合器与变速器在该挡位下的游动角度。按同样方法,依次挂入各挡位,便可测得离合器与变速器各挡位下的游动角度。

③驱动桥的游动角度检测。变速器操纵杆置于空挡位置,松开驻车制动器操纵手柄,踩下制动踏板将驱动轮制动。左、右旋转传动轴至极端位置,即可测得驱动桥的游动角度。该角度包括传动轴与驱动桥之间万向节的游动角度。

对于多桥驱动的汽车,分别将传感器固定在变速器与分动器之间的传动轴、前桥传动轴、中桥传动轴和后桥传动轴上,可以检测每段传动轴的游动角度。

在测量仪上读取数值时应注意,显示的角度值在0°~30°内有效,出现大于30°的情况,可将固定在传动轴上的传感器适当转过一定角度。若其中一极限位置为零度,另一极限位置超过30°,说明该段游动角度已大于30°,超出了仪器的测量范围。

1.3.3 诊断参数标准

目前我国尚无游动角度的诊断参数标准,根据国外资料,中型载货汽车传动系游动角度及各分段游动角度应不大于表3-1所列数据(仅供诊断时参考)。

游动角度参考数据　　　　　　表3-1

部　位	游动角度(°)	部　位	游动角度(°)
离合器与变速器	≤5~15	驱动桥	≤55~65
万向传动装置	≤5~6	传动系统	≤65~86

2 转向系统的检测与诊断

汽车转向系统常见的故障有,转向盘自由转动量过大、转向沉重、自动跑偏、前轮摆振等。这些故障现象通常为综合性故障,除与转向系统有关外,还可能与轮胎、悬架、车身等有关。

2.1 转向盘自由行程和转向阻力的检测

转向盘自由行程,是指汽车转向轮静止不动时,转动转向盘所测得的游动角度。转向盘的转向力,是指在一定行驶条件下,作用在转向盘外缘的圆周力。这两个参数主要用来诊断转向系中各零件的配合状况。该配合状况直接影响到汽车的操纵稳定性和行车安全。对于新车和在用车都必须对其进行该两项参数的检测。

2.1.1 转向盘自由行程的检测

转向盘自由行程采用专用检测仪进行检测。简易的转向盘自由行程检测仪如图3-4所示,主要由刻度盘和指针组成。刻度和指针分别固定在转向盘轴管和转向盘边缘上。固定方式有机械式和磁力式两种。

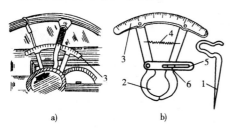

图3-4 简易的转向盘自由行程检测仪
a)检测仪的安装;b)检测仪的结构
1-指针;2-夹盘;3-刻度盘;4-弹簧;5-连接板;
6-固定螺钉

检测时,应使汽车的两转向轮处于直线行驶位置不动,轻轻向左(或向右)转动转向盘至空行程一侧的极端位置(感到有阻力),调整指针指向刻度盘零度。然后,再轻轻转动转向盘至另一侧空行程极端位置,指针所示刻度即为转向盘的自由行程。

根据《机动车运行安全技术条件》(GB 7258—2012)的规定,最高设计车速不小于100km/h的机动车,其转向盘自由行程的最大转动量不允许大于20°;其他机动车不允许大于30°。

转向盘自由行程过大的故障现象是,转向轮保持直线行驶位置静止不动时,转向盘左右转动的游动角度过大。

转向盘自由转动量过大的故障原因是:转向系的齿轮啮合间隙调整不当;转向器齿轮箱安装不良;转向器齿轮磨损;转向轴万向节磨损;横拉杆连接处磨损等。

转向盘自由转动量过大的诊断与排除方法是,首先判明故障是由转向器,还是由拉杆球节磨损的原因造成的。检查故障时,架起汽车转向轮,左右转动转向盘,当用力转动时,拉杆才同步运动,说明拉杆球节连接处磨损而旷量过大;若拉杆不动,则说明转向器齿轮的磨损过大。

2.1.2 转向盘转向阻力的检测

转向盘转向阻力采用转向参数测量仪或转向力角仪进行检测。国产ZC-2型转向参数测量仪如图3-5所示,是以计算机为核心的智能仪器,可测得转向盘自由转向量和转向力。该仪器由操纵盘、主机箱、连接叉和定位杆四部分组成。操纵盘由螺钉固定在三爪底板上,底板经力矩传感器与三个连接叉相连,每个连接叉上都有一只可伸缩长度的活动卡爪,以便与被测转向盘相连接。主机箱为一圆形结构,固定在底板中央,其内装有口板、计算机板、转角编码器、打印机、力矩传感器和电池等。定位杆从底板下伸出,经磁力座吸附在驾驶室内的仪表板上。

定位杆的内端连接有光电装置,光电装置装在主机箱内的下部。

测量时,把转向参数测量仪对准被测转向盘中心,调整好三个连接叉上伸缩卡爪的长度,与转向盘连接并固定好。转动操纵盘,转向力通过底板、力矩传感器、连接叉传递到被测转向盘上,使转向盘转动以实现汽车转向。此时,力矩传感器将转向力矩转变成电信号,而定位杆内端连接的光电装置则将转角的变化转变成电信号。这两种电信号由计算机自动完成数据采集、转角编码、运算、分析、存储、显示和打印。因此,使用该测量仪既可测得转向盘的转向力,又可测得转向盘的自由转动量。

转向力角仪与转向参数测量仪结构类似,一般都是具有检测转向盘转向力和转向角的功能,所以也完全可以用来检测转向盘的自由转动量。

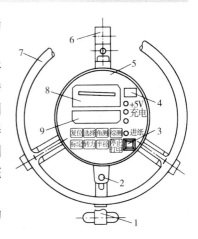

图3-5 ZC-2型转向参数测量仪
1-定位杆;2-固定螺钉;3-电源开关;4-电压表;5-主机箱;6-连接叉;7-操纵盘;8-打印机;9-显示器

根据 GB 7258—2012 的规定,机动车在平坦、硬实、干燥和清洁的水泥或沥青道路上行驶,以 10km/h 的速度在 5s 之内沿螺旋线从直线行驶过渡到直径为 24m 的圆周行驶,施加于转向盘外缘的最大切向力应不大于 254N。

转向沉重的故障现象是:汽车转弯时,转动转向盘感到吃力,且无回正感。

转向沉重的故障原因是:齿条和小齿轮啮合间隙过小;转向轴的轴承过紧或损坏;转向拉杆的球头销与球头座配合过紧;转向轴万向节十字轴配合过紧;前稳定杆变形等。转向沉重还与轮胎气压不足及悬架、车轴、转向轮定位的故障有关。

转向沉重的故障诊断与排除方法是:首先拆下转向节臂并转动转向盘,若仍感到转向沉重,说明转向器存在故障,如齿轮结合间隙过小、转向柱轴套严重磨损等;若感觉不沉重,应检查拉杆球头间隙是否过小、车身是否变形、前轮定位角是否满足要求等。

2.1.3 自动跑偏的诊断与排除方法

《机动车安全技术条件》(GB 7258—2012)指出,机动车在平坦、硬实、干燥和清洁的道路上行驶不应跑偏,应具有稳定的直线行驶能力。

自动跑偏的故障现象是:汽车行驶中,行驶方向自动偏向一边,不易保持直线行驶,操纵困难。

自动跑偏的主要原因与轮胎、减振器、转向轮定位、前轮制动器等的技术状况有关,主要包括:左右轮胎气压不一致;前左、前右减振器弹簧刚度不一致;车身变形或车架变形使两侧轴距不等;转向轮定位失准;转向轮单边制动或单边制动拖滞;转向轮单边轮毂轴承装配过紧或损坏;转向轮某一侧的前稳定杆、下摆臂变形等。

自动跑偏的故障诊断与排除方法是:首先检查左右转向轮气压是否符合标准或一致,不符合标准或不一致时应充气至标准值;检查前稳定杆和前摆臂是否变形,减振器弹簧刚度及左右弹簧的变形量是否一致;行车后检查左右轮毂和制动毂的温度情况,若温度不一致时,则说明高温一侧的制动器存在单边制动、制动拖滞或轮毂轴承装配过紧、损坏等;检查转向轴的轮距和转向定位是否符合标准值。

2.1.4 前轮摆振的诊断与排除方法

GB 7258—2012指出,机动车行驶时,不应有摆振、路感不灵或其他异常现象。

前轮摆振的故障现象是:汽车在某一速度范围内行驶时,转向轮围绕主销发生角振动。

前轮摆振的故障原因是:若汽车在低速情况下发生摆振,主要原因是转向系各部位配合间隙过大及转向轮定位失准;汽车高速行驶时发生转向轮摆振,一般为车轮不平衡。

前轮摆振的故障诊断与排除方法:出现转向轮摆振故障时,应首先检查转向系统各部件的配合间隙,及时排除故障,在此基础上,对转向轮定位进行检测和调整;对转向轮进行平衡检测和校正。

2.1.5 液力式动力转向系统故障诊断与排除

液力式动力转向系统的主要故障有转向沉重、漏油、异响、转向不稳及油压低等。

液力式动力转向系统的故障原因是:液压泵传送带松旷,或者液压泵技术状况不良,如液压泵传动打滑、液压泵内部机件磨损,不能产生正常油压;液压系统中液压管路接头松动、损伤,液压油管损坏,使系统有漏油现象,造成液压油供应不足;转向轮定位失准,转向器内部齿轮磨损,转向拉杆球节润滑不良,转向轮气压不足,造成转向系统故障等。

进行液力式动力转向系统的故障诊断时,应首先排除机械故障,再对液力系统进行检查。检查的内容有:液压传动带的松紧度;工作油温检查,发动机怠速运转,左右转动转向盘数次,检查液压系统工作油温能否达到标准值;检查储油罐的储油量是否在规定的范围之内,液压油是否起泡、发白,有无空气混入;检查油管和管接头是否有松动、破损及漏油现象;液压泵输出油压检查,发动机怠速运转,在阀门全开时测量输出油压,并把检测结果与标准值比较,若所测油压偏低,说明液压泵存在故障,应进行修理;转向齿轮的油压检查,发动机怠速运转,在阀门全开时,左右转动转向盘时测量油压并与规定值比较,测得油压偏低时,说明转向器内有漏油现象。

2.2 车轮定位的检测

汽车车轮定位的检测有静态检测法和动态检测法两种类型。静态检测法是在汽车停止的状态下,使用测量仪器对车轮定位进行几何角度的测量。动态检测是在汽车以一定车速行驶的状态下,用测量仪器检测车轮定位产生的侧向力或由此引起的车轮侧滑量。动态检测的内容和方法将在本书单元四"汽车侧滑的检测与调整"中讲述。

2.2.1 车轮定位的静态检测

车轮定位值的静态检测法,是根据车轮旋转平面与各定位角间存在的直接或间接的几何关系,用专用的检测设备测量其是否符合规定。使用的检测设备有气泡水准式、光学式、激光式、电子式和计算机式等车轮定位仪。

气泡水准式定位仪由于具有结构简单、价格低廉、便于携带等优点,在国内获得广泛应用,但是也有安装和测试费时费力等缺点。

光学式车轮定位仪一般由转盘、支架、车轮镜和投光装置等组成。投光装置(由投光器和投影屏组成)也像水准仪一样安装在支架上,支架固定在轮辋上。该定位仪利用光学投影原理,将车轮纵向旋转平面与车轮定位的关系投影到带有指示刻度的投影屏上,从而测得车轮定位值。

激光式车轮定位仪的检测原理与光学式相同,只不过采用的是激光投影系统,因而在强烈的阳光下也能清楚地从投影屏读出测量数据。

电子式车轮定位仪则是在光学式和激光式的基础上,由投影屏刻度显示转变为显示屏数字显示。

计算机式车轮定位仪比以上几种车轮定位仪先进,目前国内外生产的定位仪多以这种类型为主,且一般为四轮定位仪,可同时检测前、后轮的定位参数。计算机式车轮定位仪由于采用微电脑技术和精密传感测量技术,并备有完整齐全的配套附件,所以具有测量准确和操作简便等优点。它一般由计算机主机、显示器、操作键盘、转盘、支架、打印机和遥控器等组成,往往制成可移动台式。由安装在车轮上的传感器把车轮定位角的几何关系转变成电信号,送入计算机分析判断,然后由显示屏显示和打印输出。测试过程中,可通过操作全功能红外线遥控器,在汽车的任何位置实现远距离的测试控制。

2.2.2 气泡水准式定位仪及使用方法

(1)气泡水准定位仪按适用车型范围分为两种,一种适用于大、中、小型汽车,另一种仅适用于小型汽车。前者一般由水准仪、支架、转盘(转角仪)等组成,后者一般由水准仪和转盘组成。

如图3-6所示,水准仪按适用范围也分为两种,一种适用于大、中、小型汽车,另一种仅适用小型汽车。它们均由壳体、水泡管、水泡调节装置和刻度盘等组成。适用于大、中、小型汽车的水准仪带有两个定位锁,以便插入支架中心孔固装在支架上;适用于小型汽车的水准仪带有永久磁铁和定位针,可以对准转向节枢轴中心孔靠磁力吸附在轮毂的端面上,因而省去了支架。

支架是水准仪与轮辋之间的连接装置。支架固定在轮辋上,水准仪则插在支架的中心孔内,由锁紧螺钉锁住。支架有卡紧式和磁力式两种。

转盘一般由固定盘、活动盘、扇形刻度尺、游标指示针、锁止销和若干滚珠等组成。

(2)气泡水准式定位仪使用方法。常见气泡水准定位仪的使用方法大同小异,下面以国产GCD-1型光束水准仪为例介绍使用方法。GCD-1型水准仪,除由一个水准仪、两个支架和两个转盘组成外,还配备有两个聚光器、两个标尺、两根标杆和一个踏板抵压器。聚光器在标杆配合下可测得车轮前束值,聚光器在标尺配合下可测得后轴与前轴间的平行度、后轴与车架间的垂直度及后轴与车架在水平平面的弯曲变形等。踏板抵压器可将制动踏板压住,省去人力。

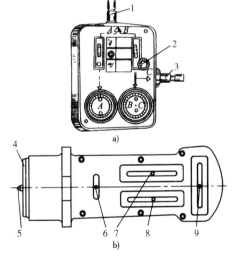

图3-6 水准仪

a)适用于大、中、小型汽车的水准仪;b)适用于小型汽车的水准仪

1、3-定位锁;2-旋钮;4-永久磁铁;5-定位针;6-校正水平的水泡管;7-测量主销后倾角的水泡管;8-测量前轮外倾角的水泡管;9-测量主销内倾角的水泡管

①检测前的准备工作,汽车轮胎及气压应符合规定。车轮轮毂轴承、转向节衬套与主销的配合符合要求。汽车制动可靠。检测场地水平且平整。检测时,应保证前后车轮接地面处于同一水平面上。将汽车两前轮处于直驶位置,分别放置在各自的

转盘上,并使主锁中心线的延长线通过转盘中心。确定前轮直驶位置后,将转盘扇形刻度尺调整到零位,对准游动指针,然后固定。当再转动转向盘时,前轮的转角可从转盘刻度尺上读取。

先将固定支架的两个固定脚卡在轮辋适当部位,再移动活动支架,使其固定脚也卡在轮辋上,然后用活动支架的偏心卡紧机构将三个固定脚卡紧在轮辋上。此时,三个固定脚的定位端面贴紧在轮辋的边缘上。松开调整支座弹性固定板的固定螺栓,使调整支座沿导轨滑动,通过特制芯棒使调整支座安装聚光器或水准仪的孔中心与前轮中心重合,然后拧紧螺栓,将调整支座固定于导轨上。经验表明,当支架中心与车轮中心偏离 2~3mm 时,对测量结果影响甚微,故也可以目视对中,而不使用芯棒。

将聚光器定位销轴插入支座孔中,使销轴定位端面与支座定位端面贴合,然后拧紧弹簧卡固定螺钉,使聚光器不至于从支座上滑落。顶起被测车轮,使其离开转盘,当在其圆周上施力时能自由转动。将标杆以轮辋半径 7 倍的距离放在所测车桥之前或之后的地面上,一般而言,测前轮轮辋变形量时,可把标杆放在前桥之前;测后轮轮辋时,可把标杆放在后桥之后。将聚光器通以电源,聚光器发出强光束指针,转动聚光器的调节盘,使光束指针的扇形缺口朝上,调整聚光器伸缩套筒,使光束指针清晰地指在标杆上带有刻度的标牌上,用手把持聚光器,松开弹簧卡固定螺钉,缓慢转动车轮一周,读出光束指针指示的最大值与最小值,最大值与最小值之差即为轮辋端面的摆差。当摆差大于 3mm 时,一般认为轮辋是不合格的,应予更换。对于有摆差的车轮轮辋,为了消除对检测车轮定位角度值的影响,可转动调整支座上的滚花调节螺钉,直至光束指针指示的最大值与最小值之差在 3mm 之内为止。轮辋的变形补偿后,将车轮放回转盘上。

②前束值的检测。用聚光器配合标杆来检测车轮前束的原理如图 3-7 所示。以前轮前束为例,讲述前束的检测方法。汽车两前轮放于转盘上,找正直驶位置后,在检测前束的过程中不得再转动转向盘。

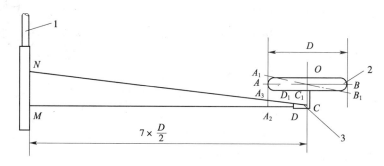

图 3-7 前束检测原理图
1-标杆;2-前轮;3-聚光器

调节标杆长度,使同一标杆两标牌之间的距离略大于被测轮距,并能使聚光器光束指针大致投射到标牌的中间位置。两套标杆一定要调整到等长,特别是标牌之间的距离一定要相等,否则将影响检测结果。

将已调好的两套标杆放置在被测车桥的前后两侧,并平行于该车桥。每一标杆距车轮中心的距离为车轮上规定前束测点处半径的 7 倍。车轮上规定前束测点依车型而定,有的测点在胎面中心处,有的测点在胎侧凸出处,而有的测点在轮辋边缘处,检测前束应注意查阅汽车使用说明书。

先将车轮一侧聚光器的光束投向前标杆的标牌上,使光束指针指于某一整数位置上,如图 3-8 所示。再将该聚光器的光束向后投射到后标杆的标牌上,并平行移动后标杆使光束指针落在与前标牌同一数值上。然后,将另一侧聚光器分别向前标杆、后标杆投射光束,读出光束指针指示值,计算前束。若前标杆指示值为 25mm,后标杆指示值为 28mm,则前束值为 28 - 25 = 3 (mm)。若前标杆指示值为 28mm,后标杆指示值为 25mm,则前束值为 -3mm,即为负前束。

汽车后轮前束的检测方法与此相同。

③车轮外倾角的检测。在车轮保持直驶位置不动的情况下,将水准仪黑箭头指示的定位销插入车轮上支架的中心孔内,并使水准仪在左右方向上大致处于水平状态。轻轻拧紧弹簧卡锁紧螺钉,固定水准仪,如图 3-9 所示。

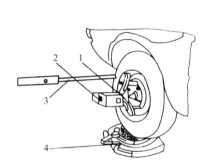
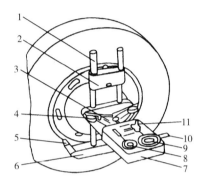

图 3-8　检测车轮前束值
1-支架;2-聚光器;3-标杆;4-转盘

图 3-9　检测车轮外倾角和主销后倾角
1-导轨;2-活动支架;3-调整支座;4-调节螺钉;5-固定脚;6-固定支架;7-水准仪;8-A 调节盘;9-BC 调节盘;10-定位销;11-旋钮

转动水准仪上的 A 调节盘,直到对应气泡管内的气泡处于中间位置为止,然后在黑刻度盘上读出 A 盘红线所指角度值,该角度值即为前轮外倾角。用同样的方法可检测其他车轮的外倾角。

④主销后倾角的检测。前轮外倾角测定后,可不动水准仪,接着进行主销后倾角的检测。

将前轮向内转 20°(左前轮向左转,右前轮向右转,下同),松开弹簧卡锁紧螺钉,使水准仪左右方向处于水平状态,然后拧紧锁紧螺钉。

转动水准仪上的 BC 调节盘,使其上红线与蓝、红、黄刻度盘零线重合。调整对应气泡管的旋钮,使气泡居中。

将前轮向相反方向转 40°,转动 BC 调节盘使气泡在管内居中,在蓝盘上读出 BC 盘红线所示之值即为主销后倾角。

⑤主销内倾角的检测。检测前应使前轮处于制动状态,以防止转动转向盘时前轮滚动。将红黄箭头所指的定位销插入支架中心孔内,轻轻拧紧锁紧螺钉,如图 3-10 所示。将被测前轮向内转 20°,松开锁紧螺钉,使水准仪在左右方向上处于水平状态,然后拧紧锁紧螺钉。

转动 BC 调节盘,使其红色刻线与蓝、红、黄刻度盘零线重合。调节对应气泡管旋钮,使气泡居中。

将前轮向外转 40°,调节 BC 盘使水泡管内气泡居中。此时,BC 盘红线在红刻度盘或黄刻度盘所示之值即为主销内倾角。检测左前轮时,在黄刻度盘上读数;检测右前轮时,在红刻度盘上读数。

⑥前轮最大转角的检测。前轮最大转角是指前轮处于直线行驶位置时,分别向左、向右转至极限位置的角度。

前轮处于直驶位置,置转盘扇形刻度尺于零位并固定。转动转向盘,使前轮向任一侧至极限位置,从扇形刻度尺上读出的数值,即为该侧最大转角,同理可测出转向另一侧的最大转角。

2.2.3 四轮定位仪及使用方法

汽车行驶速度越来越高,汽车的操纵稳定性对行车安全影响越来越大。有些汽车,尤其是轿车不仅具有前轮定位,还具有后轮外倾角和后轮前束等定位参数。如果能对汽车四轮定位参数进行检测,不仅能确定所有车轮定位正确与否,还能确定前轴、后轴、悬架、车架等的技术状况,为底盘不解体诊断提供可靠依据。

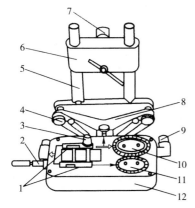

图3-10 检测主销内倾角
1-水泡管;2-定位销;3-旋钮;4-调节螺钉;5-导轨;6-活动支架;7,9-固定脚;8-调整支座;10-BC调节盘;11-A调节盘;12-水准仪

四轮定位仪是专门用来测量车轮定位参数的设备。四轮定位仪可检测的项目包括:前轮前束、前轮外倾角、主销后倾角、主销内倾角、后轮前束、后轮外倾角、轮距、轴距、推力角和左右轴距差等。

目前使用的四轮定位仪均由微机控制,它们的测量原理基本是一致的,但不同类型的四轮定位仪的使用方法有一定的差异,应严格按使用说明书的要求和方法进行操作。图3-11所示为国产KD-120型四轮定位仪外形图,图3-12所示为该型四轮定位仪框图。

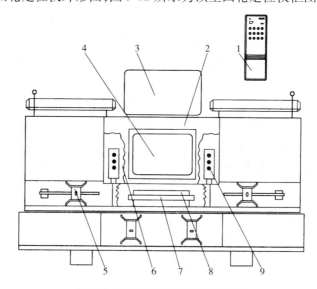

图3-11 KD-120型四轮定位仪外形图
1-红外线遥控器;2-主机柜;3-上车镜;4-显示器;5-传感器;6-微机;7-键盘;8-打印机;9-控制箱

四轮定位仪由主机、显示器、打印机、前后车轮检测传感器、传感器支架、转盘、制动锁、转向盘锁及导线等零件构成。配有专用软件和数据光盘,可读取近10年来世界各地汽车四轮定

位参数,且可更新。还配有数码视频图像数据库,显示检查和调整位置等。

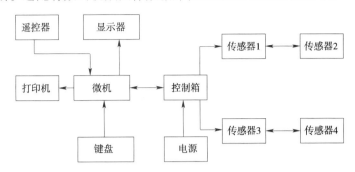

图 3-12　KD 系列四轮定位仪框图

为便于检测和调整,被检汽车需放在地沟上或举升平台上,地沟或举升平台应处于水平状态,四轮定位仪则安装在地沟两旁或举升平台上,图 3-13 是四轮定位仪安装在举升平台上的情况。

(1) 检测前的准备。把汽车开上举升平台,托住车轮,把汽车举升 0.5m(第一次举升);托住车身,把汽车举升至车轮能自由转动(第二次举升);拆下各车轮,检查轮胎磨损情况,要求各轮胎磨损基本一致;检查轮胎气压,使其符合标准值;作车轮动平衡试验,动平衡完成后,将车轮装回车上;检查车身高度,检查车身四个角的高度和减振器技术状况,如果车身不平应先调平,同时检查转向系统和悬架是否松旷,如松旷则应先紧固或更换零件。

图 3-13　四轮定位仪安装在举升平台上

(2) 利用四轮定位仪检测车轮定位的步骤如下:

把传感器支架安装在轮辋上,再把传感器(定位校正头)安装到支架上,并按使用说明书的规定调整。

开电脑主机进入测试程序,输入被测汽车的车型和生产年份。

进行轮辋变形补偿,转向盘位于直驶位置,使每个车轮旋转一周,即可把轮辋变形误差输入电脑。

降下第二次举升量,使车轮落到平台上,把汽车前部和后部向下压动 4~5 次,使各部位落到实处。

用制动锁压下制动踏板,使汽车处于制动状态。

将转向盘左转至电脑显示"OK",输入左转角度数;然后将转向盘右转至电脑显示"OK",输入右转角度数。

将转向盘回正,电脑显示出车轮的前束及外倾角数值。

调整转向盘,并用转向盘锁锁止转向盘,使之不能转动。

将安装在四个车轮上的定位校正头的水平仪调到水平线上,此时电脑显示出转向轮的主销后倾角、主销内倾角、转向轮外倾角和前束的数值。电脑将比较各测量数值,得出"无偏差""在允许范围内"或"超出允许范围"的结论。

若"超出允许范围",按电脑提示的调整方法进行针对性调整。调整后仍不能解决问题,则应更换有关零部件。

再次压试汽车,将转向轮左右转动,观察屏幕上数值有无变化,若有变化应重新调整。

拆下定位校正头和支架,进行路试,检查四轮定位调整的效果。

3 车轮平衡度的检测

随着汽车行驶速度的不断提高,车轮不平衡越来越严重地影响着汽车行驶的平顺性、安全性和乘坐舒适性。车轮不平衡,在高速行驶时,会引起上下跳动和左右摆动,使车辆难于控制,同时还将加剧轮胎和有关机件的非正常磨损。因此,车轮平衡度检测已成为汽车检测的重要项目之一。

3.1 车轮平衡的概念与不平衡的原因

3.1.1 车轮平衡的概念

车轮的平衡可分为车轮静平衡和车轮动平衡。

(1) 车轮静平衡的概念与检测。支起车轴,调整好轮毂轴承松紧度,用手轻转动车轮,使其自然停转。车轮停转后在离地最近处作一标记,然后重复上述试验多次。若车轮经几次转动自然停转后,所做标记的位置各不一样,或强迫停转后,消除外力车轮也不再转动,则车轮为静平衡。静平衡的车轮,其旋转中心与车轮中心重合。

如果每次试验所作标记都停在离地最近处,则车轮为静不平衡。静不平衡的车轮,其旋转中心与车轮中心不重合。

(2) 车轮动平衡的概念。在图 3-14a) 中,车轮是静平衡的,在该车轮旋转轴线的径向反位置上,各有一作用半径相同质量也相同的不平衡点 m_1 与 m_2,且不处于同一平面内。对于这样的车轮,其不平衡点的离心力合力为零,但离心力的合力矩不为零,转动中产生方向反复变动的力偶 M,使车轮处于动不平衡中。动不平衡的前轮绕主销摆

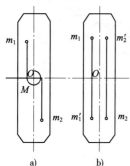

图 3-14 车轮平衡示意图
a) 车轮静平衡但动不平衡;
b) 车轮动平衡且静平衡

动。如果在 m_1 与 m_2 同一作用半径的相反方向上配置相同质量 m'_1 与 m'_2,则车轮处于动平衡中,如图 3-14b) 所示。动平衡的车轮一定是静平衡的,因此对车轮主要应进行动平衡检测。

3.1.2 引起车轮不平衡的原因

引起车轮不平衡的原因有:轮毂、制动鼓(盘)加工时定心定位不准、加工误差大、非加工面铸造误差大、热处理变形、使用中变形或磨损不均。

轮胎螺栓质量不等、轮辋质量分布不均或径向圆跳动、端面圆跳动太大。

轮胎质量分布不均、尺寸或形状误差太大、使用中变形或磨损不均、使用翻新胎或修补胎。

并装双胎的充气嘴未相隔 180°安装,单胎的充气嘴未与不平衡点标记(经过平衡试验的新轮胎,往往在胎侧标有红、黄、白或浅蓝色的□、△、○或◇符号,用来表示不平衡点位置)相隔 180°安装。

轮毂、制动鼓(盘)、轮胎螺栓、轮辋、内胎、衬带、轮胎等拆卸后重新组装成车轮时,累计的不平衡质量或形位偏差太大,破坏了原来的平衡。

3.2 车轮动平衡的检测及校正方法

3.2.1 车轮平衡机的类型

车轮平衡机又称车轮平衡仪,用来检测车轮的平衡度。按功能可分为车轮静平衡机和车轮动平衡机两类;按测量方式可分为离车式车轮平衡机和就车式车轮平衡机两类;按车轮平衡机转轴的形式可分为软式车轮平衡机和硬式车轮平衡机两类。

使用离车式车轮平衡机时,将车轮从车上拆下安装到车轮平衡机的转轴上检测其平衡状况。

软式车轮平衡机,安装车轮的转轴由弹性元件支承。当被测车轮不平衡时,该轴与其上的车轮一起振动,测得该振动即可获得车轮的不平衡量。硬式车轮平衡机的转轴由刚性元件支承,工作中转轴不产生振动,它是通过直接测量车轮旋转时不平衡点产生的离心力来确定不平衡量的。

凡是可以测定车轮左、右两侧的不平衡量及其相位的,可以称为二面测定式车轮平衡机。

3.2.2 离车式车轮平衡机检测校正车轮动平衡

(1)离车式车轮平衡机的结构简介。离车式车轮动平衡机如图 3-15 所示,其专用卡尺如图 3-16 所示。目前应用最多的是硬式二面测定车轮动平衡机。该动平衡机一般由驱动装置、转轴与支承装置、显示与控制装置、制动装置、机箱和车轮防护罩等组成。转轴由两个滚动轴承支承,每个轴承均有一能将动反力变为电信号的传感器。转轴的外端通过锥体和大螺距螺母等固装被测车轮。

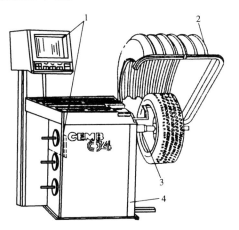

图 3-15 离车式车轮动平衡机
1-显示与控制装置;2-车轮防护罩;3-转轴;4-机箱

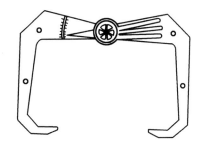

图 3-16 离车式车轮动平衡机的专用卡尺

近年来生产的车轮动平衡机,其显示与控制装置多为计算机式,具有自动诊断和自动系统,能将传感器的电信号通过计算机运算、分析、判断后显示出不平衡量及相位。为了使显示的不平衡量恰是轮辋边缘所加平衡块的质量,还必须将测得的轮辋直径 d、轮辋宽度 b 和轮辋边缘至平衡机机箱的距离 a(轮辋外悬尺寸),通过键盘或选择器旋钮输入计算机。

(2)离车式车轮平衡机检测校正车轮动平衡的使用方法。清除被测车轮上的泥土、石子和旧平衡块。检查轮胎气压,视必要充至规定值。

根据轮辋中心孔的大小选择锥体,装上被测车轮,用大螺距螺母紧固。

打开电源开关,检查指示与控制装置的面板是否指示正确。

用卡尺测量轮辋宽度 b、轮辋直径 d(也可由胎侧读出),用平衡机上的标尺测量轮辋边缘至机箱距离 a,用键入或选择器旋钮对准测量值的方法,将 a、b、d 直接输入指示与控制装置中。为了适应不同计量制式,平衡机上的所有标尺一般都同时标有英制和米制刻度。

放下车轮防护罩,按下起动键,车轮旋转,平衡测试开始,计算机自动采集数据。车轮自动停转或听到"笛"声,按下停止键并操纵制动装置使车轮停转,从指示装置读取车轮内、外不平衡量和不平衡位置。

抬起车轮防护罩,用手慢慢转动车轮。当指示装置发出指示(音响、指示灯亮、制动、显示点阵或显示检测数据等)时停止转动。在轮辋的内侧或外侧的上部(时钟12点位置)加装指示装置显示的该侧平衡块质量。内、外侧要分别进行,平衡块装卡要牢固。

安装平衡块后有可能产生新的不平衡,应重新进行平衡试验,直至不平衡量 <5g(0.3oz),指示装置显示"00"或"OK"时才能满意。当不平衡量相差 10g 左右时,如沿轮辋边缘左右稍移平衡块,也能获得满意的效果。

3.2.3 就车式车轮平衡机检测校正车轮动平衡

(1)就车式车轮平衡机结构简介。使用就车式车轮平衡机,无需从车上拆下车轮,就车即可测得车轮的平衡状况。就车式车轮动平衡机一般由驱动装置、测量装置、指示与控制装置、制动装置和小车组成,如图 3-17 所示。图 3-18 所示为工作图。驱动装置由电动机、转轮等组成,能带动支离地面的车轮转动。测量装置由传感磁头、可调支杆、底座和传感器等组成。它能将车轮不平衡量产生的振动变成电信号,送至指示与控制装置。指示与控制装置由频闪灯、不平衡度表或数字显示屏等组成。频闪灯用来指示车轮不平衡点位置,不平衡度表或数字显示屏用来指示车轮的不平衡量。不平衡量一般有两个挡位,第一挡往往用于初查时的指示,第二挡往往用于装上平衡块后复查时指示。制动装置用于使车轮停转。除测量装置外,车轮动平衡机的其余装置都装在小车上,可方便地移动。

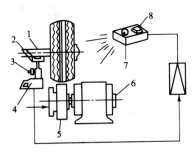

图 3-17 就车式车轮动平衡机示意图
1-转向节;2-传感磁头;3-可调支杆;
4-底盘;5-转轮;6-电动机;7-频闪灯;
8-不平衡度表

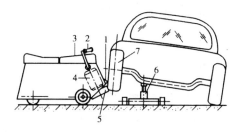

图 3-18 就车式车轮平衡机工作图
1-光电传感器;2-手柄;3-仪表板;4-驱动电机;
5-摩擦轮;6-传感器支架;7-被测车轮

(2)就车式车轮平衡机检测校正车轮动平衡的使用方法。用千斤顶支起车轴,两边车轮离地间隙要相等。清除被测车轮上的泥土、石子和旧平衡块。检查轮胎气压,视必要充至规定值。检查轮毂轴承是否松旷,视必要调整至规定松紧度。在轮胎外侧面任意位置上用白粉笔或白胶布做上记号。

用三角垫木垫住非测试车轮,将就车式车轮动平衡机的测量装置推至被测前轮一端的前轴下,传感磁头吸附在悬架下或转向节下,调节可调支杆高度并锁紧。推平衡机至车轮侧面或前面(视车轮平衡机形式不同而异)。检查频闪灯工作是否正常,检查转动的旋转方向能否使车轮的转动力与前进行驶时方向一致。

操纵车轮平衡机转轮与轮胎接触,起动驱动电动机带动车轮旋转至规定转速。观察频闪灯照射下的轮胎标记位置,并从指示装置(第一挡)上读取不平衡量数值。操纵平衡机上的制动装置,使车轮停止转动。用手转动车轮,使其上的标记仍处在上述观察位置上,此时轮辋的最上部(时钟 12 点位置)即为加装平衡块的位置。

按指示装置显示的不平衡量选择平衡块,牢固地装卡到轮辋边缘上。重新驱动车轮进行复查测试,指示装置用二挡显示。若车轮平衡度不符合要求,应调整平衡块质量和位置,直至符合平衡要求。

检测驱动轮平衡时,用发动机驱动车轮,加速至 50～70km/h 的某一转速下稳定运转。测试结束后,用制动器使车轮停转。

3.2.4 注意事项

动平衡机装有精密的位移传感器和易碎裂的压电晶体传感器,严禁冲击和敲打主轴或传感器支架。

在检修车轮动平衡机时,传感器的固定螺栓不得松动。因为这一螺栓不是一般的紧固件,需要由它向传感晶体提供必要的预紧力。当这一预紧力发生变化时,电算过程将完全失准。

车轮动平衡机的机械系统和电算电路都是针对正常车轮使用条件下平衡失准或轻微受损但仍能使用的车轮而设计的,对严重变形的轮辋或胎面大面积剥离的车轮是不能上机进行平衡检测的。超值的不平衡力可能溢出电算范围而使仪器自动拒绝工作。

当不平衡量超过最大配重时,可用两个以上配重并列使用。但这时要注意因多个配重占用较大的扇面会使其有效质量低于实际质量。

一般情况下,离车式车轮动平衡机或就车式车轮动平衡机都是分别各自使用的。但对高速行驶的汽车车轮而言,如果用离车式车轮动平衡机平衡后再装在车上行驶时,仍会出现不平衡现象,最好能再用就车式车轮动平衡机进行校对。

思考与练习

1. 传动系统的检测内容有哪些?
2. 叙述使用离合器频闪测定仪检测离合器是否打滑的方法。
3. 叙述使用指针式游动角度检测仪检测传动系统游动角度的检测方法。
4. 叙述转向盘自由转动量的检测方法。
5. 在 GB 7258—2012 国家标准中,对转向盘自由行程的最大转动量有何规定?
6. GB 7258—2012 国家标准对施加于转向盘外缘的最大切向力有何规定?
7. 汽车自动跑偏的主要原因有哪些?

8. 汽车前轮摆振的主要原因有哪些?
9. 叙述使用气泡水准式定位仪检测汽车前轮定位的方法。
10. 叙述电脑式四轮定位仪的使用方法。
11. "车轮静平衡的就一定是动平衡的"和"车轮动平衡就一定是静平衡的",哪一句对?
12. 引起车轮不平衡的原因有哪些?

单元四　汽车整车性能检测

学习目标

知识目标
1. 了解汽车整车检测的项目和内容；
2. 掌握汽车整车检测的基本原理。

能力目标
1. 熟悉汽车检测站的类型、设计布置与工作任务；
2. 能熟练对在用运输车辆的技术状况进行检测诊断；
3. 能熟练对汽车维修行业的维修车辆进行质量检测；
4. 能熟练对车辆改装、改造其有关新工艺、新技术、新产品、科研成果等项目进行检测，提供检测结果。

汽车整车的技术状况，关系到车辆行驶的动力性、经济性、排气净化性、操纵稳定性、安全性和舒适性等使用性能，是汽车检测诊断的重点内容之一。

汽车整车技术状况的变化，主要表现在故障增多、性能降低和损耗增加上。在诸多诊断参数中，要特别选出那些与汽车上述使用性能有关的参数进行检测、分析与判断，以便确定整车的技术状况。

汽车整车的检测，既可以在道路试验中进行，也可以在汽车检测线的试验台上进行。不论采用何种方法进行检测，被检车辆、道路、气候、仪器设备等都应符合有关规定。汽车检测的一般条件如下。

(1) 送检机动车基本要求。

①被检汽车各总成、部件及附属装置（包括随车工具与备胎），必须按规定装备齐全，并安放在规定的位置上，调整状况应符合该车技术条件的规定。

②无特殊规定时，被检汽车装载质量均为厂定最大装载质量或处于厂定最大总质量状态。乘员平均质量可用相同质量的重物代替。

③试验过程中，轮胎冷态充气压力应符合技术条件的规定，误差不超过 ±10kPa。

④被检汽车使用的燃料、润滑油（脂）和制动液应符合技术条件的规定。除可靠性和耐久性试验外，同一试验的各项性能测定必须使用同一批燃料、润滑油（脂）和制动液。

⑤试验前，被检汽车必须进行预热，冷却液温度应在 80~90℃，发动机润滑油温度应在 50~95℃，变速器及驱动桥润滑油温度应不低于 50℃。

(2) 道路。除另有规定外，各项性能试验应在清洁、干燥、平坦的沥青或混凝土路面的道路上进行。道路长3km以上,宽度不小于8m,纵向坡度在0.1%以内。

(3)气候。除另有规定外,试验时应天气良好。相对湿度小于95%,气温为0~40℃,风速不大于3m/s。

(4)试验用仪器设备必须经计量检定,且在有效期内。在使用前应对仪器设备进行调整和校正。

当汽车在检测线上进行试验时,滚筒式试验台以滚筒的表面代替路面,通过加载装置给滚筒施加负荷,以模拟行驶阻力,使汽车尽可能在接近实际行驶工况下进行各项检测与试验。因此,汽车的动力性、燃料经济性、加速性、滑行性、制动性和车速表指示误差等,均可以在检测线上测定。

1 汽车检测站

汽车检测站是综合运用现代检测技术,对汽车实施不解体检测的机构,它具有现代的检测设备和检测方法,能在室内检测出车辆的各种参数并诊断出可能出现的故障,为全面、准确评价汽车的使用性能和技术状况提供可靠的依据。汽车检测站不仅是公安交通管理部门或交通运输行业对汽车技术状况进行检测和监督的机构,而且已成为汽车制造企业、汽车运输企业、汽车维修企业中不可缺少的重要组成部分。

1.1 汽车检测站的任务和类型

1.1.1 汽车检测站的任务

汽车检测站的主要任务如下:

(1)对在用运输车辆的技术状况进行检测诊断。

(2)对非营运转为营运的车辆技术状况进行检测。

(3)对汽车维修行业的维修车辆进行质量检测。

(4)对车辆改装、改造、报废及其有关新工艺、新技术、新产品、科研成果等项目进行检测,提供检测结果。

(5)接受公安、环保、商检、计量和保险等部门的委托,为其进行有关项目的检测,提供检测结果。

1.1.2 汽车检测站的类型

按不同的分类方法,汽车检测站可分为不同的类型。

(1)按服务功能分类。汽车检测站可分为安全检测站、维修检测站和综合检测站三种。

安全检测站是按照国家规定的车检法规,定期检测车辆中与安全和环保有关的项目,以保证汽车安全行驶,并将污染降低到允许的限度。这种检测站对检测结果往往只显示"合格""不合格"两种,而不作具体数据显示和故障分析,因而检测速度快,生产效率高。检测合格的车辆凭检测结果报告单办理年审签证,在有效期内准予车辆行驶。《中华人民共和国道路交通安全法》第十三条明确规定:机动车安全技术检验实行社会化。机动车安全技术检验社会化,是指任何单位和个人都可以申办机动车安全技术检测机构,具备条件并依法成立的检测机构均可对机动车进行安全技术检测。

维修检测站主要是从车辆使用和维修的角度,担负车辆维修前、后的技术状况检测。它能检测车辆的主要使用性能,并能进行故障分析与诊断。它一般由汽车运输企业或汽车维修企业建立。

综合检测站既能担负车辆管理部门的安全环保检测,又能担负车辆使用、维修企业的技术状况诊断,还能承接科研或教学方面的性能试验和参数测试。这种检测站检测设备多,自动化程度高,数据处理迅速准确,因而功能齐全,检测项目广度深度大。

(2)按自动化程度分类。汽车检测站可分为手动式、半自动式和全自动式三种类型。

手动检测站由人工手动控制检测过程,从各单机配备的指示装置上读数,笔录检测结果或由单机配备的打印机打印检测结果,检测效率低,读数误差大,多用于维修检测站。

全自动检测站利用计算机控制系统,能自动控制检测过程,使设备的起动与运转、数据采集、分析判断、存储、显示和打印等全过程实现自动化。由于全自动检测站自动化程度高,检测效率高,能避免人为的判断错误,因而获得广泛应用。目前国内外的安全检测站多为这种类型。

半自动检测站的自动化程度或检测范围介于手动和全自动检测站之间,一般是在原手动检测站的基础上将部分检测设备(如侧滑试验台、制动试验台、车速表试验台等)与计算机联网以实现自动控制,而另一部分检测设备(如烟度计、废气分析仪、前照灯检测仪、声级计等)仍然手动操作。

1.2 汽车检测站的组成与检测项目

1.2.1 各类汽车检测站的组成

汽车检测站主要由一条至数条检测线组成。对于独立而完整的检测站,除检测线外,还应包括停车场、清洗站、泵气站、维修车间、办公区和生活区等设施。

安全检测站一般由一条至数条安全环保检测线组成,有两条以上安全环保检测线时,一般一条为大、小型汽车通用自动检测线;另一条为小型汽车的专用自动检测线,有的还配备一条新规检测线(对新车登录、检测之用)和一条柴油车排烟检测线。

维修检测站一般由一条至数条综合检测线组成。

综合检测站一般由安全环保检测线和综合性能检测线组成,可以各为一条,也可以各为数条。国内建成的检测站大多属于综合检测站。

1.2.2 汽车检测线的工位及检测项目

不管是安全环保检测线,还是综合性能检测线,它们都由多个检测工位组成,布置形式多为直线通道式,即检测工位按一定顺序分布在直线通道上,有利于流水作业。

(1)安全环保检测线,一般由外观检查(人工检查)工位、侧滑制动车速表工位、灯光尾气工位3个工位组成。全自动安全环保检测线可以由三工位、四工位或五工位组成。五工位一般是汽车资料输入及安全装置检查工位、侧滑制动车速表工位、灯光尾气工位、车底检查工位、综合判定及主控制室工位。图4-1所示为国产五工位全自动安全环保检测线,其主要检测项目、设备及其用途见表4-1。在表列设备中,侧滑试验台、轴重计或轮重仪、制动试验台、车速表试验台、前照灯检测仪、排气分析仪、烟度计、声级计和检测手锤为检测设备。

全自动安全环保检测线检测项目、主要设备及其用途 表4-1

检测工位	主要检测项目	设备名称	设备用途
汽车资料输入及安全装置检查工位（L工位）	汽车灯光和安全装置等项目的外观检查	进线指示灯	控制进线车辆,绿灯进,红灯停
		汽车资料登录计算机	登录汽车资料,并发送给主控制计算机
		工位测控计算机	担负工位检测过程监控、数据采集处理等项工作
		检验程序指示器	指示工位检测程序下达操作指令,显示检测结果,引导车辆前进
		轮胎自动充气机	按设定的轮胎气压自动充气
		轮胎花纹测量器	测量轮胎花纹深度
		检测手锤	检查各连接件、车架等是否松动或开裂
		不合格项目输入键盘	将车上、车下外观检查中的不合格项目报告主控制计算机
		监察电视及摄像机	供主控制室监察地沟及整个检测线的工作情况
侧滑制动车速表工位（ABS工位）	侧滑检测 轴重检测 制动检测 车速表检测	侧滑试验台	检测转向轮侧滑量
		轴重计或轮重仪	检测各轴(轮)重
		制动试验台	检测各轮拖滞力、制动力、驻车制动力、制动率
		车速表试验台	检测车速表指示误差
		车速表检测申报开关或遥控器	当试验车速达40km/h时按下此开关或遥控器计算机采集此时的实际车速数据
		光电开关	当车轮遮挡光电开关时,光电开关产生的信号输入计算机,报告车辆到位,计算机安排检测开始
		反光镜	供驾驶人观察车轮到达试验台或停车线的位置
灯光尾气工位（HX工位）	前照灯检测 排气检测 喇叭声级检测	前照灯检测仪	检测前照灯发光强度和光轴偏斜量
		排气分析仪	检测汽油车排气中的CO和HC浓度
		烟度计	检测柴油车排气中的自由加速烟度
		声级计	检测喇叭声级
		停车位置指示器	指引汽车在灯光尾气工位停车线上准确停车
车底检查工位（P工位）	车辆底部外观检查	地沟内举升平台	使地沟内的检测人员在高度上处于较有利的工作位置
		对讲话筒、扬声器	用于地沟上下的通话联系
		地沟内报警灯或报警器	报告车辆到达车底检查工位
综合判定及主控制室工位	对各工位检测结果进行综合判定后,打印检测结果报告单	主控制计算机	安排检测程序,对照检测标准,综合判定并存储、打印检测结果
		打印机	打印检测结果报告单
		控制台	主控制计算机、键盘、显示器、打印机、监察电视等均安放在控制台上,是全线的控制中心
		主控制键盘	当计算机系统出现故障不能使用时,可通过主控制键盘对各工位实施控制,方便不间断检测工作
		稳压电源和不间断电源	稳定电压,不间断供电

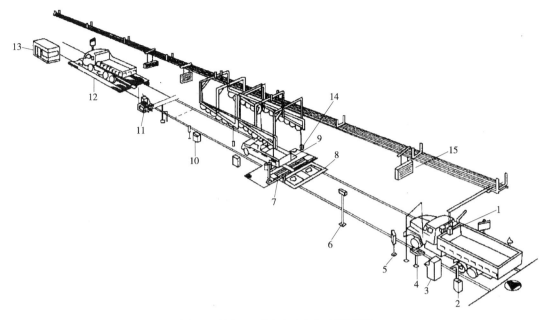

图 4-1 国产五工位全自动安全环保检测线

1-进线指示灯;2-烟度计;3-汽车资料登录计算机;4-安全装置检查不合格项目输入键盘;5-烟度计检验程序指示器;6-电视摄像机;7-制动试验台;8-侧滑试验台;9-车速表试验台;10-废气分析仪;11-前照灯检测仪;12-车底检查工位;13-主控制室;14-车速表检测申报开关;15-检验程序指示器

（2）综合性能检测线,图 4-2 所示是一种接近全能的综合性能检测线,它由发动机测试及车轮平衡工位、底盘测功工位、车轮定位及车底检查工位组成。

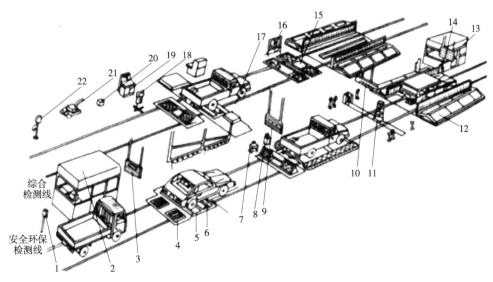

图 4-2 双线综合性能检测线

1-进线指示灯;2-进线控制室;3-L 工位检验程序指示器;4、15-侧滑试验台;5-制动试验台;6-车速表试验台;7-烟度计;8-排气分析仪;9-ABS 工位检验程序指示器;10-HX 工位检验程序指示器;11-前照灯检测仪;12-地沟系统;13-主控制室;14-P 工位检验程序指示器;16-前轮定位检测仪;17-底盘测功工位;18、19-发动机综合性能分析仪;20-机油清净分析仪;21-就车式车轮平衡仪;22-轮胎自动充气机

(3)汽车检测线的设备与检测项目。以外观检查及车轮定位工位、制动工位和底盘测功工位组成的三工位全能综合检测线为例,综合检测线的主要设备及其用途见表4-2(与表4-1所列相同的设备未列出)。

综合检测线的主要设备及其用途　　　　　　　表4-2

序号	设备名称	设备用途
1	地沟上举升器	举起车辆,使车轮离地
2	就车式车轮平衡机	就车检测车轮不平衡量,并通过配重使车轮平衡
3	声发射探伤仪	在不解体情况下探测零件的裂纹和损伤
4	四轮定位仪或车轮定位检测仪	检测车轮前束值、车轮外倾角和主销后倾角、主销内倾角及前轮最大转向角度值
5	转向盘自由转动量检测仪	检测转向盘自由转动量
6	转向盘转向力检测仪	检测转向盘转向力
7	传动系游动角度检测仪	检测传动系自由转动量
8	底盘间隙检测仪	检测轮毂轴承、转向节主销、纵横拉杆和钢板弹簧销等处的间隙
9	底盘测功试验台	检测驱动车轮的输出功率或驱动力,模拟道路行驶,做各种性能试验,进行动态检测诊断等
10	发动机综合参数测试仪	对发动机的功率、汽缸压力、点火正时、供油正时、点火系统技术状况、供油系统技术状况、电控系统和异响等进行检测、分析和判断
11	电控系统检测仪	包括读码器、解码器、扫描器、专用诊断仪、示波器、分析仪、信号模拟器和综合测试仪等.用于对汽车电控系统的检测和诊断
12	电器综合测试仪	检测电气设备的技术状况
13	汽缸压力测试仪或汽缸压力表	检测汽缸压缩压力
14	汽缸漏气量(率)测试仪	检测汽缸的漏气量或漏气率
15	真空表或真空测试仪	检测进气管负压值,用于评价汽缸密封性
16	油耗计	检测燃油消耗量
17	五气体分析仪	检测排气中的 CO、HC、NO_x、CO_2、O_2
18	机油清净性分析仪	分析机油的清净性程度
19	发动机无负荷测功仪	对发动机进行无负荷加速测功
20	发动机异响分析仪	诊断发动机异响
21	传动系统异响分析仪	诊断传动系统异响
22	温度计或温度仪	检测各总成温度及发动机排气温度

①外观检查及车轮定位工位的主要设备有:轮胎自动充气机、轮胎花纹测量器、检测手锤、地沟内举升平台、地沟上举升器、就车式车轮平衡机、声发射探伤仪、侧滑试验台、四轮定位仪或车轮定位检测仪、转向盘自由转动量检测仪、转向盘转向力检测仪、传动系统游动角度检测仪、底盘间隙检测仪等。外观检查及车轮定位工位的检测项目有:车上车底外观检查、就车检测调整车轮不平衡量、对转向节等安全机件进行探伤、检测前轮侧滑量和最大转向角、检测前轮和后轮定位参数、检测转向盘自由转动量和转向盘转向力、检测传动系游动角度、检测轮毂

轴承等处的松旷量等。

②制动工位的主要设备有：轴重计或轮重仪、制动试验台等。制动工位的检测项目有：检测各轴轴重、检测各轮制动拖滞力和制动力及按制动曲线分析制动过程、检测驻车制动力等。

③底盘测功工位的主要设备有：底盘测功试验台、发动机综合参数测试仪、电控系统检测仪、电器综合测试仪、汽缸压力测试仪或汽缸压力表、汽缸漏气量（率）测试仪、真空表或真空测试仪、油耗计、五气体分析仪、烟度计、声级计、机油清净性分析仪、发动机无负荷测功仪、发动机异响分析仪、传动系统异响分析仪、温度计等。底盘测功工位的检测项目有：模拟汽车道路行驶，对汽车发动机、底盘、电气设备和车身等进行动态综合检测诊断。配备的设备越多，能检测诊断的项目也越多。

1.3 汽车检测站的工艺路线流程

汽车进入检测站后，在检测线上只有按照规定的检测工艺路线和程序流动，才能完成整个检测过程。

1）检测站工艺路线流程

对于一个独立而完整的检测站，汽车进站后的工艺路线流程如图4-3所示。

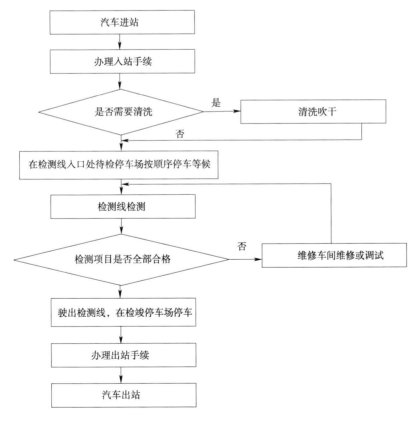

图4-3 检测站工艺路线流程图

2）检测线工艺路线流程

检测线的工位布置是固定的，进线检测的汽车按工位顺序流水作业。以三工位全能综合检测线为例,其工艺路线流程如图 4-4 所示。

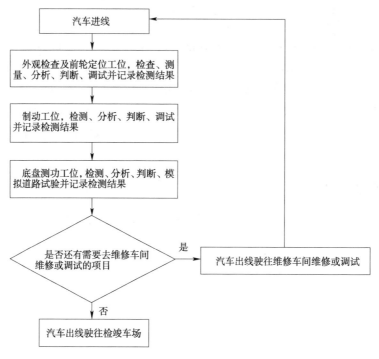

图 4-4　全能综合检测线工艺路线流程图

2　汽车动力性的检测

汽车是一种高效率的运输工具,其运输效率的高低主要取决于汽车的动力性。汽车动力性,又称汽车牵引性,该性能是汽车最基本最重要的使用性能之一。它是表征汽车加速、爬坡及能达到最高车速的能力。汽车动力性越好,则说明牵引力也越大,在各种使用条件下行驶的平均速度越高,各挡的爬坡能力越大,加速过程中的加速度、加速时间及加速距离俱佳,汽车的运输生产率越高。

汽车动力性的评价指标主要有:汽车的最高车速、汽车的加速时间、汽车的最大爬坡能力。汽车动力性评价指标可通过道路试验测定。

2.1　汽车最高车速的测定

汽车最高车速是指汽车按规定的试验方法,车辆能够保持的最高稳定车速。汽车定型试验时,一般都测最高车速,以确定是否达到设计要求。因汽车道路试验对场地、道路、气候条件,装载量等都有明确规定,检测效率不高,不适用于大批量检测。

对汽车进行最高车速的测定,应满足前面叙述的"汽车试验的一般条件",并检查汽车的转向机构、各部紧固件的紧固情况和制动系统的状况,以确保试验的安全。

(1) 车辆条件。

①车辆应清洁,车窗和乘客舱内通风装置应关闭,除非试验车辆有特殊要求。

②除试验必需的设备和车辆日常操纵部件外,应关闭车上的照明装置及辅助装置。

(2)测定的方法。

①试验应在直线道路或环形道路上进行,试验路面应坚硬、平整、干净、干燥并具有良好的附着系数。最大车速测量区长度应至少有200m测试路段,并用标杆做好标志。

②根据汽车加速性能的好坏,选定充足的加速区段,使汽车在驶入测量路段前能够达到最高的稳定行驶车速。测试汽车在加速区间以最佳加速状态行驶,在到达测量路段前保持变速器(及分动器)在汽车设计最高车速的相应挡位,加速踏板踩到底,使汽车以最高的稳定车速通过测量路段。

③记录汽车以最高车速通过测速路段的时间。测试往返各进行一次,取其平均值。

(3)测试结果处理,以标准试验规程(双方向试验)为例。

为了减少道路坡度和风向(风速)等因素造成的影响,依次从试验道路的两个方向进行试验,并尽量使用道路的相同路径。

测量试验单程所用的时间 t_i,试验中车辆行驶速度变化不应超过2%。每个方向上的试验不少于1次,所用时间 t_i 的变化不超过3%。

试验速度计算公式:

$$V = \frac{L \times 3.6}{t}$$

式中:V——速度,km/h;

t——往返方向试验所需时间 t_i 的算术平均值,s;

L——测量道路长度,m。

(4)试验结果。汽车最高车速试验数据和结果按《汽车最高车速试验方法》(GB/T 12544—2012)附录C试验记录表填写。

2.2 汽车加速性能的测定

汽车加速性能是指汽车在行驶中迅速增加行驶速度的能力。通常用汽车加挡时间来评价汽车加速性能的好坏,加速时间又分为原地起步加速时间和超车加速时间两种。加速时间的测量通常通过车辆以厂定最大总质量状态下及风速≤3m/s的条件下,在干燥、清洁、平坦的混凝土或沥青路面上,由某一低速加速到高速所需的时间。

原地起步加速时间,又称起步换挡加速时间,系指用规定的低速挡起步,以最大加速度(包括选择适当的换挡时机)逐步换到最高挡位后,加速到某一规定的车速所需的时间,如0~50km/h,对轿车常用0~80km/h、0~100km/h;或用规定的低挡起步,以最大加速度逐步换到最高挡后,达到一定距离所需的时间,其规定的距离一般为0~400m、0~800m、0~1000m。起步加速时间越短,动力性越好;

超车加速时间又称直接挡加速时间,指用最高挡或次高挡,由某一预定车速开始,全力加速到某一高速所需的时间,超车加速时间越短,其高速挡加速性能越好。例如计算50km/h加速到80km/h所用时间。超车加速试验通常采用直接挡,故称超车加速能力为直接挡加速能力。超车加速能力好,汽车超车时并行行程短,利于行车安全。试验时,应满足"汽车试验的一般条件"并保证汽车技术状况良好。

(1)超车加速性能的测定。在符合试验条件的道路上,选取合适长度的路段作为测试路段,在两端设立标记。汽车变速器挂入预定的挡位,以稍高于该挡最低稳定车速为初速(例如50km/h)作等速行驶。当车速稳定后驶入试验路段,急速将加速踏板踩到底,使汽车加速行驶至预定车速(例如80km/h),记录所用时间。试验往返各进行一次,取其平均值。

(2)原地起步加速性能的测定。试验路段与超车加速性能试验路段相同,汽车停于加速试验路段起点,变速器挂入起步挡位,迅速起步并将加速踏板快速踩到底,使汽车以最大的加速度行驶。当发动机达到最大功率转速时,迅速换挡,换挡后立即将加速踏板踩到底,如此换至最高挡。直至加速到预定车速(例如100km/h)或预定距离,记录所用时间。试验往返各进行一次,取其平均值。

2.3 汽车爬坡能力的测定

汽车爬陡坡能力是指汽车满载,在良好的混凝土或沥青路面的坡道上,汽车以最低前进挡能够爬上的最大坡度。由于受道路坡道条件限制,汽车综合性能检测站通常不做汽车爬坡测试,通常最大爬坡度用 i_{max} 表示。

$$i_{max} = \tan\alpha_{max}$$

式中:i_{max}——汽车的最大爬坡度,%;

α_{max}——汽车所能越过的最大坡度,(°)。

汽车要求有足够的爬坡能力,载货汽车的 i_{max} 在30%左右,越野汽车的 i_{max} 在60%左右。试验时,应满足"汽车试验的一般条件"并保证汽车技术状况良好。试验坡道坡度应接近试验车的最大爬坡度。坡道长不小于25m,坡前应有8~10m的平直路段,坡度大于或等于30%的路面用混凝土铺装,小于30%的坡道可用沥青铺装,在坡道中部设置10m的测速路段。允许以表面平整、坚实、坡度均匀的自然坡道代替。大于40%的纵坡必须设置安全保障装置。

(1)非越野车爬坡试验方法:试验车使用最低挡,如有副变速器也置于最低挡,将试验车停于接近坡道的平直路段上。起步后,将加速踏板迅速踩到底进行爬坡。测量并记录汽车通过测速路段的时间及发动机转速。爬坡过程中监视各仪表(如冷却液温度、机油压力)的工作情况;爬至坡顶后,停车检查各部位有无异常现象发生,并做详细记录。如第一次爬不上,可进行第二次,但不超过两次。爬不上坡时,测量停车点(后轮接地中心)到坡底的距离,并记录爬不上的原因。如没有厂方规定坡度的坡道,可增减装载质量或采用变速器较高一挡进行试验,再按下列公式折算为厂定最大总质量下,变速器使用最低挡时的爬坡度。

$$i_{max} = \tan\alpha_{max}$$

$$\alpha_{max} = \sin^{-1}\left(\frac{G_{实} i_1}{G i_{实}} \cdot \sin\alpha_{实}\right)$$

式中:i_{max}——汽车的最大爬坡度,%;

α_{max}——汽车所能越过的最大坡度,(°);

$\alpha_{实}$——坡道的实际坡度,(°);

G——汽车厂额定最大总质量,kg;

$G_{实}$——试验时汽车实际总质量,kg;

i_1——汽车最低挡总速比;

$i_实$——汽车试验时实际总速比。

（2）越野车的爬坡试验方法：试验车变速器使用最低挡，分动器也置于最低挡，全轮驱动，停于接近坡道的平直路段上。起步后，将节气门全开进行爬坡。当试验车处于坡道上时，停住车辆，变速器放入空挡，发动机熄火 2min，再起步爬坡。测量并记录通过测速路段的时间及发动机转速。爬坡过程中监视各仪表的工作状况，爬至坡顶后，检查各部位有无异常现象，并做详细记录。

（3）试验结果：爬坡试验后的结果按《汽车爬陡坡试验方法》（GB/T 12539—1990）附录 A 试验记录表填写。

2.4 汽车底盘测功试验台的结构与原理

2.4.1 底盘测功试验台的功用

底盘测功试验台是用于汽车驱动轮输出功率、输出扭力（转矩）等性能检测、试验的装置，是一种不解体检验汽车整车动力性能的检测设备，它通过室内台架，以汽车模拟道路行驶工况的方法，来检测汽车的动力性，还可以测量多工况排放指标及油耗。由于底盘测功试验台在室内操作，能控制试验条件，使环境因素的影响降至最小，同时，可以通过计算机控制系统控制加载装置来模拟道路行驶时的各种阻力，通过控制车辆的行驶状况（加速、减速、加载、减载和稳速），能按测试要求进行复杂的循环试验，因而得到广泛应用。

汽车底盘测功试验台的基本功能为：测试汽车驱动轮输出功率，测试汽车的加速性能，测试汽车的滑行能力和传动系统的传动效率，检测校验车速表，辅以油耗计、废气分析仪等设备，对汽车的燃油经济性和废气环保性能进行检测。

2.4.2 底盘测功试验台的结构与工作原理

底盘测功机按额定承载质量分为 3t、10t、13t，见表 4-3。

额定承载质量(t)	3	10	13
滚筒组合形式	双轴式	双轴式	双轴式或三轴式

表 4-3 底盘测功机按额定承载质量分类

底盘测功机型号表示方法如图 4-5 所示。

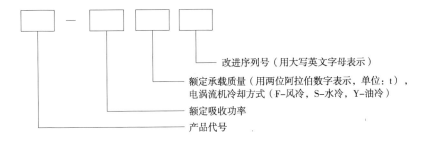

图 4-5 底盘测功机型号表示方法

如图 4-6 所示，底盘测功机铭牌含义：型号为 A35-W160/10F-HY 代表额定承载质量 10t、风冷式电涡流机，额定吸收功率为 160kW，最高测试速度为 120km/h 等。

汽车底盘测功试验台，一般由滚筒装置、功率吸收装置（即加载装置）、安全装置、举升装置、反拖装置、惯量模拟装置、测量系统、控制系统、电气系统等组成。

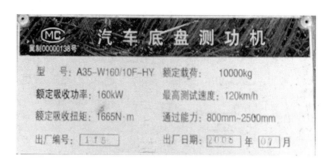

图 4-6　汽车底盘测功机铭牌

（1）滚筒装置。汽车在道路上行驶是相对于路面作运动。而底盘测功试验台的滚筒相当于移动的路面，汽车驱动轮的旋转带动滚筒旋转并以此模拟在道路上行驶。底盘测功试验台其滚筒直径为 200～530mm，每侧主滚筒长度方向 1/2 处和距两端面 30mm 处的直径之差应不超过 ±0.2mm，其平均值与标称直径差应不超过 ±0.2mm，左、右两侧主滚筒平均直径之差应不超过 ±0.2mm。

双轴式滚筒中心距（A）应满足下列要求：

① 3t：$A = (620 + D) \times \sin31.5°$，误差为 −6.4～12.7mm。

② 10t：$(620 + D) \times \sin31.5° < A < (800 + D) \times \sin31.5°$。

③ 13t：$A = (1000 + D) \times \sin31.5°$，误差为 −13.0～13.0mm。

式中：A——滚筒中心距，mm；

　　　D——滚筒直径，mm。

三轴式滚筒中心距应符合 HJ/T 292 的相关要求（图 4-7），即：第 1、2 滚筒中心距应符合双轴式滚筒中心距 13t 的要求；第 1、2 滚筒轴心连线的中点与第 3 滚筒轴心的距离应为 (1346 ± 13)mm。

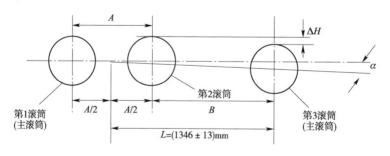

图 4-7　三轴式滚筒中心距

滚筒表面形状不同，有光滚筒、滚花滚筒、带槽滚筒和带涂覆层滚筒多种形式。目前常见的光滚筒，即表面未经处理的滚筒，应用最多，虽然附着系数较低，但车轮与光滚筒间的附着能力可以产生足够的牵引力。加工时圆度和同轴度好，车轮在滚筒上运转平稳，滚动阻力的波动小。如果光滚筒表面有水、油迹或沥青等，车轮运转时，就会上下波动，使滚动阻力增加，还有的种类就是表面喷涂有耐磨硬质合金材料的滚筒。双滚筒式如图 4-8 所示，双滚筒结构简单，安装使用方便，且成本较低，因而使用广泛，一般用于汽车维修行业和检测线。

（2）功率吸收装置（即加载装置）。它用来模拟车辆在道路上行驶所受的各种阻力。常用的功率吸收装置有水力测功器、电力测功器和电涡流测功器。水力式测功器是利用水作为制动的介质,使水在转子叶片和定子之间流动循环形成制动阻力矩,检测时,通过对进、出水量的调节,可得到不同的制动功率。但其缺点为可控制性差,动态响应慢,精度低,操作不便等原因。电力测功器成本高,价格昂贵,也很少采用。所以,国内目前多采用电涡流测功器。

图4-8 双滚筒式底盘测功试验台

电涡流测功器的基本结构:电涡流测功器是利用电磁感应形成电涡流而产生制动力矩的装置(又称给车辆加载)。根据电涡流测功器的冷却方式可分为水冷式电涡流测功器和风冷式电涡流测功器两种。

①水冷式电涡流测功器结构复杂,安装不便,尤其在北方冬季气温低,必须对冷却水管路采取保温措施,严防水管冻裂损坏,同时,对冷却水的酸碱pH值应有严格要求,以防水管结垢、堵塞或锈蚀损坏。由于以上原因,尤其是在高温下的锈蚀和防垢问题尚未完全解决前,推广应用并不普遍,因此,不作详细的介绍。

②风冷式电涡流测功器的结构。目前,汽车检测线的底盘测功机大部分都采用风冷式电涡流测功器,其主要由转子、定子、励磁线圈、冷却风扇、力传感器和支承轴等组成。其特点是结构简单,价格便宜,安装和使用方便。由于使用冷却风扇冷却,故冷却效率较低,因为转子的磁导率是随温度升高而下降的,所以,该类底盘测功机不适宜在大负荷、高转速下连续工作,一般情况下,连续工作时间最多不要超过5min。再者,冷却风扇工作时要消耗功率,所以,生产厂家应提供风扇运转时的功率损耗特性,在检测时,应将风扇消耗的功率计入汽车驱动轮的输出功率中。

电涡流测功器的工作原理:功率吸收装置是吸收并测量汽车驱动轮输出功率或牵引力的装置,电涡流测功器是依据电磁感应原理由电涡流产生制动阻力来吸收驱动轮的功率的,被吸收的功率将转换成热能,由转子端部的风扇,散发至空气中,达到能量守恒。当激磁绕组通以直流电后,在绕组的四周形成了磁场,磁力线从转子和定子间的间隙通过并形成了封闭的磁路,转子由于在激磁绕组磁场的磁化作用下也形成了一个磁场,在这个磁场中,磁通的大小取决于激磁绕组的匝数并与通过的激磁电流的大小成正比。电涡流测功器的转子做成有齿顶、齿槽的形式,因齿顶、齿槽与定子的空气间隙不一样,在齿顶处的磁通密度大,而在齿槽处磁通密度小,根据楞次定律"只要闭合线路中的磁通量发生变化(不论增加或减小),在定子中就有感生电流产生"。这个感生电流也会形成新的感生电流磁场,而这个新产生的感生电流的磁场又将对转子形成磁场力,以阻止因转子转动而产生的磁通量的变化。由于电涡流测功器定子是铸成整体式的,因此,产生的感生电流是封闭的,因此又称电涡流,由于涡流产生的磁场和原来磁场相互作用,将对转子产生制动力矩,便使定子顺着转子转动的方向摆动。定子外壳上直接连接着测力臂和力传感器,可测出制动力矩的大小。制动力矩大,说明加载量大,功率吸收多,外壳摆动大,力传感器输出也大,吸收功率P可根据力传感器的阻力矩T计算。加载量的大小,可通过控制激磁电流来调节,激磁电流越大,通过转子定子的磁通量也越大,这样,在定子上产生的电涡流也越大,定子产生的制动力矩也越大,所以,可通过调节激磁电流的强度来调整作用在滚筒上的制动力矩,也就是驱动轮要克服和消耗的旋转力矩,该力矩可由测量机构测量显示。

(3) 反拖装置。采用反拖电动机带动底盘测功机的功率吸收装置、滚筒及汽车车轮、汽车传动系统的一种装置。如果没有反拖装置,检测时完全由汽车发动机经汽车传动系统和驱动轮把动力传到底盘测功机,由于汽车传动系统和底盘测功机运转时都将消耗发动机的功率,而每一辆车实际消耗的功率又完全不相同,因此,保证检测结果的真实性和准确性都有困难。随着油耗检测及瞬态、稳态工况法尾气测试、烟度测试新方法的推广应用,不少厂家都推出了带反拖装置的底盘测功机。其基本结构由反拖(变频)电动机、滚筒、扭矩仪等组成。反拖装置的变频电动机应能使反拖速度在 10～100km/h 的范围内调节,而且确保车速和转矩测试的测量误差在标准允许的范围内。

有了反拖装置,可测试以下参数。

①测定在不同车速条件下,底盘测功机自身传动系统所消耗的功率;

②测定汽车车轮在滚筒上运转时,在不同车速下所消耗的功率;

③测定汽车在底盘测功机上运转时,汽车传动系统在不同车速下所消耗的功率。由于反拖装置对车轮与滚筒的正向拖动与反向拖动阻力是有差异的,因此,使用时应注意拖动方向。

(4) 惯量模拟装置。汽车在道路上行驶时,汽车本身就具有一定的惯量,即汽车的动能。而汽车在底盘测功机上检测时,其车身是静止的,不具有平动动能,检测时驱动轮只带动滚筒旋转,由于底盘测功机滚筒旋转时的转动惯量小于汽车的平动质量,加速时不足以产生与汽车在道路上行驶的加速阻力,减速时又不具有汽车在道路上行驶的动能,为了更准确地进行汽车加速性能和滑行性能测试,底盘测功机应设置相应的惯性模拟装置。通常底盘测功机配制的飞轮与滚筒直接连接,但这种方法造成的弊端是飞轮体积和质量庞大。飞轮的体积和质量大,底盘测功机占地面积大,使基建投资费用增加,还要增加飞轮的制动装置,使底盘测功机结构复杂。

所以,底盘测功机均采用带传动增速方式,有效地降低了飞轮的体积和质量,由于飞轮组采用级联方式与主滚筒连接,可快捷方便地选择模拟惯量—飞轮组进行检测。

(5) 测量系统。测量系统是底盘测功机的关键技术,测量控制水平的高低,直接反映出底盘测功机测量控制的精度,底盘测功机主要测量的参数有车速和驱动力。测力装置有机械式、液压式和电测式三种形式,目前应用较多的是电测式。电测式测力装置通过测力传感器,将力变成电信号,经处理后送到指示装置显示出来。

测速装置多为电测式,一般由速度传感器、中间处理装置和指示装置组成。速度传感器安装在从动滚筒一端,随滚筒一起转动,能把滚筒的转动变为电信号。

在计算机控制的底盘测功试验台,测力传感器和速度传感器输出的电信号送入计算机处理后,指示装置直接显示驱动轮的输出功率。

(6) 控制系统。底盘测功机控制系统电路由下列几部分组成:

①电源部分。底盘测功机的电源是将 220 V 的交流电压变为电涡流加载装置所需的励磁直流(脉冲)电压,同时通过整流和稳压还提供 ±5 V 和 ±12 V 的电源,作为低压控制电路用。

②比较部分。它是将所选定的速度和转矩信号与计算机(或单片机)输出的设定信号同时输给 PID 板的电压比较器,由 PID 板输出加载控制信号(加载或减载电压)。

③晶闸管的控制。当单结晶体管的基极电压使晶体管导通时,其输出端便会输出一个尖脉冲,以触发晶闸管的控制极,使晶闸管导通,晶闸管导通时直流脉动电流可输入电涡流测功器的励磁绕组,在定子中形成制动力矩;当晶闸管截止时,相当于开关的断开,励磁绕组中没有直流脉冲电流通过,电流测功器就不会产生制动力矩。如果控制了单结晶体管输出尖脉冲时间的迟早,就可控制晶闸管导通角的大小,如果触发信号前移,晶闸管导通的时间就长,通过励磁线圈的电流就大,电涡流测功器产生的制动力矩就大,说明加载量大。加载量减小时,控制触发信号后移,使晶闸管的导通时间变短,通过电涡流测功器的励磁电流减小,这样电涡流测功机的制动力矩变小。

2.4.3 底盘测功机的应用

(1)汽车进行综合性能检测的底盘测功机如图4-9所示,用于测量汽车在额定转矩工况下的驱动轮输出功率、汽车额定功率工况下的驱动轮输出功率、多速度下汽车车轮滚动阻力等,以及进行汽车底盘传动系统阻力检测、加速时间检测、滑行距离检测、车速表示值误差检测等。

(2)汽车尾气排放检测站的底盘测功机如图4-10所示,主要是模拟汽油车在稳态/简易瞬态、柴油车在加载减速等加载工况下的污染物排放值。整套系统依据方法差异主要由对应型号的底盘测功机、底盘测功机控制系统、尾气分析仪、烟度计、流量计等构成。

图4-9 汽车底盘测功机(动力性检测)结构图

图4-10 汽车底盘测功机(工况法排放检测)结构图

2.5 汽车驱动轮功率检测方法

2.5.1 检测驱动轮输出功率

(1)驱动轮输出功率检测。它是采用汽车发动机额定转矩或额定功率的工况测取驱动轮的输出功率。在发动机额定转矩转速或额定功率转速所对应的直接挡车速下,测得驱动轮输出功率,经标准环境系数的校正后,得到校正后的驱动轮输出功率,再和发动机额定转矩时的发动机功率或发动机额定功率的比值的百分数,对照国家标准的限值,判定其整车的动力性。该项检测是汽车技术等级评定的重要项目,也是综合性能检测站常规检测的主要内容之一。

(2)汽车多速度点驱动轮输出功率检测(又称多点连续测功)。上述的驱动轮输出功率检测是在发动机额定转矩转速(或额定功率转速)相对应的直接挡车速下的驱动轮输出功率,因此,它是单点最大驱动轮输出功率测试。而多点驱动轮输出功率测试可按《汽车动力性台架试验方法和评价指标》(GB/T 18276—2000)的规定,连续测试不同车速时驱动轮的输出功率,并打印驱动轮输出功率—车速曲线。

2.5.2 检测方法及测功机维护

不同形式的底盘测功试验台,其使用方法有所区别,以下介绍的是一般的操作方法。

(1)测量前的准备工作。

①接通机柜供电电路并打开稳压电源,打开工业控制机电源,在上述步骤正常后再打开涡流机供电电源(打开急停按钮)。关机的顺序恰恰相反。开机时涡流机如有加载声响,请立即按下急停按钮断开系统强电电源,重启系统,故障排除后再打开急停按钮。

②预热20min,检查各运动部件周围不应有障碍物,检查主、副滚筒应转动自如,检查电涡流机轴承润滑正常。

③车轮外部清洗干净,不容许轮胎花纹中夹有石粒,轮胎气压符合标准。

(2)系统预热自检。每天设备开机后,都要进行设备预热和自检,通过后,才能进行车辆检测,如果发现设备故障,应及时排查。

(3)车辆检测操作。

①设备自检完毕后,系统准备工作完成,开始车辆检测,引车员将车辆行驶上台体,车辆到位后举升器自动下降,工作人员将三角木和挡轮安装到位,做好安全保障工作。车辆定位完毕后,系统进入检测界面。

②引车员驾驶车上滚筒,应注意行车方向,避免斜向上滚筒,若车辆斜上滚筒或与侧面滑动挡轮接触,应退下滚筒,重新摆正车位。车辆上滚筒后,按"下降"键使举升板完全下降(全自动测量时系统自动进行到位判断并控制举升板下降),引车员挂上前进挡,让驱动轮在滚筒上缓缓旋转,使车辆在滚筒上自动找到正确位置。车辆在滚筒上安置好后,应用三角木垫到非驱动轮的前方,并用钢丝拉索将车辆固定,以防止车辆突然驶出检验台。如果是前驱车,还要拉紧驻车制动器操纵杆。

③开始测试后,汽车在测功机上按照工况要求进行行驶,测功机则根据工况要求进行加载,也即给汽车加上阻力,直到测试结束。

④测试结束后,等车辆停止后,升起测功机举升器,汽车驶离测功机。

(4)汽车底盘测功机的维护见表4-4。

汽车底盘测功机维护周期及内容　　　　　　表4-4

维护周期	维护部件	维护内容	备　注
每天	控制柜	注意清洁、要尽量防尘防雨	要防止雨水或冲洗地面的水溅入柜内
	滚筒	检查滚筒上是否粘有泥沙、水等杂物	滚筒粘有杂物时,要清除干净,以免测量时飞出伤人
	油水分离器	检查气压是否正常、是否有漏油漏气现象	调整压力在正常范围,如有泄漏现象进行紧固或更换零部件
		查看水杯积水多少	如果积水过多及时放掉
每周	轴承盖螺栓等	检查各处螺栓是否松动	如有松动应紧固,另外速度传感器的连接轴如果变形请注意是否与滚筒的同心度有问题
	测速传感器	检查测速传感器的紧固螺栓及支架是否松动,连接软轴有否变形或断裂	
	测力传感器	检查连接螺栓和关节轴承是否松动	

续上表

维护周期	维护部件	维护内容	备 注
每周	轴承座	注入适量的润滑脂	建议添加锂基润滑油脂,代号为 ZL-2H 或 ZL-3H
每三个月	橡胶联轴器	查看联轴器是否变形损坏	如变形严重或者已经损坏,请与厂商联系,此橡胶板为特制
	地脚螺栓	检查地脚螺栓上的螺母是否松动	如松动应拧紧
每年	全面	轴承组件全面维护,添加新的润滑油脂,更换油封垫圈,检查各件有无损坏	需要更换的部件请与经销商联系

3 汽车燃料经济性检测

汽车燃料经济性是汽车的重要性能之一,汽车燃料经济性是指完成单位里程或单位运输工作量的燃料消耗量。改善汽车燃料经济性历来都是汽车的研究设计、制造和使用部门的重要课题之一。汽车燃料消耗量除了与燃料供给系统的技术状况有直接关系外,还与发动机、汽车底盘和电气系统的技术状况有关。所以,对汽车燃料消耗量的检测,不仅可以诊断燃料供给系的技术状况,而且可以诊断发动机及整车的技术状况。

为了评价汽车的燃料经济性,常采用每百公里油耗量(L/100km)作为评价指标,在我国和欧洲均采用这一指标来评价汽车的燃料经济性。对于货车和大型客车,由于载质量和座位不同,每百公里耗油量相差较大,因而,从车辆的使用角度,又采用单位运输工作量的燃料消耗量(L/t·100km)作为评价指标。这一评价指标不仅可用于评价汽车的燃料经济性,而且还可反映运输工作的管理水平。上述两个指标的数值越大,汽车的燃料经济性越差。

汽车燃料消耗量的测量使用车用油耗计,又称燃料流量计。测量汽车燃料消耗量时,可以测量其容积、质量、流量、流速或压力,其中测量其容积和质量的方法较为常用,特别是测量容积的方法应用更为广泛。

3.1 碳平衡法汽车燃料消耗量检测仪及使用方法

汽车燃料的消耗量是用油耗计来测量的。根据燃油在发动机中燃烧后排气中碳质量总和相等的质量守恒定律测算汽车燃油消耗量的方法,简称碳平衡法。图 4-11 所示为 HTYH 碳平衡法汽车燃料消耗量检测仪,它的功能是测取排气的体积和浓度,根据测出排气中的碳含量进行汽车燃油消耗量的检测。车用油耗计的安装方法及注意事项:

①预热,油耗仪应预热至设备到达正常工作准备状态,各测量参数示值调零或复位。

②受检车辆应空载,检查车辆排气系统,不得

图 4-11 碳平衡法汽车燃料消耗量检测仪结构图

有泄漏。检查驱动轴轮胎的花纹深度和气压,花纹深度不得小于1.6mm,花纹中不得夹有杂物,轮胎气压应按《载重汽车轮胎规格、尺寸、气压与负荷》(GB/T 2977—2008)的规定进行调整。

③记录受检车辆的以下参数信息,对于检测站数据库或车辆行驶证无法提供的参数,应进行实车测量。包括燃油类别(汽油、柴油)、驱动轮轮胎规格型号、额定总质量(kg)、车高(mm)、前轮距(mm)、客车车长(mm)、客车等级(高级、中级、普通级)、货车车身类型(栏板车、自卸车、牵引车、仓栅车、厢式车和罐车)、驱动轴数、驱动轴空载质量(kg)、牵引车满载总质量(kg)。

④车辆应预热至发动机、传动系统达到正常工作的温度,发动机冷却液温度应达到80~90℃。关闭非汽车正常行驶所必需的附属设备,如空调、收音机等。燃油氢碳比采用固定值:柴油取1.86,汽油取1.85。

⑤确定受检车辆的检测工况,主控系统应根据车辆参数和信息,营运客车按照《营运客车类型划分及等级评定》(JT/T 325—2013)分为高级、中级和普通级客车,高级营运客车检测速度工况为等速60km/h,中级、普通级营运客车以及营运货车检测速度工况为等速50km/h,并按《道路运输车辆燃料消耗量检测评价方法》(GB/T18566—2011)附录B计算台架加载阻力。若半挂汽车列车驱动轮与滚筒之间的附着力小于台架加载阻力而产生轮胎打滑,则应按牵引车(单车)满载总质量计算台架加载阻力。

⑥检测程序,引车员将汽车平稳驶上底盘测功机,置汽车驱动轮于滚筒上,驱动轮轴线应与滚筒轴线平行,固定汽车非驱动轮。每次检测前油耗仪应调零,并测量环境空气中CO_2气体浓度。起动汽车,逐步加速,变速器接入最高挡(自动变速器应置于"D"位),底盘测功机按照规定值确定的台架加载阻力对受检车辆进行加载,至车速稳定在规定的检测车速。

⑦油耗仪采样管应靠近并对准汽车排气管口,其间距不大于100mm,采样管与排气尾管末端同轴,用支架固定,使汽车排气和环境空气顺利进入采样管。引车员按提示控制汽车加速踏板踩下的力度,使检测车速的变化幅度稳定在±0.5km/h的范围内,稳定至少15s后,油耗仪开始60s连续采样,同时测功机开始记录60s连续采样时间内的汽车行驶距离$S(m)$。

⑧采样过程中,如连续3s内检测车速的变化幅度超过±0.5km/h或加载阻力变化幅度超过±20N,则停止本次采样,返回至⑥重新开始,连续60s采样完成后,按下式计算汽车百公里燃料消耗量,并四舍五入至小数点后一位。

$$FC = \frac{100}{S} \times \sum FC_S$$

式中:FC——汽车百公里燃料消耗量,L/100km;

S——采样时间内汽车的行驶距离,m;

$\sum FC_S$——采样时间内汽车每秒燃料消耗量的累加值,mL。

每次检测结束后油耗仪应进行反吹。

3.2 汽车燃料消耗量的测定

汽车燃料消耗量试验方法分道路试验方法和台架试验方法两种。

3.2.1 道路试验方法

1)不控制的道路试验

对相关因素都不加以控制的路上试验,称为"不控制的道路试验"。这种试验,对被试车辆的维护、调整规范及所用燃料、润滑材料的规格都有明确的规定。由于各种使用因素的随机变化,要获得分散度很小的数据较难。为此,必须用相当数量的汽车进行长距离(10000～16000km)的试验,才能获得可信度较高的统计数据。虽然这是一种非常接近实际情况的试验,但这种试验持续时间很长,试验费用巨大,一般很少被采用。

过去,我国汽车运输企业采用的"使用油耗试验"就是一种"不控制的道路试验"。即在某地区、某汽车运输部门中,把试验车辆投入实际使用,在营运车辆运行中,认真记录其行驶里程与油耗量,最后确定平均油耗量。汽车运输企业在确定燃料消耗量定额时,常采用这种试验方法,这种试验结果能较好地反映车辆的实际情况,但很难真正做到准确地测量,同时也需要很长时间。

2)控制的道路试验

在道路试验时,若维持一个或几个因素不变,则称为"控制的道路试验"。例如,在汽车试验站进行的汽车质量检查试验,规定应在一般路面、恶劣路面和山区公路上测量百公里油耗,并对一些试验路线做了比较明确的规定,这就是一种控制的道路试验。也有的是在汽车试验场的专用试验道路上进行类似的油耗试验。

3)道路循环试验(包括等速油耗、加速、制动油耗等)

汽车完全按规定的车速—时间规范进行的道路试验方法称为"道路循环试验"。在试验规范中,规定了换挡时刻、制动时间、速度、加速度、制动减速度等数值。等速行驶油耗试验和怠速油耗试验是这类试验中两种最简单的循环试验方法。

等速行驶百公里油耗试验是一种在我国广泛采用的简单道路循环试验。试验一般在混凝土或沥青路面上进行,路面纵坡应不大于0.3%,路面要求干燥、平坦、清洁,测量路段的长度为500m,试验时的气温应为-10～30℃,风速不大于3m/s。试验时,汽车在规定车速下以等速行驶通过试验路段,测量燃料消耗量,一般应往返测量两次,取其平均值。然后计算出该车速下的百公里燃料消耗量。

等速行驶燃料经济性不能全面考核汽车运行燃料经济性,它只能作为一种相对比较性的指标。我国针对载货汽车、城市公交汽车和乘用车提出了相应的燃料经济性试验规范,即多工况循环燃料消耗量试验。载货汽车采用"六工况燃料测试循环",城市公交汽车采用"四工况燃料测试循环"。试验可在底盘测功机上进行,也可以通过道路试验进行。累计进行四个单元试验,将此六工况循环或四工况循环的累计燃料消耗量折算成平均百公里燃料消耗量测定值。

3.2.2 台架试验方法

台架试验方法是将汽车置于底盘测功试验台上,模拟道路试验条件进行试验的一种方法。

①试验车辆载荷、试验仪器、试验的一般规定、试验车辆磨合和其他试验条件等,相同于道路试验方法。

②试验车辆应预热至正常工作温度,轮胎气压应符合汽车制造厂的规定;底盘测功试验台应预热至正常工作温度,油耗计和气体分离器的安装位置应正确,供油系统气体应排除干净。

③汽车开上底盘测功试验台,落下举升器,逐挡加速至常用挡位(直接挡或超速挡),同时

给滚筒加载,使车辆模拟满载等速行驶,直至达到规定试验车速。

待车速稳定后,测量不低于 500m 行程的燃料消耗量。连续测量 2 次,取其算术平均值,即为等速行驶燃料消耗量,再计算等速百公里燃料消耗量。

不管是道路试验还是台架试验,燃料消耗量的测量值均应按公式校正到标准状态下的数值。标准状态是指:气温 20℃,气压 100kPa,汽油密度 0.742g/mL,柴油密度 0.830g/mL。

与其他方法相比,用汽车底盘测功机测量油耗的重复性较好,能反映实际行驶的复杂情况;能采用多种检测油耗方法,还能同时进行排放污染物的测量。所以,这种方法的应用日趋广泛。

4 汽车制动系统的检测

4.1 制动性能的检测

汽车行驶时,能在短距离内迅速停车且维持行驶方向稳定性和在下长坡时能维持一定安全车速,以及在坡道上长时间保持停驻的能力,称为汽车的制动性能。汽车制动性能直接关系着汽车的行车安全。只有在保证行车安全的前提下,才能充分发挥汽车的其他使用性能,诸如提高汽车车速、汽车的机动性能等。汽车制动性能主要由制动效能、制动抗热衰退性和制动时汽车的方向稳定性 3 个方面来评价。根据国家标准《机动车运行安全技术条件》(GB 7258—2012)的规定,机动车可以用制动距离、制动减速度和制动力检测制动性能,检测设备有五轮仪、制动减速度仪和制动试验台。

汽车制动性能检测分台架试验法和道路试验法两种。用五轮仪和制动减速度仪检测汽车制动性能时,需在道路试验中进行,称为道路试验法。台架试验法使用制动试验台进行检测。与道路试验法相比,台架试验法具有迅速、准确、经济、安全,不受自然条件的限制,以及试验重复性好和能定量地指示出各车轮的制动力等优点,因而在国内外获得了广泛应用。

4.1.1 制动试验台的结构与工作原理

制动检验台根据其结构不同主要分为滚筒式和平板式两类。按其测试原理可分为反力式和惯性式两类。

1)滚筒反力式制动检验台的结构

滚筒反力式制动检验台的结构如图 4-12 所示。它由结构完全相同的左右两套车轮制动力测试单元和一套指示、控制装置组成。每一套车轮制动力测试单元由框架(有的检验台将左、右测试单元的框架制成一体)、驱动装置、滚筒组、第三滚筒(举升装置)、测量装置等构成。

(1)驱动装置由电动机、减速器和链传动组成。电动机经过减速器减速后驱动(或再通过链传动)主动滚筒,主动滚筒通过链传动带动从动滚筒旋转。减速器输出轴与主动滚筒共用一轴,减速器壳体为浮动连接(即可绕主动滚筒轴自由摆动)。由于制动检验台测试车速较低,因此,驱动电动机的功率也较小。目前,国产的 10t 滚筒反力式制动检验台的驱动电动机的功率一般为 2×11kW。减速器的作用是减速增矩,其减速比根据电动机的转速和滚筒测试转速确定。由于测试车速一般都较低,滚筒转速也较低,因此,要求减速器减速比较大,一般采用两级齿轮减速或一级蜗轮蜗杆减速与一级齿轮减速。

单元四 汽车整车性能检测

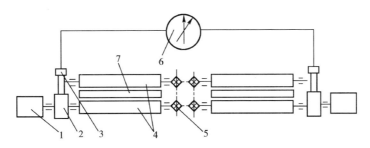

图 4-12 单轴反力式滚筒制动试验台
1-电动机；2-减速器；3-测量装置；4-滚筒装置；5-链传动；6-指示与控制装置；7-举升装置

（2）滚筒组，每一车轮制动力测试单元设置一对主、从动滚筒。每个滚筒的两端分别用滚动轴承与轴承座支承在框架上，且保持两滚筒轴线平行。滚筒相当于一个活动的路面，用来支承被检车辆的车轮，并承受和传递制动力。汽车轮胎与滚筒表面间的附着系数将直接影响制动检验台所能测得的制动力的大小。为了增大滚筒与轮胎间的附着系数，滚筒表面一般都进行了相应的加工和处理。采用较多的滚筒表面有以下几种。

① 表面粘有金刚砂粒的粘砂金属滚筒。这种滚筒表面无论干或湿时都具有较高的附着系数，干燥表面附着系数可达到 0.9 以上，在有水的表面上，也可达 0.8。

② 开有纵向浅槽的金属滚筒。在滚筒外圆表面沿轴向开有若干间隔均匀、有一定深度的沟槽。这种滚筒表面附着系数最高可达 0.65。但在制动检验车轮抱死时容易剥伤轮胎，在表面磨损且沾有油、水时，附着系数将急剧下降。

③ 表面具有嵌砂喷焊层的金属滚筒。喷焊层的材料选用 NiCrBSi 自熔性合金粉末及金钢砂。这种滚筒表面新的时候其附着系数可达 0.9 以上，其耐磨性也较好。

滚筒直径与两滚筒间中心距的大小，对检验台的性能有较大的影响。滚筒直径增大有利于改善与车轮之间的附着情况，增加测试车速，使检测过程更接近实际制动状况。而且随着滚筒直径增大，两滚筒间中心距也需相应增大，才能保证合适的安置角。这样，使检验台结构尺寸相应增大，制造要求提高。

（3）制动力测量装置主要由测力杠杆和传感器组成。测力杠杆一端与传感器连接，另一端与减速器壳体连接，被测车轮制动时测力杠杆与减速器壳体将一起绕主动滚筒（或绕减速器输出轴、电动机枢轴）轴线摆动。传感器将测力杠杆传来的与制动力成比例的力（或位移）转变成电信号输送到指示、控制装置。传感器有应变测力式、自整角电动机式、电位计式、差动变压器式等多种类型。目前，国内制造的制动检验台多用应变测力式传感器。

（4）第三滚筒（举升装置）。通常滚筒反力式制动检验台在主、从动滚筒之间设置一直径较小、既可自转又可上下移动的第三滚筒，平时由弹簧使其保持在最高位置。在第三滚筒上装有转速传感器。在进行制动力检验时，被检车辆的车轮置于主、从动滚筒上并同时压下第三滚筒，并与其保持可靠接触。控制装置通过转速传感器即可获知被测车轮的转动情况。当被检车轮制动，转速下降至接近抱死时，控制装置根据转速传感器送出的相应电信号使驱动电动机停止转动，以防滚筒剥伤轮胎和保护驱动电动机，同时起到防止被检车辆后移，读取被检车轮的最大制动力。第三滚筒除了上述作用外，还有一个重要作用，在计算机控制的检测线上作为被检车轮的到位控制和安全保护装置用，只有当两个车轮制动单元的第三滚筒同时被压下时，计算机控制系统才确认被检车轮已经到位,发出信号接通制动检验台驱动电动机的电路,这时候制动检验台开始正常检测。

为了便于汽车出入制动检验台,一般在主、从动两滚筒之间设置有举升器。该装置通常由举升器、举升平板和控制开关等组成。举升器常用的有气压式、电动螺旋式、液压式等三种形式。气压式是用压缩空气驱动汽缸中的活塞或使气囊膨胀完成举升作用;电动螺旋式是由电动机通过减速器带动螺母转动,迫使丝杠轴向运动起举升作用;液压式是由液压举升缸完成举升动作。带有第三滚筒的制动检验台一般不用举升装置。

(5)指示与控制装置。目前,制动检验台控制装置都采用电子式。为了提高自动化与智能化程度,控制装置已配置了计算机。指示装置有指针式和数字显示式两种。带计算机的控制装置多配置数字显示器,但也有配置指针式指示仪表的。带计算机的指示与控制装置主要由计算机、放大器、A/D 转换器、数字显示器和打印机等组成。

指针式指示仪表有两种形式:一种是一轴单针式,另一种是一轴双针式。指示装置通常使用大型点阵显示屏,不但能显示检测参数,而且能够显示制动性能检测的计算结果以及检测结果的判定(合格与否)。

2)滚筒反力式制动检验台的工作原理

制动试验台的检测原理,将被检车左右车轮置于每对滚筒之间,用电动机通过减速器、链传动,使主、从动滚筒带动车轮旋转,然后用力踩下制动踏板,车轮给滚筒一个与其转动方向相反的摩擦力矩,该力矩大小与滚筒对车轮的制动力矩相等,并驱动浮动的减速器壳体偏转,迫使连接在减速器壳体上的测力杠杆产生位移,通过测力传感器转换成反映制动力大小的电信号,由计算机采集、处理后,指令电动机停转,并由指示装置显示。制动力的诊断参数标准是以轴制动力占轴荷的百分比为依据的,因此必须在测得轴荷及轴制动力后才能评价轴制动性能,所以,反力式滚筒制动试验台需要配备轴重计或轮重仪,有些制动试验台本身带有内置式轴重测量装置。另外,有些试验台在两滚筒之间装有直径较小的第三滚筒,其上带有转速传感器,其作用是一旦检测时车轮制动抱死,其上的转速传感器送出的电信号可使滚筒立即停转,防止轮胎剥伤。图4-13 所示为滚筒反力式制动检验台结构图。

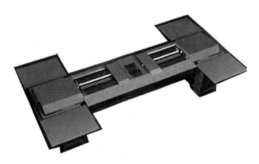

图4-13 滚筒反力式制动检验台结构图

3)平板式制动检验台的结构和工作原理

(1)平板式制动检验台的结构是一种低速动态惯性式制动检验台,由四块表面轧花的测试平板、传感器、控制和显示装置、辅助装置所组成。

这种检验台结构简单,运动件少,用电量少,日常维护工作量小,提高了工作可靠性。平板式制动检验台的特点:一次制动检验可同时检测四个车轮的制动力和轮荷,检测效率较高。测试过程与实际路试条件比较接近,能反映车辆的实际制动性能,即能反映制动时轴荷转移带来的影响,以及汽车其他系统(如悬架结构、刚度等)对汽车制动性能的影响。该检验台不需要模拟汽车的转动惯量,较容易将制动检验台与轮重仪、侧滑检验台组合在一起,使车辆测试更加方便高效。

但这种检验台测试过程控制的稳定性、重复性和测试精度方面,还有待改进和完善。同时,还存在占地面积较大、需要助跑车道和不安全等缺点。图4-14所示为平板式制动检验台结构图。

(2)平板式制动检验台的检测原理是:当汽车以一定速度(5～10km/h)驶上测试平板,置变速器于空挡并进行紧急制动时,汽车在惯性作用下,车轮对测试平板作用一个大小与车轮制动力相等、方向与汽车行驶方向相反的制动力,该力通过纵向拉杆传到拉力传感器上,拉力传感器将此作用力转变为相应大小的电信号,并将该信号送入控制和显示装置。车轮作用于平板的垂直作用力由分布在平板四角的压力传感器转变为电信号,送入控制和显示装置。

图4-14 平板式制动检验台结构图

通过控制和显示装置的计算机、放大器、A/D转换器进行信号转换、处理和计算,再通过显示装置把检测结果显示或打印出来。

4.1.2 汽车制动检验台的检测项目及方法

(1)在用制动检验台对汽车制动性能进行检测时,根据国家标准对制动性能的技术要求及检测设备的能力,应进行下列项目的检测。

①轴(轮)重。该参数主要用于相关的制动力平衡、制动力总和与整车质量的百分比、轴制动力与轴荷的百分比的评价。对于平板式制动检验台来说,在检测过程中应采用动态轴荷。

②车轮阻滞力。检测车轮阻滞力,用以判定车辆在正常行驶时车轮是否"发咬"。

③轮制动力。与轴(轮)重相配合,用于判定被检车辆的左右轮制动力平衡、轴制动与轴荷的百分比是否符合技术要求。

④左右轮制动力平衡。该参数与制动力增长全过程同时所测得的左右轮制动力中大者相配合,或与该轴的轴荷相配合,以判定被检车辆的制动力平衡是否符合技术要求。

⑤轴制动力与轴荷的百分比。被检车轴的轴制动力与该车轴轴荷的百分比。

⑥整车制动力总和与整车质量的百分比。被检车辆的整车制动力总和与该车测试状态的质量的百分比。

⑦驻车制动力。与被检车辆测试状态的质量相比,以判定被检车辆的驻车制动力是否符合技术要求。

(2)汽车制动检验台的检测方法因设备型号类型的不同,使用前需认真阅读相关设备的《产品使用说明书》,并严格按照相关规定进行操作。

①滚筒反力式制动检验台使用方法。

a.检查滚筒表面有无泥、水、油等污染物,如有,应该清除干净。

b.使滚筒在无负荷状态下运转,检查其工作是否正常,设备的仪表是否处于零位,若不在零位,应及时调零。

c.检查举升器动作是否灵活,如动作阻滞或有漏气(油)部位,应进行检修;举升器是否在升起位置,否则应使举升器升起到位。

d.检查检验台二次仪表上各指示灯工作是否正常。

e.检查各种导线有无因为损伤造成接触不良。

f. 检查计算机联网检测控制系统的通信是否良好。

g. 核实汽车各轴轴荷,确保被测汽车各轴轴荷均在检验台允许载荷范围内。

h. 检查轮胎是否粘有泥、水、油污等污染物。要特别注意检查轮胎花纹内、后轴双轮胎间嵌入的小石子及金属等杂物,如有,应清除干净。

i. 检查轮胎气压,使其符合出厂规定。

② 测试步骤。

a. 接通检验台总电源,按说明书要求预热至规定状态。

b. 汽车从其纵向中心线与滚筒轴线垂直方向驶入检验台。先前轴,再后轴,使车轮依次处于两滚筒之间的举升平板上。

c. 汽车停稳后,变速器置于空挡位置,行车、驻车制动处于放松状态,根据需要,把踏板力计安装在制动踏板上。

d. 降下举升平板,确保轮胎与举升平板完全脱离。

e. 起动电动机,使滚筒带动车轮旋转,待转速稳定后,从二次仪表上读取车轮阻滞力数值。

f. 踩下制动踏板,从指标仪表上读取最大制动力值,制动过程中最大的制动力差值,并打印检测结果,或将检测到的数据发送到主控计算机。一般检验台在 1.5~3.0s 后,或第三滚筒发出车轮即将抱死的信号后,滚筒自动停转。

g. 升起举升平板,驶出已测车轴,按上述方法继续进行检测。

h. 所有车轴的行车制动性能及驻车制动性能检测完毕后,升起举升板,汽车驶出检验台。

i. 等待下一辆被检车辆。

j. 一天工作完毕后,切断检验台总电源。

③ 平板式制动试验台使用方法。

a. 将检验台指示与控制装置上的电源开关打开,按使用说明书要求预热到规定状态。

b. 检查并清洁制动检验台的测试平板,平板表面不能有水、油污等污染物。

c. 检查检验台的仪表是否处于零位,若不在零位,应及时调零。

d. 核实被检汽车各轴轴荷,确保被测汽车的各轴轴荷在检验台允许载荷范围内。

e. 检查被检汽车的轮胎是否粘有泥、水、油污等污染物。特别要注意检查轮胎花纹内或在后轴双轮胎间嵌入的小石子、金属等杂物,如有,应清除干净。

f. 检查被检汽车车轮的气压,是否符合汽车制造厂的规定,如不符合规定,需要充、放气至规定值。

④ 测试步骤。

a. 被检汽车对正检验台,以 5~10km/h 车速驶上测试平板,变速器置于空挡,前方指示灯闪亮时,驾驶人急踩制动踏板,使车辆停住,并读取检测结果(车轮制动力和动态轮荷)。

b. 汽车重新起步,平稳驶离检验台。

c. 切断检验台电源。

4.2 对汽车制动系的要求和检测标准

4.2.1 对汽车制动系的要求

汽车制动系统技术状况的变化直接影响汽车行驶的安全性。《机动车运行安全技术条件》(GB 7258—2012)对汽车的制动性能提出了严格的要求,部分内容如下：

(1)机动车必须设置行车制动、应急制动和驻车制动装置,应能保证汽车行车制动、应急制动和驻车制动的其中一个或两个系统的操纵机构的任何部件失效时,仍具有应急制动功能。

(2)行车制动在产生最大制动作用时的踏板力,对于座位数小于或等于9的载客汽车应不大于500N,对于其他车辆应不大于700N。驻车制动器用手操纵时,座位数小于或等于9的载客汽车应不大于400N,其他车辆应不大于600N。驻车制动器用脚操纵时座位数小于或等于9的载客汽车应不大于500N,其他车辆应不大于700N。

(3)液压行车制动在达到规定的制动效能时,踏板行程不得超过踏板全行程的3/4,制动器装有自动调整间隙装置的车辆的踏板行程不得超过全行程的4/5。驻车制动的操纵装置一般应在操纵装置全行程的2/3以内产生规定的制动效能,驻车制动机构装有自动调节装置时允许在全行程的3/4以内达到规定的制动效能。

(4)采用气压制动的机动车当气压升至600kPa且不使用制动的情况下,停止空气压缩机3min后,其气压的降低值应不大于10kPa。在气压为600kPa的情况下,将制动踏板踩到底,待气压稳定后观察3min,单车气压降低值不得超过20kPa,列车气压降低值不得超过30kPa。

(5)采用液压制动的机动车在保持踏板力为700N达到1min时,踏板不得有缓慢向地板移动的现象。

(6)气压制动系统必须装有限压装置,确保储气筒内气压不超过允许的最高气压。

(7)采用气压制动系统的机动车,发动机在75%的标定功率转速下,4min(汽车列车为6min,城市铰接公共汽车和无轨电车为8min)内气压表的指示气压应从零开始升至起步气压(未标起步气压者,按400kPa计)。

(8)汽车和无轨电车行车制动必须采用双管路或多管路,当部分管路失效时,剩余制动效能仍能保持原规定值的30%以上。

(9)机动车在运行过程中,不应有自行制动现象。当挂车与牵引车意外脱离后,挂车应能自行制动,牵引车的制动仍然有效。

为了保证汽车具有良好的制动性能,制动系统一般应达到：制动距离、制动力、制动减速度和制动协调时间应符合要求。制动不跑偏,不侧滑。左右轮制动力差符合规定的标准。制动系统的零部件必须十分可靠,并保证在遇到特殊情况时能够有足够的应急制动性能。

4.2.2 汽车制动性能检测标准

我国汽车制动性能检测的标准,规定了可用台试检验制动性能,也可以用路试检验制动性能。一般情况下,可采用台试检验汽车的制动性能,但当对台试检验的结果发生争议时,或无法采用台试检验方法进行检验时,可以用路试检验进行制动性能检测,并以满载状态路试的结果为准,以确保对汽车制动性能判断的准确性。国家标准《机动车运行安全技术条件》(GB 7258—2012)在检验制动性能参数标准中有明确规定。

(1)汽车在制动检验台上检验行车制动性能的标准。

①行车制动性能检测,制动力要求汽车、列车在制动试验台上测出的制动力应符合表4-5的要求,对空载检测制动力有质疑时,可用表中规定的满载检验制动力要求进行检测。

进行制动性能检验时的制动踏板力或制动气压应符合以下要求。

满载检验时,气压制动系统：气压表的指示气压≤额定工作气压；液压制动系统：踏板力、乘用车≤500N；其他机动车≤700N。

台式检测制动力要求 表4-5

机动车类型	制动力总和与整车质量的百分比（%）		轴制动力与轴荷的百分比（%）	
	空载	满载	前轴	后轴
三轮汽车	—	—	—	≥60
乘用车、其他总质量不大于3500kg的汽车	≥60	≥50	≥60	≥20
铰接客车、铰接式无轨电车、汽车列车	≥55	≥45	—	—
其他汽车	≥60	≥50	≥60	≥50
普通摩托车	—	—	≥60	≥55
轻便摩托车	—	—	≥60	≥50

注：(1) 用平板制动检验台检验乘用车时应按左右轮制动力最大时刻所分别对应的左右轮动态轮荷之和计算。
(2) 机动车（单车）纵向中心线中心位置以前的轴为前轴，其他轴为后轴；挂车的所有车轴均按后轴计算；用平板制动试验台测试并装轴制动力时，并装轴可视为一轴。
(3) 空载和满载状态下测试均应满足此要求。
(4) 满载测试时后轴制动百分比不做要求。空载用平板制动检验台检验时应大于或等于35%，总质量大于3500kg的客车，空载用反力滚筒式制动试验台测试时应大于或等于40%，用平板制动检验台检验时应大于或等于30%。

空载检验时，气压制动系统：气压表的指示气压≤600kPa；液压制动系统：踏板力、乘用车≤400N；其他机动车≤450N。

② 制动力平衡要求，在制动力增长全过程中同时测得的左右轮制动力差的最大值，与全过程中测得的该轴左右轮最大制动力中大者（当后轴及其他轴制动力小于该轴轴荷的60%时为与该轴轴荷）之比，对新注册车和在用车应分别符合表4-6的要求。

台试检验制动力平衡要求 表4-6

机动车类型	前轴	后轴（及其他轴）	
		轴制动力大于或等于该轴轴荷60%时	制动力小于该轴轴荷60%时
新注册车	≤20%	≤24%	≤8%
在用车	≤24%	≤30%	≤10%

③ 制动协调时间要求，对液压制动的汽车应小于或等于0.35s，对气压制动的汽车应小于或等于0.60s；汽车列车和铰接客车、铰接式无轨电车的制动协调时间应小于或等于0.80s。

④ 车轮阻滞力要求，进行制动力检验时，汽车列车各车轮的阻滞力均应小于或等于轴荷的10%。

⑤ 汽车制动完全释放时间，汽车制动完全释放时间（从松开制动踏板到制动消除所需要的时间）对两轴汽车应小于或等于0.80s，对三轴及三轴以上汽车应小于或等于1.2s。

⑥ 驻车制动性能检验要求，当采用制动检验台检验汽车驻车制动装置的制动力时，机动车空载，乘坐一名驾驶人，使用驻车制动装置，驻车制动力的总和应大于或等于该车在测试状态下整车质量的20%，但对总质量为整备质量1.2倍以下的机动车应大于或等于15%。

（2）路试检测制动性能的标准。路试检测汽车制动性能的优点是直观、简便,能真实地反映汽车实际行驶过程中汽车动态制动性能,如轴荷转移的影响,能综合反映汽车其他系统的结构性能对汽车制动性能的影响,如转向机构、悬架系统结构和形式对制动方向稳定性的影响。但也有不足之处,它只能反映整车制动性能的好坏,而对于各轮的制动状况及制动力的分配,不易取得定量的数值,不易诊断故障发生的具体部位,重复性差。

通常,在路试检测汽车制动性能时,用第五轮仪和非接触式速度仪来测量被检车辆的制动距离,用便携式制动性能测试仪检测被检车辆的充分发出的平均减速度(MFDD)与制动协调时间。机动车行车制动性能和应急制动性能的路试检测应在平坦、硬实、清洁、干燥,且轮胎与地面间的附着系数不小于 0.7 的混凝土或沥青路面上进行。检测时发动机应脱开。

① 行车制动性能检测。用制动距离检验行车制动性能,机动车在规定的初速度下的制动距离和制动稳定性要求应符合表 4-7 的规定。对空载检测的制动距离有质疑时,可用表中规定的满载检测检验制动距离要求进行。

制动距离和制动稳定性要求　　　　　　　　　　　　　表 4-7

机动车类型	制动初速度 （km/h）	空载检验制动 距离要求（m）	满载检验制动 距离要求（m）	试验通道宽度 （m）
乘用车	50	≤19.0	≤20.0	2.5
总质量不大于 3500kg 的低速货车	30	≤8.0	≤9.0	2.5
其他总质量不大于 3500kg 的汽车	50	≤21.0	≤22.0	2.5
铰接客车、铰接式无轨电车、汽车列车	30	≤9.5	≤10.5	3.0
其他汽车	30	≤9.0	≤10.0	3.0

注：(1)制动距离：是指机动车在规定的初速度下急踩制动踏板时,从脚接触制动踏板(或手触动制动手柄)时起至机动车停住时止的机动车驶过的距离。
　　(2)制动稳定性要求：是指制动过程中机动车的任何部位(不计入车宽的部位除外)不允许超出规定宽度的试验通道的边缘线。

② 用充分发出的平均减速度检验行车制动性能。汽车、汽车列车在规定的初速度下急踩制动踏板时充分发出的平均减速度及制动稳定性要求应符合表 4-8 的规定,且制动协调时间对液压制动的汽车应小于或等于 0.35s,对气压制动的汽车应小于或等于 0.60s,对汽车列车、铰接客车和铰接式无轨电车应小于或等于 0.80s。对空载检验的充分发出的平均减速度有质疑时,可用表 4-8 规定的满载检验充分发出的平均减速度进行。

制动减速度和制动稳定性要求　　　　　　　　　　　　　表 4-8

机动车类型	制动初速度 （km/h）	空载检验充分发 出的平均减速度 （m/s²）	满载检验充分发 出的平均减速度 （m/s²）	试验通道宽度 （m）
乘用车	50	≥6.2	≥5.9	2.5
总质量不大于 3500kg 的低速货车	30	≥5.6	≥5.2	2.5
其他总质量不大于 3500kg 的汽车	50	≥5.8	≥5.4	2.5
铰接客车、铰接式无轨电车、汽车列车	30	≥5.0	≥4.5	3.0
其他汽车	30	≥5.4	≥5.0	3.0

制动协调时间:是指在急踩制动踏板时,从脚接触制动踏板(或手触动制动手柄)时起至机动车减速度(或制动力)达到表4-8规定的机动车充分发出的平均减速度的75%时的所需时间。

③制动踏板力与制动气压的要求,在进行路试制动性能检验时,需控制的制动踏板力与制动气压,应和台试检验制动力时间同步。

④判定,汽车在符合规定的制动踏板力或制动气压下的路试行车制动性能,符合表4-4或表4-5制动协调时间的要求,即为汽车在空载和满载状态下,应急制动性能指标应符合表4-9的要求。

应急制动性能要求　　　　　　　　　　　表4-9

机动车类型	制动初速度 (km/h)	制动距离 (m)	充分发出的 平均减速度(m/s²)	允许操纵力应小于或等于(N)	
				手操纵	脚操纵
乘用车	50	≤38.0	≥2.9	400	500
客车	30	≤18.0	≥2.5	600	700
其他汽车(三轮汽车除外)	30	≤20.0	≥2.2	600	700

(3)驻车制动性能检验要求。

在空载状态下,驻车制动装置应能保证机动车在坡度为20%(对总质量为整备质量的1.2倍以下的机动车为15%)、轮胎与路面间的附着系数大于或等于0.7的坡道上正、反两个方向保持固定不动,时间应大于或等于5min。检验汽车列车时,应使牵引车和挂车的驻车制动装置均起作用。

检验时,操纵力按GB 7258—2012的规定。在规定的测试状态下,汽车使用驻车制动装置,能停在坡度更大且附着系数符合要求的试验坡道上时,应视为达到了驻车制动性能检验规定的要求。

(4)汽车制动性能路试检验方法。

①路试检验机动车制动性能时,应在纵向坡度不大于1%、轮胎与路面间的附着系数不小于0.7的硬实、干燥和清洁的混凝土或沥青路面上进行。检验时变速器置于空挡。

②对于无法上制动检验台进行检验的车辆及经台架检验后对其制动性能有质疑的车辆,用制动距离或充分发出的平均减速度和制动协调时间判定制动性能。必要时,应安装踏板力计,检查达到规定制动效能时的制动踏板力是否符合标准。

③在试验的路面上划出试验通道的边线,被测汽车沿着试验车道的中线行驶至高于规定的初速度后,变速器置于空挡(自动变速器的汽车,变速器置于"N"挡),当滑行到规定的初速度时,急踩制动踏板,使汽车停止。

④用制动距离检验行车制动性能时,采用第五轮仪或非接触式速度仪,测量汽车的制动距离,并检查车辆有无驶出试验通道的边线。对除气压制动外的汽车,还应同时测取制动踏板力(或手操纵力)。

⑤用充分发出的平均减速度检验行车制动性能时,如图4-15所示,采用便携式制动性能测试仪检测被检车辆的充分发出的平均减速度(MFDD)与制动协调时间,并检查车辆有无驶出试验通道的边线。对除气压制动外的汽车,还应同时测取制动踏板力(或手操纵力)。

⑥用充分发出的平均减速度检验行车制动性能时,若受场地限制,则对于制动检验台检验

时制动力平衡符合要求且前轴制动力大于60%,但整车制动力不达标的车辆,可以适当降低制动检验初速度,但对乘用车及总质量不大于3500kg的货车,不得低于30k/h,对其他车辆不得低于20km/h。

⑦将车辆驶上坡度为20%(总质量为整备质量的1.2倍以下的车辆为15%)、附着系数不小于0.7(混凝土或沥青路面)的坡道上,按正反两个方向保持固定不动,检验车辆的驻车制动是否符合要求。

⑧鉴于应急制动性能主要决定于汽车的制动系结构及行车制动系的性能,在制动性能检验时,仅需检查"汽车制动系的结构和管路是否被改动"即可,不宜进行应急制动性能检验。事故车辆安全性能检验根据需要,可进行应急制动性能检验。

图4-15 便携式制动性能测试仪

5 汽车侧滑的检测

汽车前轮定位参数是影响汽车操纵性和稳定性的重要因素。汽车如果没有正确的前轮定位,将引起转向沉重、操纵困难、增加驾驶人的劳动强度,同时,转向车轮在向前滚动时将会产生横向滑移现象,即产生车轮侧滑。

检测前轮侧滑量的主要目的是为了确认前轮前束值与前轮外倾角的配合是否恰当,当二者配合恰当时,汽车前轮保持稳定的直线行驶状态。汽车前轮定位参数的检测,有静态检测法和动态检测法两种。静态检测法是在汽车静止的状态下,用车轮定位仪对前轮定位值进行检测。动态检测法是汽车以一定的行驶速度通过侧滑试验台,从而测量转向轮的横向侧滑量。侧滑量是指汽车直线行驶位移量为1km时,转向轮的横向位移量。侧滑量的单位是m/km。

汽车前轮的侧滑量主要受转向轮外倾角和转向轮前束值的影响,汽车侧滑试验台就是为检测汽车转向轮外倾角和前束值这两个参数配合是否恰当而设计的一种专门的检测设备。

5.1 汽车侧滑试验台的结构与工作原理

5.1.1 转向轮定位值引起的侧滑

经分析汽车转向轮的前束值与外倾角对其侧滑的影响比较大。

(1)转向轮前束引起的侧滑。转向轮有了前束后,在滚动过程中力图向内收拢,只是由于转向桥不可能缩短,因此,在实际滚动过程中才不至于真正向内滚拢。但由此而形成的这种内向力势必加剧轮胎磨损,同时,导致轮胎向外侧滑。

假设让两个只有前束而没有外倾角的转向轮向前驶过图4-16所示的滑动板,可以看到左右转向轮下的滑动板在转向轮作用力的推动下,出现图4-16中虚线所示的分别向外侧滑移的现象。其单边转向轮的外侧滑量S_t为:

$$S_t = \frac{L' - L}{2}$$

(2)转向轮外倾角引起的侧滑。转向轮外倾角的存在,在滚动过程中车轮将力图向外张开,只是由于转向桥不可能伸长,因此,在实际滚动过程中才不至于真正向外滚开。但由此而形成的这种外张力势必加剧轮胎磨损,同时,导致轮胎向外侧滑。

假设让两个只有外倾角而没有前束的转向轮同时向前驶过两块相对于地面可以左右滑动的滑动板,就可以看到左右转向轮下的滑动板在转向轮外张力的作用力,出现如图4-17中虚线所示,将分别向内侧滑移。其单边转向轮的内侧滑量S_c为:

$$S_c = \frac{L' - L}{2}$$

侧滑试验台就是应用上述滑板原理来检测出转向轮的侧滑量。

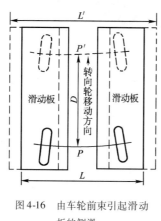

图4-16　由车轮前束引起滑动板的侧滑

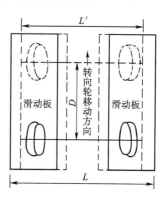

图4-17　由车轮外倾角引起滑板的侧滑

5.1.2　滑板式侧滑试验台的结构与工作原理

汽车侧滑检验设备按其测量参数可以分为两类:一类是测量车轮侧滑量的滑板式侧滑试验台,另一类是测量车轮侧向力的滚筒式侧滑试验台。上述两种试验台都属于动态侧滑试验台。

滑板式侧滑试验台,按其结构又可分为单板式侧滑试验台和双板式侧滑试验台两种形式。前者只有一块侧滑板,检验时汽车只有一侧车轮从试验台上通过,后者有左右两块侧滑板,检验时汽车左、右车轮同时从侧滑板上通过。它们一般均由测量装置、指示装置和报警装置等组成,下面主要介绍双板式侧滑试验台。

(1)测量装置。测量装置由框架、左右两块滑动板、杠杆机构、复位装置、滚轮装置、导向装置、锁止装置、位移传感器及信号传递装置等组成。该装置能把前轮侧滑量测出并传递给指示装置。

滑动板的下部装有滚轮装置和导向装置,两滑动板之间连接有曲柄机构、复位装置和锁止装置。在侧向力作用下,两滑动板只能在左右方向上作等量同向位移,在前后方向上不能位移。

按滑动板位移量传递给指示装置方式的不同,测量装置可分为机械式和电测式两种。机械式侧滑试验台,不便于远距离传输,近年来已很少使用。电测式测量装置是把滑动板的位移量通过位移传感器变成电信号,再经过放大与处理而传输给指示装置的一种结构形式,可以借助于导线,将测量结果长距离传输,或与计算机接通,处理十分方便。

(2)指示装置。指示装置有指针式和数字式。指针式指示装置如图4-18所示,指示装置能把测量装置传递来的滑动板侧滑量,按汽车每行驶1km侧滑1m定为一格刻度,所以每一格代表汽车每行驶 1km 侧滑 1m。根据指针偏向 IN 或 OUT 的方向确定出侧滑方向。IN 表示向内侧滑,OUT 表示向外侧滑。

近年来国内各厂家生产的侧滑试验台采用数字式指示装置,多以单片机进行数据采集和处理,因而具有操作方便、运行可靠、抗干扰性强等优点,同时还能对检测结果进行分析、判断、存储、打印和数字显示等功能。

当滑动板侧滑时通过位移传感器转变成电信号,经过放大与信号处理后成为 0~5V 的模拟量,再经 A/D 转变成数字量,输入计算机运算处理,然后显示或打印出检测结果。数字式指示装置如图 4-19 所示。

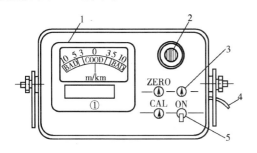

图 4-18 指针式指示装置
1-指针式表头;2-报警用蜂鸣器或信号灯;3-电源指示灯;4-导线;5-电源开关

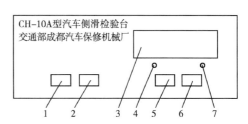

图 4-19 数字式指示装置
1-电源接通键;2-电源断开键;3-数码显示器;4-电源指示灯;5-打印键;6-复位键;7-报警灯

5.2 汽车侧滑的检测方法

侧滑试验台的型号不同,其使用方法也有所区别。在使用前一定要认真阅读使用说明书,以掌握正确的使用方法。侧滑试验台的一般使用方法如下。

(1)汽车侧滑检测前的准备工作有试验台的准备和被检汽车的准备

①试验台的准备。打开电源开关,查看指针式仪表的指针是否在机械零点上,或查看数码管是否亮度正常并都在零位上,发现故障,及时清除。打开侧滑试验台的锁止装置,检查滑动板能否在外力作用下左右滑动自如,外力消失后回到原始位置,且指示装置指在零点。检查报警装置,并视需要进行调整或修理。

②被检汽车的准备。轮胎气压应符合规定,清洁轮胎上的污物,轮胎花纹深度必须符合有关规定。

(2)汽车侧滑的检测方法。拔掉滑动板的锁止销钉,检查电源;汽车以 3~5km/h 的速度垂直侧滑板驶向侧滑试验台,使前轮平稳通过滑动板;当前轮完全通过滑动板后,从指示装置上观察侧滑方向并读取最大侧滑量;检测结束后,切断电源并锁止滑动板。

对于后轮有定位的汽车,仍可按上述方法检测后轴的侧滑量,从而诊断后轴的定位值是否失准。国家标准《机动车运行安全技术条件》(GB 7258—2012)和《道路运输车辆综合性能要求和检验方法》(GB 18565—2016),对汽车有关转向轮定位参数的检测作出如下一些规定:

①机动车转向轮转向后应能自动回正,以使机动车具有稳定的直线行驶能力。
②机动车前轮定位值应符合该车有关技术条件。
③机动车转向轮的横向侧滑量,用侧滑台检测时,其值应在 ±5m/km 之间。

6 汽车悬架的检测

汽车悬架装置是汽车行驶系统的一个极其重要的组成部分,它通常由弹性元件、导向装置和减振器三部分组成。汽车悬架系统的故障仅直接影响汽车的平顺性和舒适性,而且对汽车行驶的安全性、操纵稳定性、通过性及燃料经济性等诸多性能都有影响。因此,汽车悬架装置各部件的品质和匹配后的性能,对汽车行驶性能有着重要的影响。

汽车悬架装置工作性能的检测方法有经验法、按压车体法和试验台检测法三种类型。经验法是通过人工外观检视的方法,主要从外部检查悬架装置的弹簧是否有裂纹,弹簧和导向装置的连接螺栓是否松动,减振器是否漏油、缺油和损坏等项目。

按压车体法既可以人工按压车体,也可以用试验台的动力按压车体。按压使车体上下运动,观察悬架装置、减振器和各部件的工作情况,凭经验判断其技术状况。

在用汽车悬架装置的检测,主要是检测减振器的性能,因为减振器在与之相连的弹性元件组构成的悬架系统中起着重要作用,在评价减振器性能的同时,也就是对悬架装置的性能做出了综合评价。

6.1 悬架检测台的工作原理与基本结构

6.1.1 悬架装置检测台的工作原理

(1)跌落式悬架装置检测台的工作原理。测试中,先通过举升装置将汽车升起一定高度,然后突然松开支撑机构,车辆落下产生自由振动。用测量装置测量车体振幅或者用压力传感器测量车轮对台面的冲击压力,对振幅或压力分析处理后,评价汽车悬架装置的工作性能。目前,这种结构的悬架装置检测台应用的比较少。

图 4-20 汽车悬架装置检测台

(2)谐振式悬架装置检测台的工作原理。这种检测台目前使用的较多,如图 4-20 所示,它主要由计算机控制、信号处理系统和机械台架两大部分组成。其中机械部分由机架和左右两套相同的振动系统构成,如图 4-21 所示。通过试验台的电动机、偏心轮、蓄能飞轮和弹簧组成的激振器,迫使试验台台面及其上被检汽车悬架装置产生振动。在开机数秒后断开电动机电源,从而由蓄能飞轮产生扫频激振。由于电动机的频率比车轮固有频率高,因此蓄能飞轮逐渐降速的扫频激振过程总可以扫到车轮固有振动频率处,从而使台面—汽车系统产生共振。通过检测激振后振动衰减过程中力或位移的振动曲线,求出频率和衰减特性,便可判断悬架装置减振器的工作性能。

测力式悬架装置检测台和测位移式悬架装置检测台,一个是检测振动衰减过程中的力,另一个是检测振动衰减过程中的位移量,它们的结构如图 4-22 所示。由于谐振式悬架装置检测台性能稳定、数据可靠,因此应用广泛。

单元四　汽车整车性能检测

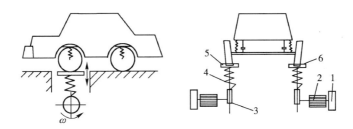

图 4-21　谐振式悬架检测台基本构造

1-蓄能飞轮;2-电动机;3-偏心轮;4-激振弹簧;5-台面;6-测量装置

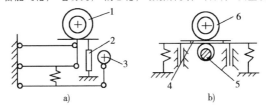

图 4-22　测力式和测位移式悬架检测台结构

a)测位移式;b)测力式

1、6-车轮;2-位移传感器;3-偏心轮;4-力传感器;5-偏心轴

6.1.2　谐振式悬架装置检测台的基本结构

谐振式悬架装置检测台一般由机械部分和电子电气控制部分组成。

谐振式悬架装置检测台的机械部分,由箱体和左右两套相同的振动系统构成,结构如图4-23所示。每套振动系统由上摆臂、中摆臂、下摆臂、支承台面、激振弹簧、驱动电动机、蓄能飞轮和传感器等构成。传感器一端固定在箱体上,另一端固定在台面上。

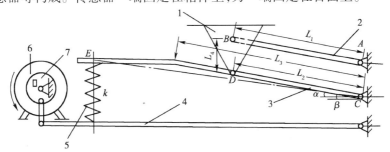

图 4-23　谐振式悬架检测台单轮支承结构简图

1-支承台面;2-上摆臂;3-中摆臂;4-下摆臂;5-激振弹簧;6-驱动电动机;7-偏心惯性结构

谐振式悬架装置检测台电子电气控制部分,主要由计算机、传感器、A/D转换器、电磁继电器及控制软件等组成。控制软件是悬架装置试验台电子电气控制部分与机械部分联系的桥梁。软件不仅实现对悬架装置试验台测试过程的控制,同时也对悬架装置试验台所采集的数据进行分析和处理,并最终将检测结果显示和打印出来。

6.1.3　用检测台检测悬架特性的方法

(1)谐振式悬架装置检验台检验方法。

国家标准《道路运输车辆综合性能要求和检验方法》(GB 18565—2016)中规定"用悬架装置检测台检测时,受检车辆的车轮在受外界激励振动下测得的吸收率(被测汽车共振时的最小动态车轮垂直载荷与静态车轮垂直载荷的百分比值)应不小于40%,同轴左右轮吸收率之差不得大于15%。"

这种评价方法不仅考虑了悬架装置对汽车平顺性的影响,更主要的是着重考虑了对汽车操纵稳定性和行驶安全性的影响。它考查的是汽车在最差工作条件的情况下,即地面激振使悬架达到共振时,车轮与地面的接触状态。这是一个比较直观的评价指标,既能快速检测,又能综合评价汽车悬架装置的弹簧与减振器的匹配性能及品质。当然,随着汽车检测技术的发展,这种方法还会不断地修改和完善。

具体的检验方法如下:
①轮胎规格、气压应符合规定值,车辆空载,不乘人(无驾驶人)。
②将车辆每轴的车轮依次驶上检测台的台面,使轮胎位于台面的中央位置。
③启动检测程序,激振器工作,带动汽车悬架产生振动,使振动频率上升超过系统的共振频率。
④当振动频率超过共振点后,关闭激振源电源,系统振动频率自然衰减(降低),并通过系统共振点。
⑤记录衰减振动的过程数据及曲线变化,设纵坐标为车轮动态载荷变化值,横坐标为时间。计算并显示车轮动态载荷与静态载荷的百分比,计算同轴左右轮百分比的差值。
⑥打印检测报告及车轮振动衰减曲线图。
(2)平板式检测台检验方法。
国家标准《道路运输车辆综合性能要求和检验方法》(GB 18565—2016)中规定:"用平板式检测台检测时,受检车辆制动时测得的悬架效率应不小于45%,同轴左右轮悬架效率之差不得大于20%。"

平板式检测台检验方法如下:
①平板式检测台的平板表面应保持干燥,不能有松散物质或油污。
②驾驶人将车辆对正平板台,以5~10km/h 的速度驶上平板,变速器置于空挡,急踩制动踏板,使车辆停止在平板上。
③连续测量并记录车辆制动时的车轮动态轮荷的变化。
④计算并显示悬架效率和同轴左右悬架效率之差值。
⑤打印检测报告及车轮振动衰减曲线图。

6.2 悬架装置的检测结果分析

GB 18565—2016 规定,根据我国的实际情况,目前,只对于最大设计车速大于或等于100km/h、轴载质量小于或等于1500kg 的载客汽车提出悬架特性要求。悬架特性检测结果满足标准规定的限值,评定为合格;不满足标准规定的限值,评定为不合格。对不合格的车辆应进行调试、修理,直至检测合格为止。

众所周知,车辆的悬架装置是连接车身和车轮的弹性元件系统,在行驶中,传递车轮和车身之间的各种力和力矩,吸收和衰减由路面不平引起的对车身车轮系统的冲击和振动,保证汽车行驶时必要的安全性和操纵稳定性。为避免悬架装置早期损坏,延长其使用寿命,在使用中,要正确驾驶操作车辆,应注意以下几个方面:

(1)汽车起步要平稳,行驶中尽量避免紧急制动。因为起步过急,悬架系统所承受的负荷增加,空悬造成零部件的损坏,汽车紧急制动时。由于惯性力和制动力的作用,使悬架系统同时受到弯曲应力和拉伸应力,这两种力的合力大大超过了垂直弯曲时的应力。紧急制动是造成悬架系统损坏的主要原因。

(2)转弯要慢。汽车转弯时产生离心力,转弯时的车速越高,所产生的离心力也越大。由于离心力的作用,增加了外侧弹簧的负荷,过急的转弯,不仅可能发生事故,而且还使外侧悬架系统的负荷增大过多,由于其应力过大,故容易损坏。

(3)保持中速行驶。汽车行驶速度过快,特别是在不平道路上高速行驶,会使悬架系统的变形幅度加大和变形次数增多,加速疲劳或折断。

(4)避免超载行驶。汽车的装载量超过规定标准时,均会使悬架系统的负荷增大,产生过大的变形应力,使悬架系统的耐疲劳性能降低,会缩短使用寿命。

在悬架系统中,起主要作用的部件是减振器。对在悬架装置检测中不合格的车辆,其可能的故障原因有:

(1)减振器内部的轴磨损,内部阀片损坏,各密封处漏油,导致减振功能失效。

(2)减振器外部的紧固螺栓磨损,松动,脱落。

(3)减振用螺旋弹簧弹性降低,疲劳或折断,造成早期损坏。

(4)悬架系统各连接部件磨损,松动。

7 汽车排气的检测

随着汽车保有量增加,汽车排放的污染物是一致公认的城市大气主要污染源之一,已成为严重的社会问题。因此,检测并控制汽车排气污染物的浓度,已成为汽车检测中重要的项目。

7.1 汽车排气污染物的评价指标及其危害

7.1.1 汽车排气污染物的主要成分

汽车排气的污染物,主要是一氧化碳(CO)、碳氢化合物(HC)、氮氧化合物(NO_x)、硫化物(主要是SO_2)、炭烟及其他一些有害物质。如果燃用含铅汽油,排气中的污染物还包含铅化合物。汽车排气污染物中,CO、HC、NO_x和炭烟主要来源于汽车尾气的排放,少部分来自曲轴箱窜气,其中,部分HC还来自于油箱和整个供油系的蒸发与滴漏。

(1)一氧化碳(CO)。

装配点燃式发动机的在用汽车在采用双怠速法和简易工况法对汽车排放进行检测时,排气中一氧化碳(CO)的计量单位为体积分数,体积分数即为体积浓度。在检测时,采用体积分数"%"来表示。在采用瞬态工况法和简易瞬态工况法对汽车排放进行检测时,排气中一氧化碳(CO)的计量单位为质量单位,用"g/km"来表示。

(2)碳氢化合物(HC)。

装配点燃式发动机的在用汽车,在采用双怠速法和简易工况法对汽车排放进行检测时,排气中碳氢化合物(HC)的计量单位为体积分数,体积分数即为体积浓度,在检测时采用体积分数"10^{-6}"来表示。在采用瞬态工况法和简易瞬态工况法对汽车排放进行检测时,排气中碳氢化合物(HC)的计量单位为质量单位,用"g/km"来表示。

(3)过量空气系数(λ)。

装配点燃式发动机的在用汽车,在采用双怠速法对汽车排放进行检测时,要对过量空气系数(λ)进行判定,过量空气系数(λ)是指燃烧1kg燃料的实际空气量与理论上所需空气量之质量比。对于使用闭环控制电子燃油喷射系统和三元催化转化器技术的汽车,进行过量空气系数(λ)的测定。发动机转速为高怠速时,应在1.00±0.03或制造厂家规定的范围内。

(4)氮氧化合物(NO_x)。

装配点燃式发动机的在用汽车,在采用简易工况法对汽车排放进行检测时,排气中氮氧化合物(NO_x)的计量单位为体积分数,体积分数即为体积浓度,在检测时,采用体积分数"10^{-6}"来表示。在采用瞬态工况法和简易瞬态工况法对汽车排放进行检测时,排气中氮氧化合物(NO_x)的计量单位为质量单位,用"g/km"来表示。

7.1.2 汽车排气污染物的危害

汽车污染主要有三个排放源:一是发动机排气管的发动机燃烧废气,其汽油车的主要污染物成分是CO、HC和NO_x,而柴油车除了这三种有害物外,还排放大量的颗粒物;二是曲轴箱排放物,由发动机在压缩及燃烧过程中未燃的碳氢化合物由燃烧室漏向曲轴箱再排向大气而产生,主要是碳氢化合物;三是燃料蒸发排放物,主要由发动机供油系统的喷油嘴和燃油箱的燃料蒸发而产生。在未加控制时,曲轴箱和燃料蒸发排放的碳氢化合物各占HC总排放量的1/4。

此外,汽车轮胎、制动器和离合器等处由于摩擦还产生一些有害的颗粒物。在汽车排放的两种污染物HC和NO_x中,HC的排放量约为NO_x的两倍,这个比例极易产生光化学的物质,只要光照及气象条件适宜,就会产生二次污染物,形成光化学烟雾。汽车排出的各种物质中,对人类形成危害的有CO、HC、NO_x、炭烟和硫化物等。

CO是燃料不完全燃烧的产物,是汽车尾气中最大的有害成分,是一种无色无味的有毒气体,它进入人体后极易与血液中担负输送氧气的血红蛋白结合,妨碍血红蛋白的输氧能力,造成人体各部分缺氧,引起头痛、头晕、呕吐等中毒症状,严重时甚至造成人员死亡。

HC是发动机未燃尽的燃料分解出来的产物。当HC浓度较高时,使人出现头晕、恶心等中毒症状。而且,HC和NO_x在强烈的太阳光作用下,能反应生成一种有害的光化学烟雾,这种光化学烟雾滞留在大气中,造成大气严重污染,对人的眼睛、呼吸道及皮肤均有强烈的刺激性。

NO_x是发动机大负荷工作时,进气中的N_2与O_2在高温高压条件下反应而生成的。NO_x主要是NO和NO_2。NO与血液中血红蛋白的亲合力比CO还强,通过呼吸道及肺部进入血液,使血红蛋白失去输氧能力,产生与CO相似的中毒后果。NO_2侵入肺部深处的肺毛细血管,引起肺水肿,同时还能刺激眼、鼻黏膜,麻痹嗅觉等。

炭烟是柴油机燃烧不完全的产物,其内含有大量的黑色炭颗粒。炭烟能影响道路的能见度,并因含有少量的带有特殊臭味的乙醛,往往引起人们恶心和头晕。硫化物主要为SO_2,燃料中含有的硫与氧反应而生成。SO_2有强烈的气味,可刺激人的咽喉与眼睛,甚至会使人中毒。若大气中含SO_2过多,还会形成"酸雨",使土壤与水源酸化,影响自然界的生态平衡。

7.2 汽车排气污染物的限值及测试方法的规定

世界各国对机动车的排放控制越来越严格。我国参照世界各国标准(主要参照欧、美标准)结合我国实际情况,先后制定了多部有关汽车排气污染物限值的国家标准,对汽车排放物的控制越来越严格。目前我国制定机动车排放的法规标准主要是从两大方面考虑,一是针对汽车制造厂新车定型的型式认证和生产的一致性检查;另一是针对在用(营运)车辆。在针对在用(营运)车辆方面,2005年5月30日国家质量技术监督局发布《点燃式发动机汽车排气污染物排放限值及测量方法(双怠速法及简易工况法)》(GB 18285—2005),该标准2005年7月1日开始实施。2016年6月14日国家质量监督检验检疫总局发布《道路运输车辆综合性能要求和检验方法》(GB 18565—2016),该标准2017年1月1日起实施。

《点燃式发动机汽车排气污染物排放限值及测量方法(双怠速法及简易工况法)》(GB 18285—2005)对在用汽车排气的试验(测试)分类、试验(测试)方法和排气污染物限值作了明确的规定。

7.2.1 排气污染物试验分类及试验方法

(1)车辆分类和使用标准。

①车辆分类。GB 18285—2005引用《机动车辆及挂车分类》(GB/T 15089—2001),将机动车分为M、N、M_1和N_1等类型。M类是指载客车辆,N类是指载货车辆,M_1类是指车辆设计乘员数(含驾驶人)不超过6人,且车辆的最大总质量不超过2500kg的车辆;N_1类是指载货车辆,且还包括设计乘员数(含驾驶人)超过6人,或车辆的最大总质量超过2500kg但不超过3500kg的M类车辆。

②试验使用标准。GB 18285—2005根据发动机的着火形式将试验分为:装配点燃式发动机的车辆试验和装配压燃式发动机的车辆试验。

(2)汽车排气污染物的试验方法。

①怠速试验方法[引用《点燃式发动机汽车排气污染物排放限值及测量方法(双怠速法及简易工况法)》(GB 18285—2005)]的测量仪器采用不分光红外线吸收型(NDIR)监测仪,取样软管长0.5m,取样探头长度不小于600mm。

发动机从怠速加速至0.7额定转速,维持运转60s后,降至怠速状态。将取样探头插入排气管中,深度为400mm,并固定在排气管上。怠速运转15s后开始读数,读取30s内的最高值和最低值,其平均值即为测量结果。若为多排气管时,取各排气管测量结果的算术平均值。

②双怠速试验方法(引用GB 18285—2005)如下:

a.应保证被检测车辆处于制造厂规定的正常状态,发动机进气系统应装有空气滤清器,排气系统应装有排气消声器,并不得有泄漏。

b.应在发动机上安装转速计、点火正时仪、冷却液和润滑油测温计等测量仪器。测量时,发动机冷却液和润滑油温度应不低于80℃,或者达到汽车使用说明书规定的热车状态。

c.发动机从怠速状态加速至70%额定转速,运转30s后降至高怠速状态。将取样探头插入排气管中,深度不少于400mm,并固定在排气管上,维持15s后,由具有平均功能的仪器读取30s内的平均值,或者人工读取30s内的最高值和最低值,其平均值即为高怠速污染物测量结果。对于使用闭环控制电子控制燃油喷射系统和三元催化转化器的汽车,还应同时读取过量空气系数(λ)的数值。

d.发动机从高怠速降至怠速状态15s后,由具有平均功能的仪器读取30s内的平均值,或者人工读取30s内的最高值和最低值,其平均值即为怠速污染物测量结果。

e.若为多排气管时,取各排气管测量结果的算术平均值作为测量结果。

f. 若车辆排气管长度小于测量深度时,应使用排气加长管。

g. 对于单一燃料汽车,仅按燃用气体燃料进行排放检测。对于两用燃料汽车,要求对两种燃料分别进行排放检测。

h. 测量结果判定,如果检测污染物有一项超过规定的限值,则认为排放不合格。对于使用闭环控制电子控制燃油喷射系统和三元催化转化器的汽车,如果检测的过量空气系数(λ)超过了标准规定的要求,则认为排放不合格。

③加速模拟工况(ASM)试验方法(GB 18285—2005)试验由 ASM5025 和 ASM2540 两个工况试验组成。

车辆驱动轮位于测功机滚筒上,将分析仪取样探头插入排气管中,深度为 400mm,并固定于排气管上。对独立工作的多排气管应同时取样。

ASM5025 工况试验:经预热后的车辆加速至 25km/h,底盘测功机以车辆速度为 25km/h、加速度为 $1.475m/s^2$ 时的输出功率的 50% 作为设定功率,对车辆加载,工况计时器开始计时($t=0s$)。车辆以 25km/h±1.5km/h 的速度持续运转 5s,如果底盘测功机模拟的惯量值在计时开始后持续 3s 超出所规定误差范围,工况计时器将重新开始计时($t=0s$)。如果再次出现该情况,检测将被停止。系统将根据分析仪最长响应时间进行预置(如果分析仪响应时间为10s,则预置时间为10s,$t=15s$),然后,系统开始取样,持续运行10s($t=25s$),即为ASM5025 快速检查工况。ASM5025 快速检查工况结束后,继续运行至90s($t=90s$),即为ASMS025 工况。

ASM2540 工况试验:ASM5025 工况检测结束后,车辆立即加速至 40km/h,测功机以车辆速度为 40km/h、加速度为 $1.475m/s^2$ 时的输出功率的 25% 作为设定功率,对车辆加载。工况计时器开始计时($t=0s$)。车辆以 40.0km/h±1.5km/h 的速度持续运转 5s,如果底盘测功机模拟的惯量值在计时开始后持续 3s 超出所规定误差范围,工况计时器将重新开始计时($t=0s$)。如果再次出现该情况,检测将被停止。系统将根据分析仪最长响应时间进行预制(如果分析仪响应时间为10s,则预置时间为10s,$t=15s$)。然后,系统开始取样,持续运行10s($t=25s$),即为ASM2540 快速检测工况。AS2540 快速检查工况结束后,继续运行至90s($t=90s$),即为 ASM2540 工况。

自由加速烟度试验方法(引用 GB 3847—2005)规定了道路用柴油车在自由加速工况下,排气中烟度的测量。自由加速工况是指柴油机处于怠速工况,将加速踏板迅速踩到底,维持 4s 后松开。在自由加速工况下,从发动机排气管抽取规定长度的排气柱所含的炭烟,使规定面积的清洁滤纸染黑的程度,称为自由加速滤纸式烟度,以符号 SF 表示,单位为 FSN(Filter Smoke Number)。

自由加速烟度试验采用滤纸式烟度计进行测量,其技术参数和要求应符合相关规定。

自由加速烟度测量步骤如下:

a. 安装取样探头,用压力为 300~400kPa 的压缩空气清洗取样管路,将取样探头固定于排气管内,插入 300mm,其中心线与排气管轴线平行。

b. 将抽气泵置于待抽气位置,将洁白滤纸放入取样泵夹紧。

c. 抽气泵开关置于加速踏板上,使抽气动作和自由加速同步进行。

d. 每次抽气完毕,把烟样送至试样台,由指示器读出烟度值。

e. 应于20s内完成上述b-d所规定的步骤。

f. 测量规程按图4-24进行，共测量4次，取后3次烟度值的算术平均值为所测烟度值，当黑烟冒出的时间和抽气泵开始抽气的时间不同步时，应取后3次测量的最大值。

④自由加速排气可见污染物试验（GB 18285—2005）。使用取样式不透光度仪进行测量（取样式不透光度仪的技术要求和使用方法，请参阅GB 3847—2005和有关说明书）。

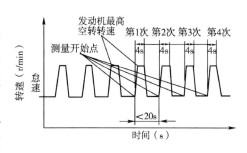

图4-24 自由加速烟度测量规程

其测量程序如下：

a. 车辆在发动机怠速下，按要求插入不透光度仪取样探头。

b. 迅速但不猛烈地踏下加速踏板，使喷油泵供给最大油量。在发动机达到调速器允许的最大转速前，保持此位置。一旦达到最大转速，立即松开加速踏板，使发动机恢复至怠速，不透光度仪恢复到相应状态。

c. 重复b操作过程至少6次，记录不透光度仪的最大读数值。如果读数值连续4次均在0.25~1的带宽内，并且没有连续下降趋势，则记录值有效。

d. 计算4次测量结果的算术平均值。

7.2.2 汽车排气污染物的限值

（1）装配点燃式发动机的车辆进行双怠速试验排气污染物限值见表4-10。

装配点燃式发动机的车辆双怠速试验排气污染物限值　　表4-10

车辆类型	怠速		高怠速	
	CO(%)	HC(10^{-6})	CO(%)	HC(10^{-6})
2001年1月1日以后上牌照的M_1类车辆	0.8	150	0.3	100
2002年1月1日以后上牌照的N_1类车辆	1	200	0.5	150

注：(1) HC容积浓度值按正己烷当量。
　　(2) M_1指车辆设计乘员数（含驾驶人）不超过6人，且车辆的最大总质量不超过2500kg。
　　(3) M_1还包括设计上乘员数（含驾驶人）超过6人，或车辆的最大总质量超过2500kg但不超过3500kg的M类车辆。

（2）装配点燃式发动机的车辆进行加速模拟工况试验排气污染物限值见表4-11。

装配点燃式发动机的车辆加速模拟工况试验排气污染物限值　　表4-11

车辆类型	基准质量 RM(kg)	ASM5025			ASM2540		
		HC(10^{-6})	CO(%)	NO(10^{-6})	HC(10^{-6})	CO(%)	NO(10^{-6})
2001年1月1日以后上牌照的M_1类车辆	<1050	260	2.2	2500	260	2.4	2300
	<1250	230	1.8	2200	230	2.2	2050
	<1470	190	1.5	1800	190	1.8	1650
	<1700	170	1.3	1550	170	1.5	1400
	<1930	150	1.1	1350	150	1.3	1250
	<2150	130	1	1200	130	1.3	1100
	<2500	120	0.9	1050	120	1.1	1000

续上表

车 辆 类 型	基准质量 RM(kg)	ASM5025			ASM2540		
		HC(10^{-6})	CO(%)	NO(10^{-6})	HC(10^{-6})	CO(%)	NO(10^{-6})
2002年1月1日以后上牌照的N_1类车辆	<1050	200	2.2	2500	260	2.4	2300
	<1250	230	1.8	2200	230	2.2	2050
	<1470	250	2.3	2700	250	3.2	2600
	<1700	190	2	2350	190	2.7	2200
	<1930	220	2.1	2800	220	2.9	2600
	<2150	200	1.9	2500	200	2.6	2300
	<2500	180	1.7	2250	180	2.4	2050
	<3500	160	1.5	2000	160	2.1	1800

注：(1) HC容积浓度值按正己烷当量。
(2) M_1指车辆设计乘员数（含驾驶人）不超过6人，且车辆的最大总质量不超过2500kg。
(3) N_1还包括设计上乘员数（含驾驶人）超过6人，或车辆的最大总质量超过2500kg但不超过3500kg的M类车辆。

(3) 装配点燃式发动机的车辆进行怠速试验排气污染物限值见表4-12。

装配点燃式发动机的车辆怠速试验排气污染物限值　　　表4-12

车 辆 类 型	轻型车		重型车	
	CO(%)	HC(10^{-6})	CO(%)	HC(10^{-6})
1995年7月1日以前生产的在用汽车	4.5	1200	5	2000
1995年7月1日起生产的在用汽车	4.5	900	4.5	1200

注：HC容积浓度值按正己烷当量。

(4) 装配压燃式发动机的车辆进行自由加速试验排气可见污染物限值见表4-13。

装配压燃式发动机的车辆自由加速试验排气可见污染物限值　　　表4-13

车 辆 类 型	光吸收系数(m^{-1})
2001年1月1日以后上牌照的在用车	2.5
2001年1月1日以后上牌照的装配废气涡轮增压器的在用车	3

(5) 装配压燃式发动机的车辆进行自由加速试验烟度排放限值见表4-14。

装配压燃式发动机的车辆自由加速试验烟度排放限值　　　表4-14

车 辆 类 型	烟度值(Rb)	车 辆 类 型	烟度值(Rb)
1995年7月1日以前生产的在用车	4.7	1995年7月1日起生产的在用车	4

7.3 汽车排气污染物的检测

7.3.1 汽油车排气污染物的检测

《点燃式发动机汽车排气污染物排放限值及测量方法（双怠速法及简易工况法）》（GB 18285—2005）规定汽油车排气污染物检测时，应采用不分光红外线分析仪（NDIR），并对检测工况和检测程序进行了具体规定。

(1) 基本检测原理。汽车排气中的CO、HC、NO和CO_2等气体，对红外线分别具有吸收一定波长的性质,而且红外线被吸收的程度与废气浓度之间有一定的关系,如图 4-25 所示。

不分光红外线分析法就是根据这一原理,即废气吸收一定波长红外线能量的变化,来检测废气中各种污染物的含量。在各种气体混在一起的情况下,这种检测方法具有测量值不受影响的特点。

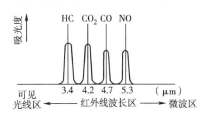

图 4-25 四种气体吸收红外线的情况

利用不分光红外线分析法制成的分析仪,既可以制成单独检测 CO 或 HC 含量的单项分析仪,也可以制成能测量这两种气体含量的综合分析仪。排气中 CO 的浓度是直接测量的,而排气中 HC 的成分非常复杂,因此要把各种 HC 成分的浓度换算成正己烷($n-C_6H_{14}$)的浓度后再作为 HC 浓度的测量值。

(2)不分光红外线气体分析仪的结构与工作原理。不分光红外线气体分析仪,是一种能够从汽车排气管中采集气样,并对其中所含 CO 和 HC 的浓度进行连续测量的仪器。图 4-25 所示为分析仪的外形图。它由废气取样装置、废气分析装置、废气浓度指示装置和校准装置等组成。

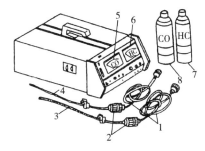

图 4-26 不分光红外线气体分析仪
1-导管;2-滤清器;3-低浓度取样探头;4-高浓度取样探头;5-CO 指示仪表;6-HC 指示仪表;7-标准 HC 气样瓶;8-标准 CO 气样瓶

废气取样装置由取样探头、滤清器、导管、水分离器和泵等组成。它通过取样探头、导管和泵从车辆排气管里采集废气,再用滤清器和水分离器把废气中的炭渣、灰尘和水分等除掉,只把废气送入分析装置。按传感器形式不同,废气分析装置可分为电容微音器式和半导体式等不同形式。废气分析装置由红外线光源、气样室、旋转扇轮(截光器)、测量室和传感器等组成。该装置按照不分光红外线分析法,从来自取样装置的混有多种成分的废气中,测量出 CO 和 HC 的浓度,并以电信号形式输送给废气浓度指示装置。

综合式气体分析仪的浓度指示装置,主要由 CO 指示装置和 HC 指示装置组成,有指针式仪表和数字式显示器两种类型。从废气分析装置送来的电信号,在 CO 指示仪表上 CO 的浓度以体积百分数(%)表示,在 HC 指示仪表上 HC 浓度以正己烷当量体积的百万分数(10^{-6})表示。

指针式气体分析仪如图 4-27 所示,可利用零点调整旋钮、标准调整旋钮和读数挡位转换开关等进行控制。此外,还可以通过气流通道一端设计的流量计,得知废气通道滤清器是否脏污等异常情况。

校准装置是一种为了保持分析仪的指示精度,使之能准确指示测量值的装置。在此装置中,往往既设有用加入标准气样进行校准的装置,也设有用机械方式简易校准的装置。

图 4-27 不分光红外线气体分析仪面板图

标准气样校准装置是把分析仪生产厂附带来的供校准用的标准气样(CO 和 HC),从分析仪上专设的标准气样注入口直接送到废气分析装置,再通过比较标准气样浓度值和仪表指示值的方法来进行校准的一种装置。

简易校准装置通常是用遮光板把废气分析装置中通过测量气样室的红外线遮挡住一部分,用减少一定量红外线能量的方法进行简单校准的装置。

(3) 汽油车排气污染物的检测方法。按照 GB 18285—2005 的规定,汽油车怠速污染物的检测应在怠速工况下,采用不分光红外线气体分析仪,按规定程序检测 CO 和 HC 的浓度值。双怠速试验按 GB 18285—2005 的规定进行。

①检测仪器的准备工作,按仪器使用说明书的要求做好各项检查工作。接通电源,对气体分析仪预热 30min 以上。用标准气样校准仪器,先让气体分析仪吸入清洁空气,用零点调整旋钮把仪表指针调整到零点,然后把标准气样从标准气样注入口注入,再用标准调整旋钮把仪表指针调到标准指示值。

注意:在灌注标准气样时,要关掉气体分析仪上的泵开关。

CO 校准的标准值就是标准气样瓶上标明的 CO 浓度值。HC 校准的标准值,由于是用丙烷作为标准气样,因而要按下式求出正己烷的换算值作为校准的标准值:

校准的标准值(即正己烷换算值) = 标准气样(丙烷)浓度 × 换算系数

式中:标准气样(丙烷)浓度——标准气样瓶上标明的浓度值;

换算系数——气体分析仪的给出值,一般为 0.472 ~ 0.578。

用简易装置校准仪器,先接通简易校准开关,对于有校准位置刻度线的仪器,可用标准调整旋钮将仪表指针调整到正对标准刻度线位置。对于没有标准刻度线的仪器,要在标准气样校准后立即进行简易校准,使仪表指针与标准气样校准后的指示值重合。

把取样探头和取样导管安装到气体分析仪上,此时如果仪表指针超过零点,则表明导管内壁吸附有较多的 HC,需要用压缩空气或布条等清洁取样探头和导管。

②受检车辆或发动机的准备工作,进气系统应装有空气滤清器,排气系统应装有排气消声器,并不得有泄漏。汽油应符合国家标准的规定。测量时发动机冷却液和润滑油温度应达到汽车使用说明书所规定的热状态。

③怠速测量程序如下:必要时在发动机上安装转速计、点火定时仪、冷却液和润滑油测温计等测试仪器。

发动机由怠速工况加速至 0.7 额定转速,维持 60s 后降至怠速状态。

发动机降至怠速状态后,将取样探头插入排气管中,深度等于 400mm,并固定于排气管上。

先把指示仪表的读数转换开关打到最高量程挡位,再一边观看指示仪表,一边用读数转换开关选择适于排气含量的量程挡位。发动机在怠速状态维持 15s 后开始读数,读取 30s 内的最高值和最低值,其平均值即为测量结果。

若为多排气管时,取各排气管测量结果的算术平均值。测量工作结束后,把取样探头从排气管里抽出来,让它吸入新鲜空气 5min,待仪器指针回到零点后再关闭电源。

④双怠速测量程序如下:必要时在发动机上安装转速计、点火定时仪、冷却液和润滑油测温计等测试仪器。

发动机由怠速工况加速至 0.7 额定转速,维持 60s 后降至高怠速(即 0.5 额定转速)。

发动机降至高怠速状态后,将取样探头插入排气管中,深度等于 400mm,并固定于排气管上。

先把指示仪表的读数转换开关打到最高量程挡位,再一边观看指示仪表,一边用读数转换开关选择适于排气含量的量程挡位。发动机在高怠速状态维持15s后开始读数,读取30s内的最高值和最低值,取平均值即为高怠速排放测量结果。

发动机从高怠速状态降至怠速状态,在怠速状态维持15s后开始读数,读取30s内的最高值和最低值,其平均值即为怠速排放测量结果。

若为多排气管时,分别取各排气管高怠速排放测量结果的算术平均值和怠速排放测量结果的算术平均值。

测量工作结束后,把取样探头从排气管里抽出来,让它吸入新鲜空气5min,待仪器指针回到零点后再关闭电源。

7.3.2 柴油车排气污染物的检测

《车用压燃式发动机和压燃式发动机汽车排气烟度排放限值及测量方法》(GB/T 3846—2005)规定柴油车排气烟度检测时,应采用滤纸式烟度计,并对检测工况和测量程序进行了具体规定。

(1)柴油车排气污染物检测的基本原理。滤纸式烟度计的测量原理是,用一个活塞式抽气泵,从柴油机排气管中抽取一定容积的废气,使它通过一张一定面积的白色滤纸,废气中的炭烟存留在滤纸上,使其染黑。用检测装置测定滤纸的染黑度,再由指示装置指示出来。该染黑度即代表柴油车的排气烟度。

(2)滤纸式烟度计的结构与工作原理。滤纸式烟度计是应用最广的烟度计之一,有手动、半自动和全自动三种形式。其结构都是由废气取样装置、染黑度检测与指示装置和控制装置等组成,如图4-28所示。

图4-28 滤纸式烟度计

废气取样装置由取样探头、活塞式抽气泵和取样软管等组成。

取样探头分台架试验用和整车试验用两种形式。整车试验用取样探头带有散热片,其上装有夹具以便固定在排气管上。取样探头在活塞式抽气泵的作用下抽取废气,其结构形状应能保证在取样时不受排气动压的影响。

活塞式抽气泵由活塞泵、手柄、复位弹簧、锁止装置、电磁阀和滤纸夹持机构等组成。取样前,手动或自动压下抽气泵手柄,直至克服复位弹簧的张力使活塞到达最下端,并由锁止机构锁紧。当需要取样时,踩下脚踏开关或按下"手动抽气"按钮,可操纵电磁阀使压缩空气解除锁止机构对活塞的锁紧作用,活塞在复位弹簧张力作用下上升到顶端,完成取样过程。

滤纸夹持机构在取样时实现对滤纸的夹紧和密封,使取样过程中的排气经滤纸进入泵筒内,炭烟存留在滤纸上并将其染黑,并能保证滤纸的有效工作面直径为$\phi32mm$。取样完成后,滤纸夹持机构松开,染黑的滤纸由滤纸进给机构送至染黑度检测装置。

取样软管把取样探头和活塞式抽气泵连接在一起,由于泵的抽气量与软管的容积有关,国家标准规定,取样软管长度为5.0m,内径为$\phi5\sim0.2mm$,取样系统局部内径不得小于$\phi4mm$。

染黑度检测与指示装置由光电传感器、指示仪表或数字式显示器、滤纸和标准烟样等组成。光电传感器由光源(白炽灯泡)、光电元件(环形硒光电池)等组成。电源接通后白炽灯泡发亮,其光亮通过带有中心孔的环形硒光电池照射到滤纸上,当滤纸的染黑度不同时,反射给环形硒光电池感光面的光线强度也不同,因而环形硒光电池产生的光电流强度也就不同。

指示电表是一块微安表,是滤纸染黑度亦即排气烟度的指示装置。当环形硒光电池送来的光电流强度不同时,指示仪表指针的位置也不同。指示表头以 $R_b0 \sim R_b10$ 表示。其中,0 是全白滤纸的 R_b 单位,10 是全黑滤纸的 R_b 单位,从 0~10 均匀分布。

检测装置一般都备有供标定或校准用的标准烟样和符合规定的滤纸。标准烟样也称为烟度卡,应在烟度计上标定,精确度为 0.5%。当标准烟样用于标定烟度计时,按量程均匀分布不得少于 6 张。当用于校准烟度计时,每台烟度计 3 张,标定值选在 R_b5 左右。当烟度计指示仪表需要校准时,只要把标准烟样放在光电传感器下,用调节旋钮把指示电表的指针调整到标准烟样所代表的染黑度数值即可达到目的。这可使指示仪表保持指示精度,以得出准确的测量结果。烟度计必须定期标定,在有效期内方可使用。

滤纸有带状和圆片状两种。带状滤纸在进给机构的作用下能实现连续传送,适用于半自动式和全自动式烟度计。圆片状滤纸,仅适用于手动式烟度计。

控制装置包括用脚操纵的抽气泵电磁脚踏开关、滤纸进给机构和压缩空气清洗机构等。压缩空气清洗机构能在废气取样前,用压缩空气清洗取样探头和取样软管内的残留废气炭粒。

(3) 柴油车自由加速烟度的检测方法如下:按 GB/T 3847—2005 规定,柴油车自由加速烟度的检测应在自由加速工况下,采用滤纸式烟度计,按测量规程进行。

自由加速工况是指,柴油发动机于怠速工况(发动机运转,离合器处于接合位置,加速踏板与手控供油杆处于松开位置,变速器处于空挡位置,具有排气制动装置的发动机,蝶形阀处于全开位置),将加速踏板迅速踏到底,维持 4s 后松开。

① 检测的仪器准备工作,通电前,检查指示仪表指针是否在机械零点上,否则用零点调整螺钉使指针与"0"的刻度重合。接通电源,仪器进行预热。打开测量开关,在检测装置上垫 10 张全白滤纸,调节粗调及微调电位器,使表头指针与"0"的刻度重合。在 10 张全白滤纸上放上标准烟样,并对准检测装置,仪表指针应指在标准烟样的染黑度数值上,否则应进行调节。检查取样装置和控制装置中各部机件的工作情况,特别要检查脚踏开关与活塞抽气泵动作是否同步。检查控制用压缩空气和清洗用压缩空气的压力是否符合要求。检查滤纸进给机构的工作情况是否正常,检查滤纸是否合格,应洁白无污。

② 检测的受检车辆准备工作,进气系统应装有空气滤清器,排气系统应装有消声器并且不得有泄漏。柴油应符合国家规定,不得使用燃油添加剂。测量时发动机的冷却液和润滑油温度应达到汽车使用说明书所规定的热状态。

③ 柴油车自由加速烟度测量程序:用压力为 0.3~0.4MPa 的压缩空气清洗取样管路。把抽气泵置于待抽气位置,将洁白的滤纸置于待取样位置,将滤纸夹紧。将取样探头固定于排气管内,插入深度等于 300mm,并使其轴线与排气管轴线平行。将脚踏开关引入汽车驾驶室内,但暂不固定在加速踏板上。按照自由加速工况的规定加速 3 次,以清除排气系统中的积存物。然后,把脚踏开关固定在加速踏板上,进行实测。

测量取样,按照自由加速工况的规定和自由加速烟度测量规程,将加速踏板与脚踏开关一并迅速踩到底,持续 4s 后立刻松开,维持怠速运转,循环测量 4 次,取后 3 个循环烟度读数的算术平均值作为所测烟度值。

当汽车发动机出现黑烟冒出排气管的时间与抽气泵开始抽气的时间不同步现象时,应取最大烟度值作为所测烟度值。

在被染黑的滤纸上记下试验序号、试验工况和试验日期等,以便保存。

检测结束,及时关闭电源和气源。

7.3.3 欧洲排放标准

(1) 概述。欧洲排放标准是由欧洲经济委员会(ECE)的排放法规和欧共体(EEC)的排放指令共同加以实现的,欧共体(EEC)即是现在的欧盟(EU)。排放法规由 ECE 参与国自愿认可,排放指令是 EEC 或 EU 参与国强制实施的。汽车排放的欧洲法规(指令)标准1992年前已实施若干阶段,欧洲从1992年起开始实施欧Ⅰ(欧Ⅰ型式认证排放限值)、1996年起开始实施欧Ⅱ(欧Ⅱ型式认证和生产一致性排放限值)、2000年起开始实施欧Ⅲ(欧Ⅲ型式认证和生产一致性排放限值)、2005年起开始实施欧Ⅳ(欧Ⅳ型式认证和生产一致性排放限值)。

欧洲标准是我国借鉴的汽车排放标准,目前国产新车都会标明发动机废气排放达到的欧洲标准。我国新车常用的欧Ⅱ和欧Ⅲ标准等术语,是指当年 EEC 颁发的排放指令。例如适用于重型柴油车(质量大于3.5t)的指令"EEC88/77"分为两个阶段实施,阶段 A(即欧Ⅰ)适用于1993年10月以后注册的车辆;阶段 B(即欧Ⅱ)适用于1995年10月以后注册的车辆。

汽车排放的欧洲法规(指令)标准的内容包括新开发车的型式认证试验和现生产车的生产一致性检查试验,从欧Ⅲ开始又增加了在用车的生产一致性检查。

汽车排放的欧洲法规(指令)标准的计量是以汽车发动机单位行驶距离的排污量(g/km)计算,因为这对研究汽车对环境的污染程度比较合理。同时,欧洲排放标准将汽车分为总质量不超过3500kg(轻型车)和总质量超过3500kg(重型车)两类。轻型车不管是汽油机车或柴油机车,整车均在底盘测功试验台上进行试验。重型机由于车重,则用所装发动机在发动机台架上进行试验。

2000年执行的欧Ⅲ排放法规,对 HC 和 NO_x 分别给出限值,在欧Ⅱ基础上将其限值再降低1/2,排气测量方法改为发动机起动后立即采样,同时更加严格对 HC、CO 的限制。以前的方法都是在发动机起动后40s才开始采样,而70%的 HC 都是在起动后125s内生成的,原来起动后40s内不采样,使冷起动时约有30%的排放污染物未被测到;还新增如低温冷起动排放试验、LPG/NG 汽车排放试验、80000km 内的在用车工况法排放一致性检查、替代用催化器的认证试验等项目,确保在用车排放量的持续达标要求。

(2) 欧洲汽车排放标准限值。欧洲汽车排放标准的欧Ⅰ、欧Ⅱ和欧Ⅲ限值见表4-15~表4-17。

欧Ⅰ型式认证排放限值　　　　　表4-15

车辆类别		基准质量 RM(kg)	限值(g/km)		
			CO	HC + NO_x	PM
第一类车		全部	2.72	0.97(1.36)	0.14(0.20)
第二类车	1级	$RM \leq 1250$	2.72	0.97(1.36)	0.14(0.20)
	2级	$1250 < RM \leq 1700$	5.17	1.40(1.96)	0.19(0.27)
	3级	$RM > 1700$	6.9	1.70(2.38)	0.25(0.35)

欧Ⅱ型式认证和生产一致性排放限值　　表4-16

车辆类别		基准质量 RM(kg)	限值(g/km)					
			CO		HC + NO$_x$		PM	
			汽油车	柴油车	汽油车	非直喷柴油车	直喷柴油车	非直喷柴油车	直喷柴油车
第一类车		全部	2.2	1	0.5	0.7	0.9	0.08	0.1
第二类车	1级	RM≤1250	2.2	1	0.5	0.7	0.9	0.08	0.1
	2级	1250 < RM≤1700	4	1.25	0.6	1	1.3	0.12	0.14
	3级	RM > 1700	5	1.5	0.7	1.2	1.6	0.17	0.2

欧Ⅲ型式认证和生产一致性排放限值　　表4-17

车辆类别		基准质量 RM(kg)	限值(g/km)						
			CO		HC	NO$_x$		HC + NO$_x$	PM
			汽油车	柴油车	汽油车	汽油车	柴油车	柴油车	柴油车
第一类车		全部	2.3	0.64	0.2	0.15	0.5	0.56	0.05
第二类车	1级	RM≤1350	2.3	0.64	0.2	0.15	0.5	0.56	0.05
	2级	1350 < RM≤1760	4.17	0.8	0.25	0.18	0.65	0.72	0.07
	3级	RM > 1760	5.22	0.95	0.29	0.21	0.78	0.86	0.1

8　汽车噪声的检测

噪声作为一种严重的公害已日益引起人们的关注,目前世界各国已纷纷制定了控制噪声的标准。噪声的一般定义是:频率和声强杂乱无章的声音组合,造成对人和环境的影响。更人性化的描述是,人们不喜欢的声音就是噪声。

随着汽车向快速和大功率方面的发展,汽车噪声已成为一些大城市的主要噪声源。汽车噪声主要包括:发动机的机械噪声、燃烧噪声、进排气噪声和风扇噪声;底盘的机械噪声、制动噪声和轮胎噪声;车厢振动噪声、货物撞击噪声;喇叭噪声和转向、倒车时的蜂鸣声等噪声。由于车辆噪声具有游动性,影响范围大,干扰时间长,因而危害比较大。

8.1　噪声的评价指标

(1)噪声的声压和声压级。噪声的主要物理参数有声压与声压级、声强与声强级和声功率与声功率级。其中声压与声压级是表示声音强弱的最基本的参数。

声波作用于大气,使大气压强发生变动的变动量称为声压。声压的单位用 Pa 来表示。声压越大,声音越响。正常人刚刚能听到的最微弱声音的声压为(2×10^{-5}Pa),称为人耳的"听阈"使人耳产生疼痛感觉的声音的声压为 20Pa,称为人耳的"痛阈"。

从"听阈"(2×10^{-5}Pa)到"痛阈"(20 Pa)相差达百万倍。显然,用声压的绝对单位来表示和度量声音的强弱很不方便,于是,引入声压级概念参数。声压级是一个成倍比关系的对数量,其单位为分贝(dB)。声压级 L_p 可用下式表示为:

$$L_P = 20\lg \frac{P}{P_0}$$

通过上式计算,听阈的声压级为 0dB,痛阈的声压级为 120dB。因此,人耳听觉范围内的声压级为 0~120dB。

(2)噪声的频谱。人耳对声音的感觉不仅与声压有关,而且还与声音的频率有关。一般的声源,并不是仅发出单一频率的声音,而是发出具有很多频率成分的复杂声音。声音听起来之所以会有很大的差别,就是因为它们的组成成分不同造成的。因此,为全面了解一个声源的特性,仅知道它在某一频率下的声压级和声功率级是不够的,还必须知道它的各种频率成分和相应的声音强度,这就是频谱分析。

以声音频率(Hz)为横坐标、以声音强度(如声压级 dB)为纵坐标绘制的噪声测量图形,称为频谱图。

人耳可闻声音的频率有 1000 多倍的变化范围,在实际频谱分析中不可能逐个频率分析。在声音测量中,让噪声通过滤波器把可闻声音的频率范围分割成若干个小的频段,称为频程或频带。

(3)噪声级。

①响度级,人耳对声音的感觉不仅与声压有关,而且也与频率有关。人耳可闻声音频率的范围为 20~20000Hz。往往声压级相同,但由于频率不同,听起来并不一样响,相反,不同频率的声音,虽然声压级不同,但有时听起来却一样响。因此,用声压级测定的声音强弱与人们的生理感觉往往并不一致。因而,需采用与人耳生理感觉相适应的指标来评价声音的强弱,这个指标就是响度级。其单位用"方"来表示。选取 1000Hz 的纯音作为基准音;其噪声听起来与该纯音一样响,该噪声的响度级就等于这个纯音声压级的分贝数。例如,某噪声听起来与声压级 85dB、频率 1000Hz 的基准声音一样响,则该噪声的响度级就是 85 方。响度级 L_N 是表示声音响度的主观量,它把声压级和频率用一个概念统一了起来。

②噪声级,为了能测出与人耳感觉相一致的响度级,理应使用"响度级计"来测量声音的强弱;但要设计和制造出对于不同频率的声音均具有与人耳感觉一致的仪器较为困难。目前,采用参考等响曲线,在声学测量仪中,设置几个频率计权网络(即滤波器),利用它对高、中、低频的衰减不同来模拟人耳听觉,一般设有 A、B、C 三个计权网络。

所谓噪声级就是指在选定的计权网络下所测得的声压级(响度级)。例如,80dB(A)是在 A 档计权网络下测得的声压级为 80dB,称为噪声级 80dB(A)或 80 方(A),用 A 计权网络测得的噪声值也称 A 声级。

8.2 汽车噪声的标准及其检测

8.2.1 声级计的结构与工作原理

在汽车噪声的测量方法中,国家标准规定使用的仪器是声级计。声级计是一种能把工业噪声、生活噪声和交通噪声等,按人耳听觉特性近似地测定其噪声级的仪器,可以用来检测机动车的行驶噪声、排气噪声和喇叭声音响度级。

根据测量精度不同,声级计可分为精密声级计和普通声级计两类,根据所用电源不同可分为交流式声级计和直流式声级计两类。后者也可以称为便携式声级计,具有体积小、质量轻和现场使用方便等特点。

声级计一般由传声器、放大器、衰减器、计权网络、检波器、指示表头和电源等组成。如图4-29所示,其工作原理是:被测的声波通过传声器被转换为电压信号,根据信号大小选择衰减器或放大,放大后的信号送入计权网络作处理,最后经过检波并在以dB标度的表头上指示出噪声数值。

①传声器。传声器是用来把被测声信号换成电信号的器件,又称话筒,它是声级计的传感器。按照换能原理和结构的不同,传声器可分为3种:电动式传声器、压电传声器和电容传声器。电容传声器是声学测量中比较理想的传声器,具有动态范围大、频率响应平直、灵敏度高和在一般测量环境中稳定性好等优点,常用于精密声级计和标准声级计中,也是现在声学测量中应用最多

图4-29 声级计

的传声器。电容式传声器主要由金属膜片和靠得很近的金属电极组成,实质上是一个平板电容。金属膜片与金属电极构成了平板电容的两个极板。当膜片受到声压作用时,膜片发生变形,使两个极板之间的距离发生了变化,电容量也发生变化,从而产生交变电压,其波形在传声器线性范围内与声压级波形成比例,实现了将声信号转变为电信号的转换。由于电容传声器输出阻抗很高,因此,需要通过前置放大器进行阻抗变换,前置放大器装在声级计内部靠近安装电容传声器的部位。

②前置放大器(阻抗变换器)。电容传声器的一个缺点是内阻比较大,它的电容量一般只有几十皮法(pF),甚至几个皮法,如果与它连接的放大器输入电容量可以与之比拟,就会降低传声器的灵敏度;如果放大器输入电阻太低,则电容传声器在低频时灵敏度会降低,这样,就使频率范围受到了限制。因此,在声级计中,需要配置前置放大器。前置放大器又称为输入级,它本身不起放大作用,电压增益小于并接近于1,它只是起阻抗变换作用,因此,又称阻抗变换器。

③放大器。电容传声器把声信号变成电信号,这个电信号一般是很微弱的,不足以使指示器产生指示,因此,需要用放大器把电信号加以放大。声级计中的放大器要求有一定的放大量、一定的动态范围、较宽的频率范围和非线性失真要小(不大于1%)等。目前流行的许多国产与进口的声级计,在放大线路中都采用两级放大器,即输入放大器和输出放大器,各组放大器前都接有衰减器。

④衰减器。声级计不仅要测量微弱信号,也要测量较强的信号,也就是要有较大的测量范围,例如要测量25~140dB范围声级。声级计的检波器和指示器不可能有这么宽的量程范围,因此,要采用衰减器,衰减器是用来改变信号的衰减量,以便使表头指针指在适当的位置。为了提高信噪比,将衰减器分为输入衰减器和输出衰减器两部分,输出衰减器接在第一组放大器和第二组放大器之间,而且一般测量时,使输出衰减器尽量处在最大衰减位置。这样,当测量较大信号时,由于输出衰减器的衰减作用,使输入衰减器的衰减量减小,加到第一组放大器的输入信号就提高了,信噪比也得到提高。

⑤计权网络。为了模拟人耳听觉在不同频率有不同的灵敏性,在声级计内设有一种能够模拟人耳的听觉特性,把电信号修正为与听感近似值的网络,这种网络称为计权网络。通过计

权网络测得的声压级,已不再是客观物理量的声压级(称为线性声压级),而是经过听感修正的声压级,称为计权声级或噪声级。

计权网络一般有 A、B、C 三种。A 计权声级是模拟人耳对 55dB 以下低强度噪声的频率特性,B 计权声级是模拟 55~85dB 的中等强度噪声的频率特性,C 计权声级是模拟高强度噪声的频率特性。三者的主要差别是对噪声低频成分的衰减程度的不同:A 衰减最多,B 次之,C 最少。A 计权声级由于其特性曲线接近于人耳的听感特性,因此,是目前国内外噪声测量中应用最广泛的一种,常用 A 计权声级评价城市交通噪声和工厂噪声,有的还具有 B、C 计权声级。

从声级计上得出的噪声级读数,必须注明测量条件。如单位为 dB,且使用的是 A 计权网络,则应记为 dB(A)。

⑥检波器和指示器。检波器用来将放大器输出的交流信号检波(整流)成直流信号,以便在指示器上获得适当的指示;这个直流电压的大小要正比于输入信号的大小。根据测量的需要,检波器有峰值检波器、平均值检波器和均方根值检波器之分。峰值检波器能给出一定时间间隔中的最大值,平均值检波器能在一定时间间隔中测量其绝对平均值。除了像枪炮声那样的脉冲声需要测量它的峰值外,在多数的噪声测量中均是采用均方根值检波器。

均方根值检波器能对交流信号进行平方、平均和开方,得出电压的均方根值,最后将均方根电压信号输送到指示器。指示器分为模拟指示器和数字指示器,模拟指示器中又有电表指示和利用发光二极管或指示灯的声级灯指示。在大多数声级计中,都是使用直流电表作为测量指示器,只要对其刻度进行一定的标定,就可从表头上直读出噪声级的 dB 值。声级计表头阻尼一般都有"快"和"慢"两个挡。"快"挡的平均时间为 0.27s,很接近于人耳听觉器官的生理平均时间;"慢"挡的平均时间为 1.05s。当对稳态噪声进行测量或需要记录声级变化过程时,使用"快"挡比较合适;在被测噪声的波动比较大时,使用"慢"挡比较合适。

⑦电源。对于便携式声级计,为了便于现场测量,要求用电池供电。声级计除供给电容传声器极化电压外,另外还要供给各部分需要的不同工作电压和电流。因此,需要把电池电压变换成各种电压。一般采用直流变换器,首先由振荡器把直流电压变成交流电压,通过变压器变压,然后再由整流电路整流成所需要的各种直流电压。为了保证输出电压稳定,通过负反馈电路控制调整管或直接控制加到振荡器的电压,这样当电池在使用中电压降低、负载不同及环境变化时,输出电压保持不变,从而保证了声级计各部分正常工作。

8.2.2 汽车噪声的检验标准

《机动车运行安全技术条件》(GB 7258—2012)对客车车内噪声级、汽车驾驶人耳旁噪声级和机动车喇叭声级作了规定,《机动车辆允许噪声》(GB 1495—1979)和《机动车噪声测量方法》(GB 1495—1979)对车外最大噪声级及其测量方法作了规定。

①车外最大允许噪声级。汽车加速行驶时,车外最大允许噪声级应符合表 4-18 的规定。表中所列各类机动车辆的变型车或改装车(消防车除外)的加速行驶车外最大允许噪声级,应符合其基本型车辆的噪声规定。

②车内最大允许噪声级。客车以 50km/h 的速度匀速行驶时,客车车内噪声不应大于 79dB(A)。

③汽车驾驶人耳旁噪声声级不应大于 90dB(A)。

④机动车喇叭声级在距车前 2m、离地高 1.2m 处测量时,其值为 90~115dB。

车外最大允许噪声级　　　　　　　　　　表4-18

车 辆 类 型		车辆最大允许噪声级[dB(A)]	
		1985年1月1日以前生产的汽车	1985年1月1日起生产的汽车
载货汽车	8t≤载质量<15t	92	89
	3.5t≤载质量<8t	90	86
	载质量<3.5t	89	84
轻型越野车		89	84
公共汽车	4t≤载质量<11t	89	86
	载质量≤4t	88	83
轿车		84	82

8.2.3 汽车噪声的测量方法

国家标准规定汽车噪声使用的测量仪器有精密声级计或普通声级计和发动机转速表,声级计误差不超过±2dB,并要求在测量前后,按规定进行校准。

(1)声级计的检查与校准方法。正确使用声级计可以减小测量误差,保证测量结果的准确性,同时减少仪器的损坏,延长仪器的使用寿命。不同型号的声级计具有各自的功能特点,同时,也具有相同的使用方法,使用前都必须进行校准。其校准方法如下。

① 在未接通电源时,先检查表指针是否在机械零点上。若不在零点,可用零点调整螺钉调整指针零点。

② 检查电池容量。把声级计功能开关置于电池检查位置,此时,电表指针也应指示在"电池检查"红色刻度线或规定区域内,当低于此刻度线或规定区域,就表示电池电压过低,应更换电池。

③ 打开电源开关,预热仪器10min。

④ 对仪器进行校准。每次测量前或使用一段时间后,必须对仪器的电路和传声器进行校准。声级计上一般都配有电路校准的"参考"位置,可校验放大器的工作是否正常。如不正常,应调节微调电位器。电路校准后,再利用已知灵敏度的标准声源对声级计上的传声器进行对比校准。常用的标准声源有声级校准器和活塞式发声器(它们的内部都有一个可发出恒定频率、恒定声级的装置,因而很容易对比出被检传声器的灵敏度)。声级校准器产生的声压级为94dB,频率为1000 Hz;活塞式发声器产生的声压级为124dB,频率为250 Hz。校准时将标准声源装于传声器前,并使之发声。检查、调整声级计读数与声源标准值吻合即可。

⑤ 将声级计的功能开关对准"线性""快"挡,由于一般办公室内的环境噪声为40~60dB,因此声级计上应有相应的示值。变换衰减器刻度盘,表头示值应相应变化10dB左右。

⑥ 检查计权网络:接以上步骤,将"线性"位置依次变为"C""B""A"。由于室内环境噪声多为低频成分,故经频率计权后的噪声级示值将低于线性值,而且应依次递减。

⑦ 考查"快""慢"挡。将衰减器刻度盘调至高dB值处(例如90dB),操作人员发声,并注意观察"快"挡时的指针摆动能否跟上发音速度,"慢"挡时的指针摆动是否明显迟缓。这是"快""慢"两挡所要求的表头阻尼程度的基本特征。

⑧ 经过上述检查和校准后,声级计便可投入使用。在不知道被测声级多大时,必须把衰减

器刻度盘预先放在最大衰减位置(即120dB),然后,在实测中再逐步旋至被测声级所需要的衰减挡位。

(2)声级的测量。把计权开关置于"A""B"或"C"位置,就可测得A声级、B声级或C声级。对于使用两个独立操作衰减器的声级计,应当注意不要使输入放大器过载,因为在测量声级时,插入了计权网络,会对被测信号附加一定衰减,使电表读数降低。如果这时继续减小输入衰减器的量程,就可能因加到输入放大器的信号太大而出现过载,使测量结果有较大的误差。为了使输入放大器不出现过载,可先测量声压级,再测声级。如果这时电表指示太低,不要降低输入衰减器的衰减量,而应降低输出衰减器的衰减量,直到获得适当电表偏转为止。在有的声级计中,装有输入过载指示灯,如果过载指示灯不闪光,可以降低输入衰减器的衰减量,否则,只能降低输出衰减器的衰减量。例如,测量某声音的声压级为94dB,输入衰减器放在90dB位置。测量A声级,计权开关置"A"位置,电表偏转太低,这时不要改变输入衰减器位置,而使输出衰减器衰减量减小(如减小20dB),电表指示到5dB,则测得A声级 = 90dB − 20dB + 5dB = 75dB。

(3)测量注意事项。

①时间计权(电表阻尼)特性的选择。声级计一般具有"快"和"慢"时间计权(电表阻尼)特性,测量时要根据测量规范的要求来选择。例如,测量汽车噪声规定用"快"特性,测量城市环境噪声规定用"慢"特性。在没有规定时,对于比较稳定的噪声,"快"和"慢"特性都会得到相同的测量结果;对于不稳定噪声,当用"快"特性时,电表指针摆动较大(如大于4dB),就应当用"慢"特性。又如需要测量某一时间内的最大值,则应当用"快"特性。

②背景噪声影响的修正。在实际测量中,除了被测声源外,还会有其他噪声存在,这种噪声称为背景噪声(或本底噪声)。背景噪声会影响测量的准确性,但可通过背景噪声影响的修正曲线,对测量结果进行修正。

③风罩的应用。在有风的环境下,测量噪声,当风吹到传声器上时,传声器的膜片上压力会发生变化,从而引起风噪声,这会影响到测量结果的准确性,此时,在传声器上加装一只风罩,就可以大大地衰减风噪声,而对声音却没有衰减,从而提高了在有风环境下测量的准确性。但是,当风速大于5m/s时,一般不应进行测量。

④减少环境对测量结果的影响。使用声级计时,应尽量避免附近墙壁或物体反射的影响。声波遇到障碍物会出现反射,反射波如果再次作用到传声器的膜片上,将影响到测量结果的准确性,因而,在放置声级计时,应尽量避免周围有高大建筑物,同时,测试者也应尽可能远离声级计。当反射波到达声级计经过的路程是直达波到声级计处所经过路程的3倍以上,这个误差才可以忽略不计。在环境温度、湿度和大气压变化时,传声器及声级计的灵敏度可能发生变化,在测试中,必须按照生产厂家规定的条件使用声级计。在强磁场、强电场的环境中,也会给声级计的测量带来误差,应当避免在这样的环境中测量,振动传给传声器的膜片,也会影响量测结果,也应当尽量避免。

9 照明和信号装置的检测

前照灯是汽车在夜间或在能见度较低的条件下,为驾驶人提供行车道路照明的重要设备,而且也是驾驶人发出警示，进行联络的灯光信号装置。所以，前照灯必须有足够的发光强度和正确的照射方向。汽车前照灯检测是汽车安全性能检测的重要项目。前照灯诊断的主要参数是发光强度和光束照射位置。当发光强度不足或光束照射位置偏斜时，会造成夜间行车驾驶人视线不清，或使迎面来车的驾驶人炫目，将极大地影响行车安全。前照灯的技术状况，可用前照灯校正仪检测和屏幕法。

9.1 照明和信号装置标准及检测方法

9.1.1 前照灯的评价指标和一般要求

根据 GB 7258—2012 的规定，汽车前照灯的检验指标为光束照射位置的偏移值和发光强度(cd)。

(1)光束照射位置的偏移值，如果把前照灯最亮的地方看作是光束的中心，则它对水平、垂直坐标轴交点的偏离，即表示它的照射方位的偏移，其偏移的尺寸就是光束照射位置的偏移值，又称光轴的偏斜量。

(2)发光强度是光线在给定方向上发光强弱的度量，其单位为坎德拉，用符号 cd 表示。按国际标准单位 SI 的规定，若一光源在给定方向上发出频率 540×1012 Hz 的单色辐射，且在此方向上的辐射强度为每球面度 1/683W 时，则此光源在该方向上的发光强度为 1cd。照度表明受光物体被光源照明的程度，其单位为勒克斯，用符号 lx 表示。1 勒克斯等于 1.02cd 的点光源在半径为 1m 的球面上产生的光照度。在前照灯发光强度不变的情况下，被照物体离光源越远，被照明的程度越差，照度越小。若发光强度用 $I(cd)$ 表示，照度用 $E(lx)$ 表示，前照灯距被照物体的距离为 $S(m)$，则三者之间的关系为：

$$E = \frac{I}{S^2}$$

(3)基本要求，机动车的灯具应安装牢靠、完好、有效，不允许因机动车振动而松脱、损坏、失去作用或改变光照方向；所有灯光的开关应安装牢固、开关自如，不允许因机动车振动而自行开启或关闭。开关的位置应便于驾驶人操纵。除转向信号灯、危险警告信号及消防车、救护车、工程救险车和警车安装使用的标志灯具外，其他外部灯具不允许闪烁。不得对外部照明和信号装置进行改装或加强。

(4)照明和信号装置的数量、位置、光色和最小几何可见度。

①汽车(三轮汽车和装用单缸柴油机的低速货车除外)及挂车的外部照明和信号装置的数量、位置、光色、最小几何可见度应符合 GB 4785—2007 的规定。

②机动车必须装置后反射器。挂车及车长大于 6m 的机动车应安装侧反射器和侧标志灯。反射器应与机动车牢固连接，且应能保证夜间在其正后方 150m 处用汽车前照灯照射时，在照射位置就能确认其反射光。

③宽度大于 2.10m 的机动车应安装示廓灯。

④所有货车(半挂牵引车除外)、货车底盘改装的专项作业车和挂车，除在后部设置车身反光标识外还应在侧面设置相应的车身反光标识。

⑤车身反光标识的材料应符合 GB 23254—2009 的规定。

⑥牵引杆挂车应在挂车前部的左右各装一只前白后红的标志灯，其高度应比牵引杆挂车

的前栏板高出300～400mm,距车厢外侧应小于150mm。

9.1.2 前照灯的检测方法

前照灯的检测主要有两个方法:屏幕法和前照灯检验仪检测。用屏幕法检测前照灯配光性能,简单易行,但只能检测出光束的照射位置,不能检测发光强度。为适应不同车型的检测,需经常更换屏幕,检测效率低,同时,需要占用较大场地。因此,目前广泛采用前照灯检验仪对汽车前照灯进行检测。

目前市面上前照灯检验仪的种类很多,不同类型的前照灯检验仪工作原理和操作方法是有差异的,应按使用说明书进行操作,典型的计算机联网前照灯检验仪的操作要点:

(1)把通信线连至仪器串口,开机。
(2)被检车辆到位并开亮前照灯。
(3)计算机通过串行通信口把控制命令发给检验仪。
(4)仪器自动进入前照灯的光区,搜寻灯光位置,对被检前照灯进行自动跟踪。
(5)检测发光强度、光轴偏移量和偏移方向以及车灯高度,通过数字显示部件,显示检测结果。
(6)联网计算机取回被检前照灯的检测数据。

在仪器正常的前提下,对前照灯远近光检测影响最大的,就是车间环境和受检车辆的停车位置;检测区域有阳光或外来光的强烈照射,会影响灯光仪自动寻找光源中心,同时,对检测结果产生较大的影响;受检车辆的停车位置与前照灯检测仪的行驶轨道不垂直或停车距离不符合要求都可能产生找不到光源中心或灯光偏差较大。所以,操作人员一定要将车辆停在光电开关位置并垂直于灯光仪轨道,按要求变换远近光,才能测得较为准确的数据。

9.2 前照灯发光强度标准及仪器检测方法

9.2.1 前照灯发光强度的检验标准

评价汽车前照灯的配光性能的法规,一是欧洲经济共同体ECE法规配光性能标准;另一是美国FVMSS(联邦汽车安全标准)108号标准,它相当于ECE法规76/756,也就是SAE法规配光性能标准。我国采用了类似于ECE前照灯配光性能标准。国家标准GB 7258—2012中,对前照灯的发光强度及光束照射位置有如下规定。

(1)前照灯光束照射位置的检验标准。

根据GB 7258—2012的规定,汽车前照灯的检验指标为光束照射位置的偏移值和发光强度(cd)。前照灯光束照射位置应符合以下要求:

①检验前照灯的近光光束照射位置时,在距离屏幕10m处,乘用车前照灯近光光束明暗截止线转角或中点的高度应为$0.7H\sim0.9H$(H为前照灯基准中心高度),其他机动车应为$0.6H\sim0.8H$;机动车前照灯近光光束水平方向位置向左偏不允许超过170mm,向右偏不允许超过350mm。

②检验前照灯远光光束照射位置时,对于能独立调整远光光束的前照灯,在距离屏幕10m处,要求在屏幕上光束中心离地高度,对乘用车为$0.85H\sim0.95H$(但不得低于前照灯近光光束明暗截止线转角或中点的高度),其他机动车为$0.8H\sim0.95H$;机动车前照灯远光光束水平位置要求,左灯向左偏移不允许超过170mm,向右偏移不允许超过350mm;右灯向左或向右偏

移均不允许超过350mm。

(2) 前照灯发光强度的检验标准。

GB 7258—2012 规定,机动车每只前照灯的远光光束发光强度应达到表 4-19 的要求;并且,同时打开所有前照灯(远光)时,其总的远光光束发光强度应符合 GB 4785—2007 的规定。测试时,电源系统应处于充电状态。

表 4-19 前照灯远光光束发光强度最小值要求(单位:cd)

机动车类型	检查项目					
	新注册车			在用车		
	一灯制	两灯制	四灯制①	一灯制	两灯制	四灯制①
最高设计车速小于70km/h		10000	8000		8000	6000
其他汽车		18000	15000		15000	12000

注:①四灯制是指前照灯具有四个远光光束,采用四灯制的机动车其中两只对称的灯达到两灯制时视为合格。

9.2.2 前照灯校正仪的结构原理

前照灯校正仪是按一定测量距离放在被检车辆的对面,用来检测前照灯发光强度与光轴偏斜量的专用设备,光轴偏斜量表示光束照射位置如图 4-30 所示。

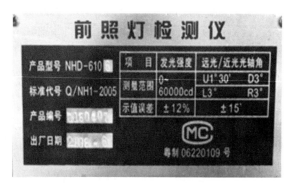

图 4-30 前照灯检测仪及铭牌

(1) 前照灯校正仪的检测原理。目前,各前照灯检测设备生产厂家生产的前照灯检验仪大多采用了五种测量方法。

①采用 CCD 和光电池相结合方法。利用光电池进行远光测量,利用 CCD 进行近光测量。这种方法是在沿用早期单远光前照灯检验仪前提下而制订的。

②采用全 CCD 测量,用 CCD 替代光电池进行远光的定位、角度和光强测量。

③利用 CCD 的成像高分辨率,进行远光和近光的角度测量,利用具有大动态范围的光电池进行远光光强度的测量。

④采用全光电池的方法。测量近光时用光电池进行扫描,以得到平面图像进行近光分析。

⑤采用手工进行仪器的定位。用目视的方法进行偏角的观察,同时利用光电池进行发光强度的测量。

目前,国内先进的前照灯检测仪采用双 CCD(摄像头)检测技术,采用 DSP(数字信号处理器)对图像进行高速、精确的处理,采用硅光电池检测前照灯发光强度确保所检测的数据准确性;采用高精度多圈电位器,保证了车灯高度(所测前照灯中心离地的高度)数据的真实性;在仪器内部装有三个霍尔传感器,中间的霍尔传感器使仪器在检测过程中能够区分机动车前照灯的左右灯,左右两个霍尔传感器控制左右方向上的到位停止,当霍尔传感器失去作用时,还有左右两个行程开关进行2次保护,从而使仪器在检测过程中更安全、可靠。

(2)前照灯校正仪的结构和工作原理。

前照灯检验仪由接受前照灯光束的受光器、使受光器与汽车前照灯对正的校准装置、前照灯发光强度指示装置、光轴偏斜方向和偏斜量指示装置以及支柱、底板、导轨、汽车摆正找准装置等组成。根据其测量距离和测量方法,前照灯检验仪可分为以下几种。

①聚光式前照灯检验仪。它是在1m的测量距离内,用受光器的聚光透镜把前照灯的散射光束聚合起来,根据其对光电池的照射强度,来检验前照灯的发光强度和光轴偏斜量。

②屏幕式前照灯检验仪。在固定的屏幕上装有可以左右移动的活动屏幕,活动屏幕上装有能上下移动的内部带光电池的受光器。检验时,移动受光器和活动屏幕,使光度计的指示值最大,指示值即为发光强度值,该位置即为主光轴照射位置,从装在屏幕上的两个光轴度尺即可读得光轴偏斜量。

③投影式前照灯检验仪。在聚光透镜的上下和左右方向装有4个光电池。前照灯光束的影像通过聚光透镜、光度计的光电池和反射镜后,映射到投影屏上。在检测时,通过上下和左右移动受光器,使光轴偏斜指示计的指针指向零位,即上下与左右光电池的受光量相等,从而找到被测前照灯主光轴的方向。然后,根据投影屏上前照灯光束影像的位置,即可得出主光轴的偏斜量;同时可从光度计的指示值得出发光强度。

④自动追踪光轴式前照灯检验仪。自动追踪光轴式前照灯检验仪采用受光器自动追踪光轴的方法检测发光强度和光轴偏斜量。在受光器聚光透镜的上下与左右装有4个光电池,受光器内部也装有4个光电池,分别构成主、副受光器,透镜后中央部位装有中央光电池。检测时,将检验仪放在前照灯前方3m的检测距离处。当前照灯光束照射到受光器上时,若前照灯光束照射方向偏斜,则主副受光器上下或左右光电池的受光量不等,它们分别产生的电流失去平衡,由其电流的差值控制受光器上下移动的电动机或控制箱左右移动的电动机运转,并通过钢丝绳牵动受光器上下移动或驱动控制箱在轨道上左右移动,直至受光器上下、左右光电池受光量相等为止。

⑤前照灯电脑检测仪。前照灯电脑检验仪主要由机架、光学机构和电路板组成。机架由上箱、中箱、立板、立柱和下箱组成。各部分的构成如下:

a.上箱主要有仪器的各种接口,包括7芯和14芯的上中箱连线接口、串行口、电源接口,在上箱通过一个滤波器(减少电源的干扰)将电源输送到各相关器件(变压器和开关电源)上。

b.仪器的中箱在整台仪器中占有非常重要的位置,中箱内装有前、后置CCD和两块DSP板及整个光学回路,用于拍摄机动车前照灯的发光体表面图像和模拟10m远处该前照灯的成像,而两块DSP板用于处理分析这些图像。另外,还装有一块硅光电池,用于检测该前照灯的发光强度。

c.仪器的下箱为仪器行走的驱动结构,装有仪器行走所需要的直流电动机、减速器及用于测量高度的高精度多圈电位器,还装有给仪器提供电源的开关电源和离合器、制动器。

d.仪器的立板内安装有仪器的大部分控制线路板,包括显示板(用于显示仪器的检测结果)、放大板(用于放大信号)、主板(对整台仪器的动作进行控制)、继电器板、制动板等。

前照灯电脑检测仪远光的测量采用前置CCD进行定位,用硅光电池检测前照灯的发光强度,于后置CCD拍得前照灯成像图形后,由DSP进行处理计算,得出该前照灯的上下偏差、左右偏差。近光的测量采用前置CCD进行定位,于后置CCD拍得前照灯成像图形后,由DSP进行处理计算,得出该前照灯的明暗截止线拐点、上下偏差、左右偏差。

10 车速表的检测

汽车行驶速度对交通安全有很大影响,尤其在限速路段,驾驶人必须按照车速表的指示值,准确地控制车速,为此,要求车速表本身一定要准确可靠。车速表经长期使用,由于驱动其工作的传动齿轮、软轴及车速表本身技术状况的变化以及因轮胎磨损使驱动车轮滚动半径的变化,车速表指示误差会越来越大。为确保车速表的指示精度,必须适时对车速表进行检测、校正。

汽车车速表是汽车的常规仪表,它向驾驶人提供与汽车运行有关的信息,与里程表和其他汽车仪表一起,构成了驾驶人的"眼睛",使驾驶人即时掌握车辆的状况。车速表是汽车主动安全性的一个重要组成部分,世界各国均对车速里程表提出了结构和性能要求。因此,对车速表进行定期检查校验,是十分必要的。在《机动车运行安全技术条件》(GB 7258—2012)中,对车速表的检测作了严格规定。

10.1 车速表试验台的结构与测量原理

10.1.1 车速表误差的测量原理

(1)车速表误差形成的原因。

车速里程表按信号传递形式分为机械式与电子式两类。机械式车速里程表依靠机械形式传递信号,缺点是指针偏转不稳定,摆动范围大;由于表头的结构限制,在量程范围内的指针偏差大,线性度差;依靠齿轮速比调整,指示误差大;由于齿轮速比固定,通用性互换性差;里程表误差大。由于存在以上缺点,机械式车速里程表正在退出历史舞台。国外自20世纪70年代后,机械式车速里程表几乎消失,由电子式车速里程表取而代之,电子式车速里程表依靠电子形式传递信号,由车速(转速)传感器、导电元件、车速里程表表头等组成,显示方式可分为表盘式显示(指针式)、发光管区段显示(类似于音响设备的音量显示)和数字显示。其中,前两种方式与机械式车速表可以笼统地称为模拟显示式车速表,后一种方式可称为数字显示式车速表。电子式车速里程表消除了机械式车速里程表的缺点,指针摆动范围小,在量程范围内的指针线性度好,指示误差小,通用性及互换性好,里程表误差小,同时,由于其可以与汽车其他电子设备共同作用,所以,在现代车辆上得到了广泛应用。

汽车车速表的误差往往会随着汽车使用时间的延长而逐渐增大。造成车速表失准的原因,主要有两个方面:一方面是车速表自身的问题,另一方面与轮胎的状况有关。

①车速表自身的原因。常用的磁电式或电子式车速表,其主轴都是由与变速器相连的软轴驱动的。对于磁电式车速表(车速表常与里程表制作在一起),当主轴旋转时,与主轴固定连接的永久磁铁也一起旋转。其磁场会在铝罩上感应涡流,产生的涡流力矩引起感应罩偏转并带动游丝和指针偏转,最后达到涡流力矩与游丝的弹性反力矩相平衡。车速越高,涡流力矩

越大,指针偏转的角度也越大。对于电子式车速表来说,主轴的转动会引起传感器产生与主轴转速成正比的脉冲信号,经电子线路放大后,送到仪表引起指针偏转或给出数字指示。

当汽车长期使用后,车速表内带指针的活动转盘、带永久磁铁的转轴及轴承、齿轮、游丝等机械零件和磁性元件,随着汽车行驶里程的增加,这些零件在工作过程中不可避免地要产生磨损,永磁元件可能退磁老化,这些因素都会造成车速表指示值误差增大。

②轮胎方面的原因。由车速表的工作原理可知,车速表的指示值仅仅是与车轮的转速成正比,而汽车行驶的速度相当于驱动轮的线速度,显然线速度不仅与转动速度有关,还与车轮的半径有关。

理论上,若驱动轮半径为 r,则可以算出汽车行驶的线速度为:

$$v = 0.377 \frac{rn}{i_g i_0}$$

式中:v——汽车行驶速度,km/h;

r——车轮滚动半径,mm;

n——发动机的转速,r/min;

i_g——变速器传动比;

i_0——主减速器传动比。

实际上,由于轮胎是一个充气的弹性体,汽车行驶时,轮胎在受到垂直负荷、车轮驱动力和地面阻力等作用下,会发生弹性变形;另外,由于轮胎磨损、气压不符合标准(过高或过低)等原因,也会引起车轮半径的变化。因此,即使在驱动轮转速不变(车速表的指示值也不变)的情况下,上述原因也会引起实际车速与车速表指示值不一致的现象。因此,为了行车安全,定期校验车速表是十分必要的。

(2)车速表误差的测量。

车速表误差的测量原理是以车速表检验台的滚筒作为连续移动的路面,把被测车轮置于滚筒上旋转,来模拟汽车在路面上行驶时的实际状态,进行车速表误差的检测。

试验时,将汽车驱动轮置于滚筒上,由发动机经传动系驱动车轮旋转,车轮借助于轮胎的摩擦力带动滚筒转动。滚筒端部装有测速发电机(即速度传感器),测速发电机的转速随滚筒转速的增高而增加,而滚筒的转速与车速成正比,因此,测速发电机发出的电压也与车速成正比。滚筒的线速度、圆周长与转速之间的关系,可用下式表达:

$$v = 60Ln \times 10^{-6}$$

式中:v——滚筒的线速度,km/h;

L——滚筒的圆周长,mm;

n——滚筒的转速,r/min。

因车轮的线速度与滚筒的线速度相等,故上述的计算值即为汽车的实际车速值,该值在试验时由试验台上的速度指示仪表显示。车轮在滚筒上转动的同时,车速表的软轴也由变速器输出轴带动旋转,并在车速表上显示车速值,即车速表指示值。将上述检验台上速度指示仪表上显示的实际车速值与车速表上显示的车速指示值相比较,即可得出车速表的误差。

车速表的误差按下式计算:

$$车速表指示误差 = \frac{车速表指示值 - 试验台指示值}{试验台指示值}$$

式中，汽车车速表指示值和试验台速度仪表指示值单位为 km/h。

10.1.2 车速表试验台的结构

车速表试验台有三种类型：无驱动装置的标准型，它依靠被测车轮带动滚筒旋转；有驱动装置的驱动型，它由电动机驱动滚筒旋转；把车速表试验台与制动试验台或底盘测功试验台组合在一起的综合型。

（1）标准型车速表试验台。该试验台由速度测量装置、速度指示装置和速度报警装置等组成，如图4-31所示。

图4-31 车速表试验台及铭牌

①速度测量装置。速度测量装置主要由滚筒、速度传感器、举升器和框架等组成。滚筒一般为4个，直径为185mm或更大，通过滚筒轴承安装在框架上。试验时，为防止汽车驱动轴差速器行星齿轮自转，试验台的两个前滚筒用联轴器连在一起。

速度传感器有测速发电机式、差动变压器式、磁电式和光电式等多种形式，它装在滚筒的一端，将对应于滚筒转速所发出的电压信号送到速度指示装置。在前、后滚筒之间设有举升器，以便汽车进出试验台。举升器与滚筒制动装置联动，举升器升起时，滚筒不会转动。

②速度指示装置。速度指示装置是根据速度传感器传来的电信号进行工作的。根据滚筒圆周长与转速，可算出其线速度，以"km/h"为单位，在速度指示仪表上显示车速。

③速度报警装置。速度报警装置是为在测量时，便于判明车速表误差是否在合格范围之内而设置的。一般有下列三种形式：

a.用试验台警报装置指示检测车速。当汽车实际车速达到某一规定值（如40km/h）时，警报装置的警报灯发亮或蜂鸣器发响，提示驾驶人已到达检测车速，注意观察驾驶室车速表指示值是否在合格范围内。

b.将检验台指示仪表上某一合格范围涂成绿色（如车速表指示值为40km/h时，绿色区域应为32.8～40km/h）。试验时，车速表指示值达到某一检测车速（40km/h）时，同时观察检验台速度指示仪表的指示值是否在合格的绿色区域（32.8～40km/h）内。

c.同时具备上述两种装置的警报装置。

（2）驱动型车速表试验台。汽车车速表的转速信号多数取自变速器或分动器的输出端，但对于后置发动机的汽车，如车速表软轴过长，会出现传动精度和寿命方面的问题，因此转速信号取自前轮。驱动型车速表试验台就是为适应后置发动机汽车的试验而制造的，这种试验台在滚筒的一端装有电动机，由它来驱动滚筒旋转。此外，这种试验台在滚筒与电动机之间装有离合器，若试验时将离合器分离，又可作为标准型试验台使用。

10.2 车速表的检测方法及检测标准

车速表的检测方法因试验台的形式不同而检测方法各不同，应根据使用说明书进行操作。车速表试验台通用的检测方法如下。

在滚筒处于静止状态检查指示仪表是否在零点上,否则应调零。清除滚筒上杂物;检查举升器的工作应可靠;导线连接良好。

轮胎气压在标准值,并清除轮胎上的污物。

接通试验台电源,升起滚筒间的举升器。将被检车辆驶上试验台,使输出车速信号的车轮与滚筒成垂直状态停放在试验台上。降下滚筒间的举升器,至轮胎与举升器托板完全脱离为止。用挡块抵住位于试验台滚筒之外的一对车轮,防止汽车在测试时滑出试验台。

使用标准型试验台时应做如下操作:待汽车的驱动轮在滚筒上稳定后,松开驻车制动器操纵杆,把变速器操纵杆挂入最高挡,踩下加速踏板使驱动轮带动滚筒平稳地加速运转。当汽车车速表的指示值达到规定检测车速(40km/h)时,读出试验台速度指示仪表的指示值;或当试验台速度指示仪表的指示值达到检测车速时,读取车速表的指示值。

使用驱动型试验台时应作如下操作:接合试验台离合器,使滚筒与电动机接合在一起。将汽车的变速器挂入空挡,松开驻车制动器操纵杆,起动电动机,使电动机驱动滚筒旋转。当汽车车速表的指示值达到检测车速时,读取试验台速度指示仪表的指示值;或当试验台速度指示仪表达到检测车速时,读取汽车车速表的指示值。

测试结束后,轻轻踩下汽车制动踏板,使滚筒停止转动。对于驱动型试验台,必须先关断电动机电源,再踩制动踏板。升起举升器,去掉挡块,汽车驶离试验台。

11 整车装备的检测

11.1 整车检验的基本要求、整车尺寸和质量参数

(1)整车的基本要求。

①整车装备应齐全、完好、有效,各连接部位应紧固完好。

②车体应周正、车体外缘左右对称部位高度差(在离地高1.5m内测量)不得大于40mm。

③车辆左右轴距差。新车在装配时,车轴在安装时有可能出现偏差;修理时也可能改变原来的安装位置;车辆在使用中也可能因某些原因而使轴的位置发生变化。为了保持车轴的安装位置正确,从而确保车辆的正常行驶,检测时应检查左右轴距的变化,要求左右轴距差不得大于轴距的1.5/1000。

④车辆结构不得改造。整车和各总成不得随意变动;不得随意增加附属设备或改变连接方式。

⑤营运车辆的车顶、车门、车窗和风窗玻璃等部分粘贴的标识应齐全有效,并符合规定。

(2)整车尺寸和质量参数。

整车尺寸主要包括:车辆的外廓尺寸(车辆的长、宽、高),轴距、轮距、前悬、后悬、最小离地间隙等,在《汽车、挂车及汽车列车外廓尺寸、轴荷及质量限值》(GB 1589—2016)中规定了车辆的外廓尺寸和后悬的限值。在进行整车尺寸检验时,主要检查其外廓尺寸和后悬是否符合规定的要求,其目的是严防私自改装车进入营运市场。

①外廓尺寸,车辆外廓尺寸应符合表4-20 车辆外廓尺寸限值的规定。

栏板式、仓栅式、平板式、自卸式货车及其半挂车外廓尺寸的最大限值(单位:mm)　表 4-20

车辆类型			长度	宽度	高度
仓栅式货车 栏板式货车 平板式货车 自卸式货车	二轴	最大设计总质量≤3500kg	6000	2550	4000
		最大设计总质量>3500kg,且≤8000kg	7000		
		最大设计总质量>8000kg,且≤12000kg	8000		
		最大设计总质量>12000kg	9000		
	三轴	最大设计总质量≤20000kg	11000		
		最大设计总质量>20000kg	12000		
	双转向轴的四轴汽车		12000		
仓栅式货车 栏板式货车 平板式货车 自卸式货车	一轴		8600		
	二轴		10000		
	三轴		13000		

车辆长系指垂直于车辆纵向对称平面,并分别抵靠在车辆的最外端突出部位的两垂直面之间的距离。

车辆宽系指平行于车辆纵向对称平面,并分别抵靠在车辆的两侧固定突出部位(不包括后视镜、侧位灯、示廓灯、转向指示灯、可拆卸装饰线条、挠性挡泥板、折叠式踏板、防滑链及轮胎与地面接触部分的变形等)的两平面之间的距离。

车辆高系指车辆在无装载质量时,车辆支撑地面与车辆最高突出部分相抵靠的水平面之间的距离。此时车辆所有固定部件均应包括在此两平面内。同时车辆处于可运行状态。测量车高时,顶窗、换气装置等应处于关闭状态。

车辆超长、超宽、超高对车辆的行驶会带来不安全因素。车辆超高,在通过桥涵和隧道时,顶部易发生相撞,容易造成事故。部分单位和个人为了超载,对车辆的外廓尺寸随意私自改造,这是不允许的。为了杜绝私自改装车辆,所以,对车辆的外廓尺寸必须予以限制,车辆检验时,要对外廓尺寸进行检查。

② 车辆的后悬。车辆后悬是指通过车辆最后车轮轴线的垂面与抵靠在车辆最后端(包括牵引装置、车牌架及固定在车辆后部的任何刚性部件)并垂直于车辆的纵向对称平面的垂面之间的距离。后悬的长度主要取决于货厢的长度、轴距和轴荷分配的情况。同时,又要保证车辆有适当的离去角,一般讲,后悬不宜过长,否则,车辆上下坡时容易刮地;转弯时,通道的宽度过大,容易引起交通事故。因此,国家标准规定:客车及封闭式车厢(或罐车)车辆的后悬不得超过轴距的 65%,最大不超过 3.5m。其他车辆后悬不得超过轴距的 55%。

(3) 车辆质量参数。车辆的质量参数是车辆设计和使用的重要参数。

① 车辆总质量。车辆总质量一般是以发动机的标定功率、厂定最大轴载质量、轮胎的承载能力、车厢面积及正式批准的技术文件进行核算后,从中取最小值核定。

最大总质量分为厂定最大总质量和允许最大总质量两种。

厂定最大总质量是制造厂根据特定的使用条件,考虑到材料强度、轮胎承载能力等因素而核定出的质量,一般在车辆使用说明书或维修手册中给出。

允许最大总质量是行政主管部门根据使用条件,而规定的总质量。《汽车、挂车及汽车列

车外廓尺寸、轴荷及质量限值》(GB 1589—2016)规定,营运车辆允许最大总质量的限值为:
  a. 半挂汽车列车、全挂汽车列车:40000kg;
  b. 集装箱半挂列车:46000kg。
  汽车列车的最大总质量是牵引车与挂车(含全挂车或半挂车)最大总质量之和。对半挂牵引车、半挂车分配在牵引座上的质量应计入最大总质量之内。
  ②车辆的轴载质量。最大轴载质量也可分为厂定最大轴载质量和允许最大轴载质量两种。
  厂定最大轴载质量是制造厂考虑到材料强度、轮胎承载能力等因素而核定出的轴载质量。一般在使用说明书等技术文件中可查到。
  允许最大轴载质量是由主管部门根据使用条件而规定的轴载质量。营运车辆允许最大轴载质量为下列规定值。
  a. 单轴(每侧单轮胎)载质量:6000kg;
  b. 单轴(每侧双轮胎)载质量:10000kg;
  c. 双联轴(每侧单轮胎)载质量:10000kg;
  d. 双联轴(每侧各一单轮胎、双轮胎)载质量:14000kg;
  e. 双联轴(每侧双轮胎)载质量:18000kg;
  f. 三联轴(每侧单轮胎)载质量:12000kg;
  g. 三联轴(每侧双轮胎)载质量:22000kg。
  凡国家已经批准生产的单轴载质量大于10t小于或等于13t的车辆,只要车辆的总质量符合国家核定的吨位标准,暂以国家核定的轴载质量视同轴载质量限值标准。例:重型车中的"斯太尔""奔驰"等国家批准引进的车型,其轴载质量仍以当时国家核定的轴载质量为准。
  ③车辆的整备质量。整备质量是车辆正常行驶时所具备的完整设备(设施)的质量之和,它包括车辆本身、全部电气设备和必需的辅助设施的质量。还包括固定的或可拆装的栏板、机械或加注油液的举升装置和自卸车厢、连接装置、固定作业装置、冷却液、燃油(不少于油箱容量90%)、备胎、灭火器、随车工具及标准备件。
  整备质量是车辆在整备状态下空载时的质量,整备质量可在使用说明书等技术文件中查到。为了防止车辆改装和修理后任意改动原车的结构,预防超载,保障车辆运行安全,应检查和控制车辆的整备质量。一般用轴荷仪测量车辆的前后轴荷及整车质量,要求在整备质量状态下测得的值,不超过汽车制造厂规定的整备质量的5%。

11.2 汽车的外观检验

11.2.1 汽车外观检验的重要性

  (1)汽车外观检验是汽车不解体检验的重要组成部分,它涉及整车和总成各个部分,其检视点分布在车辆上、下、左、右、前、后、内、外各部位,它几乎包括了车辆结构的全部,涉及安全的各个部位,因此,严格外观检验(外检)质量一直是汽车检测的重要工作。
  (2)外检是综合性能检测的必要准备,外检工作是车辆进入台架检测的第一项工作,其主要原因有下列几点:
  ①汽车检测作为保障安全运行,保护环境,节约能源,促进公路运输事业发展的重要手段,

是政府的强制措施。汽车进行检测前,首先应对车辆的唯一性进行确认,要核对行驶证、营运证,要核对外廓尺寸,要严查私自改装、套牌和拼装车。而车辆唯一性确认后,方可上线检测。唯一性的确认由外检人员逐一核对检视后,才能确定。

②部分车辆由于使用不当或维护不到位,可能存在严重的安全隐患。如发动机严重漏油、漏水,制动严重失灵,转向不灵等。对这类车不加控制盲目上线,万一在检测线上失控,不但会影响正常的检测秩序,严重时还会造成事故,损坏车辆和检测设备,因此,对被检测车辆,必须经外检后方可上线。通过外检可防范隐患车辆在检测线上发生故障,确保检测秩序。

③台试检测对车辆的技术状况提出了许多具体的定量要求,如左右轮胎规格、花纹不一致,制动偏差值就可能大;轮胎气压不足对检测侧滑、车速、灯光等项目时就会不准;轮胎破损对底盘测功的准确性影响很大;为了确保检测质量,应该对影响台试检测数据准确性的汽车总成和部件要重点进行检视,为后面的台试检测做好准备工作。

④汽车是一个很复杂的机械,汽车的很多性能,如动力性、制动性、操纵稳定性、灯光、尾气等性能可以通过计算机控制的检测设备和仪器进行检测,但对于外观的破损、清洁、润滑、紧固、断片、裂纹、缺损等故障,不可能也没必要全部由仪器自动检测。通过人工的眼看、手摸、耳听及实际操作运行,便能很快、很直观地查出车辆的隐患,这是一种事半功倍的方法,通过外检既能查出事故隐患,又能保证后续台试检测质量。外检的人工检视和台试检验是综合性能检测工作整体的两个方面,两者是互相补充、相互完善的关系。只有抓好外检工作才能更利于检测全面、更深入、更健康地开展。

11.2.2 外检的设施、设备、工具和仪器

外检的基本设施有外检停车场、标准试车道、驻车检验坡道、检验地沟、底盘间隙观察仪、轮胎充气装置及淋雨试验装置等。

外检常用工具有专用手锤、手电筒、轮胎气压表(0~1000kPa)、轮胎花纹深度尺(0~15mm)、钢卷尺(20m和5m)及铅锤等。

(1)外检停车场应是混凝土地坪,地面应平整,纵向、横向坡度应控制在1%之内,停车场面积应与检测量相适应,停车场附近应设有顶棚、轮胎充气装置,以便于轮胎充气和人员遮阳。

(2)外检地沟主要用于底盘下方机件的检验,地沟的结构和尺寸可因地制宜,地沟边应配置底盘间隙观察仪,地沟的外检工位机应与计算机控制系统联网,以便将外检的检测结果直接输送到主控计算机。

(3)底盘间隙观察仪(又称底盘间隙检查台)可对汽车前后轮施加纵向或横向作用力,以检查球头、轴承、螺母等配合机件的装配连接状况,检查松旷、断裂或其他隐患。

底盘间隙观察仪由下列几部分组成。

①工作机构。该机构由左右两个滑台组成,每个滑台包括滑板、框架、支承轴承和驱动油缸等部件,左滑台有两个油缸,只能驱动滑板作纵向往复移动,右滑板有四个油缸,能驱动滑板作纵向和横向的往复移动,左、右、前、后移动量各50mm。

②操作系统。它由带手电灯的操纵器(或遥控器)、电控箱和电磁换向阀等组成。通过操纵器的各个按钮开关,使电磁换向阀改变进、回油的方向,从而控制左右滑台滑板的移动方向。

③液压系统。它是为油缸提供驱动油压的系统,由电动机、联轴器、油泵、溢流阀、压力表、卸荷阀及油箱、油尺、滤清器、通气阀等组成,溢流阀用以保证系统的正常油压,卸荷阀是当电

动机未停机而油缸工作间断时,使系统处于卸荷状态。

(4)试车道应为干燥,清洁平坦的混凝土沥青路面,纵向坡度应不超过1%,路面附着系数应不小于0.7,试车道长度应大于100m,宽度应大于6m(双向),试车道路面应划出车道宽2.5m(小车用)、3.0m(大车用)的标线。

(5)汽车淋雨装置 汽车淋雨装置是按照《客车防雨密封性试验方法》(GB/T 12480—1990)的要求,对汽车进行防雨密封性试验的专用设备。淋雨试验台主要由水泵、驱动电动机、底阀、压力调节阀、节流阀、截止阀、水压表、流量计、输水管路、喷嘴、蓄水池、支架、喷嘴架驱动、调整机构等组成。

淋雨试验时,由电动机驱动水泵,水从蓄水池内不断泵入主管路,经过压力调节和流量调节,进入淋雨管路,通过喷嘴射向车体表面,喷射出的水被汇集流入蓄水池,经过多级沉淀、过滤后,循环使用。

11.2.3 外检项目技术要求及检验方法

由于车辆检测类别不同,外检项目及技术要求等也有所不同。通常,车辆外观的检验分为车辆外表检查,车辆动态检查和车辆底盘下方检查三大部分。

(1)车辆外表检查。

①基本要求是车辆应清洁,无明显漏油、漏水、漏气现象,轮胎应完好,轮胎气压正常,车体周正,车辆装备齐全,功能有效。

②车辆唯一性认定,核对车辆号牌、车辆类型、发动机号、VIN 或车架号,从行驶证照片颜色检查是否有改动,根据营运证及技术档案、标贴等检查是否套牌、改动和漏检。

③外表检查一般从前到后,先左后右,先上后下,先外后内顺序对车辆外表全面检查一遍。

a. 检查保险杠、后视镜、下视镜是否齐全完好,车窗玻璃是否完好,符合规定。

b. 检查灯光信号:检查前位灯、转向灯、危险报警灯、示廓灯、雾灯、刮水器、远近光变光等均应正常;后部检查后位灯、转向灯、制动灯、雾灯、牌照灯、倒车灯是否齐全完好;检查后反射器、侧反射器是否完好,挂车的灯光信号标志同样应完好有效。

c. 打开发动机罩,检查发动机各系统部件应齐全完好,蓄电池电桩头导线连接牢固。电器导线应捆扎、固定和绝缘保护等应完好。各种管路接头无泄漏,风扇传动带、水泵轴、散热器等应完好。

d. 检查左右对称部位的高度差,一般测量保险杠、货厢外缘翼子板等对称部位,并将测量结果记录于外检记录表中。

e. 测量左右轴距差(测量时车辆应处于直行状态):对二轴车可分别在左右两侧前后轴头中心测量其轴距,并取其差值。对于三轴车或多轴车,可依次测量相邻轴的轴距,其各段的轴距差都应符合标准限值的要求。对于半挂车的轴距,其测量点为半挂车牵引销轴线和半挂车车轮中心,又垂直于 Y 和 X 平面的两平面之间的距离。左右轴距差值比(‰)的计算公式是:

$$差值比(‰) = (左右绝对轴距差/左右平均轴距) \times 1000$$

左右轴距差的存在,意味着汽车各轴之间不平行或车轴对车架纵轴线不垂直,这样会引起车辆直线行驶时,前后轴中心的连线与行驶轨迹的中心线不一致,并造成直线行驶跑偏和制动跑偏。

测量左右轴距差:应使用铅锤在地面找到轴头中心点,用钢卷尺测量各轴头中心之间的距离或用轴距尺测量。

f. 客车内部及货厢:座椅、扶手、卧铺位、行李架应安装牢固,座椅、卧铺位数量布置符合要求,客车地板密封良好;安全带符合要求,门窗开闭灵活,锁止可靠,车厢灯、门灯、灭火器齐全有效;货厢底板平整,栏板锁止可靠,无变形、破损,无尖锐凸出物,货厢无改动。

g. 油箱固定可靠,加油口盖完好;蓄电池、蓄电池架固定牢固,蓄电池线紧固,电桩头无松动;储气筒排污阀有效,钢板弹簧形式、片数符合要求,货车侧部、后部安全防护装置安装牢固,汽车列车的牵引连接装置连接可靠,并安装有防止脱开的安全锁止装置。

h. 同轴应装用同一型号、规格、花纹的轮胎,轮胎花纹深度应符合标准要求,轮胎胎冠、胎壁部分无暴露帘布层的破损。轮胎应无异常磨损的现象。转向轮不得装用翻新胎,轮胎螺母、半轴螺栓应齐全紧固。用轮胎花纹深度尺测量花纹深度时,应测量花纹磨损最严重的胎冠中部,轮胎花纹深度应符合相关规定。

(2) 车辆动态检验。

①发动机运转检查。起动发动机,发动机怠速运转应平稳;检查电源充电状况,各仪表及指示器(灯)工作应正常,冷却液温度、油压和气压指示应正常;发动机急加速或发动机高转速下急松加速踏板时应无"回火""放炮"现象;点火开关关闭后,发动机应迅速熄火,对柴油车,还应检查停机装置是否灵活有效。

②检查转向盘最大自由转动量。转向盘最大自由转动量可用转向盘力—角仪测量。检测时,车辆保持直线行驶状态,转向盘转至一侧有阻力止,再转至另一侧有阻力止,所转过的角度即为最大自由转动量。对于最高车速大于 100km/h 的车辆,转向盘最大自由转动量应小于或等于 20°。最大设计车速小于 100km/h 的汽车,其最大自由转动量应小于或等于 30°。

③车辆起步行驶一段距离,检验离合器、变速器和转向系的工作状况。具体的检验内容如下:

a. 离合器是否分离彻底,并接合平稳,车辆起步应无抖动、沉重、打滑、异响等缺陷。

b. 变速器有无错乱挡现象,有无异响。自锁、互锁是否有效。

c. 传动系有无抖动、异响,主减速器、差速器有无异响。

d. 将车速提高至 20~30km/h,点制动或紧急制动时,车辆是否跑偏。气压制动车辆,当空气压缩机停止工作 3min 后,气压降低应不大于 10kPa,踩一次制动踏板(制动踏板踩到底)气压下降不应超过 20kPa。液压制动车辆,制动踏板踩到底后不允许有向下移动的现象,如有上述现象,则应排除制动系不密封问题。

e. 车辆转向后应能自动回正,且转向轻便不沉重,车辆具有保持直线行驶能力。

④检查低压报警器。当连踩制动踏板,使气压降至低于起步气压(或≤400kPa)时,低压报警器应报警,对装用弹簧储能制动器的车辆,报警后起步,因自锁装置作用应无法起步。

⑤制动踏板自由行程检查。制动踏板自由行程过小,会造成制动拖滞;自由行程过大,会使制动作用迟缓,制动力减少,制动距离增大。各种车型的制动踏板自由行程应符合原厂的规定。

⑥离合器踏板自由行程检查。离合器踏板自由行程过大,则离合器分离不彻底;自由行程过小,则离合器易打滑。离合器踏板自由行程应符合原厂的规定。

(3) 车辆底盘下方检查。

①用底盘间隙观察仪检查球头、轴承、螺母等配合紧固件的连接状况。

a. 使汽车前轮停于地沟上方底盘间隙观察仪的滑台台面上,拉紧驻车制动器操纵杆,发动机熄火。

b. 接通底盘观察仪电源,打开操纵器上的照明灯开关,这时电动机驱动油泵向液压驱动系统输送高压油。

c. 按下底盘观察仪操纵器上左滑板纵向移动按钮,踩下制动踏板,使前轮制动,这时可检查转向节主销与主销支承孔是否松旷;转向器横、直拉杆球头销是否松旷;转向器支架连接是否松动;钢板弹簧U形螺栓是否松动;独立悬架下摆臂铰接处是否松动和传力斜拉杆胶垫是否磨损松旷等。

d. 松开左滑板纵向移动按钮和汽车制动踏板。按下右滑板横向移动按钮,这时主要检查左、右轮轮毂轴承和主销铰接是否松旷;左、右钢板弹簧及销是否松旷;左、右悬架等其他连接是否松动;前部车架有无裂纹和悬架各零件有无裂纹等。

e. 松开右滑板横向移动按钮,按下右滑板纵向移动按钮,并立即踩下制动踏板,使前轮制动,此时,检查内容与③相同。

f. 左、右滑板停止动作,使汽车后轮驶上滑台台面。

g. 按下右滑板横向移动按钮,此时不须踩下制动踏板,其主要检查内容与④相同。

h. 松开右滑板横向移动按钮,关闭操纵器上的照明灯开关,断开底盘观察仪电源,汽车驶离滑台。

② 前轮停于地沟上,左右转动转向盘,检查转向过程中有无干涉和摩擦现象。

③ 用手转动传动轴、万向节,检查其装配是否正确,中间轴承和支架有无松旷,直拉杆是否拼焊并干涉其他部件。

④ 电器导线是否捆扎成束并固定卡紧,接头是否牢固并有绝缘套,穿越孔洞时有无绝缘套管,有无破损。

⑤ 检查钢板弹簧有无缺片、断片和加片,钢板弹簧规格是否一致,吊耳有无脱焊,吊耳及销是否松旷;纵梁、横梁有无变形、损伤裂纹,铆钉、螺栓有无缺少、松动。

⑥ 制动控制阀(主缸)、制动气室(轮缸)、制动管路有无漏气、漏油,制动软管有无老化或破损,制动管路是否固定牢靠,有无和其他机件相碰擦现象。

⑦ 排气管、消声器是否完好,固定牢固,燃油管路是否固定可靠,有无和其他机件碰擦现象,软管是否老化破损等现象。

⑧ 润滑检查。底盘下方检视时,应检查下方各润滑部位的润滑情况,黄油嘴应齐全,转向横直拉杆球头与球碗润滑良好;传动轴、万向节、中间轴承、伸缩套的润滑及各轮毂轴承的润滑,钢板弹簧吊耳和销及悬架系统的润滑,均是重点检视部位。

11.2.4 危险货物运输车、汽车列车、集装箱运输车的检验

危险品运输车、汽车列车、集装箱运输车等车辆,除要检视一般车辆外检的项目外,还应增加一些特殊要求,外检时应重点检查。

(1) 危险品运输车辆的范围。凡运输易爆、易燃、毒害、腐蚀、放射性等物品,由于在运输、装卸、储存保管过程中极易造成人身伤亡和财产损毁,因而,这类需要特别防护的货物,均属于危险货物。

危险货物主要有爆炸品、压缩气体和液化气体、易燃液体、易燃固体、自燃物品和遇湿易燃

物品、氧化剂和有机过氧化物、毒害品和感染性物品、放射性物品,以及腐蚀品等。

(2)危险货物运输车辆的标志应符合规定。危险品运输车辆的标志应符合《道路运输危险货物车辆标志》(GB 13392—2005)的规定,危险货物车辆标志的品种与形式介绍如下。

①三角形顶灯。磁吸式三角形顶灯为塑料罩壳、等腰三角形、底部金属板外加用定形橡胶制品的护罩,角形顶灯中间印有"危险品"黑体字样。运输使用时必须端放于驾驶室顶部前端的中间位置,按车辆吨位分两种类型。

a. D-1 型磁吸式三角形顶灯,适用于2t(含2t)以下车辆,如图 4-32 所示。

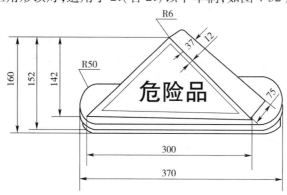

图 4-32　D-1 型磁吸式三角形顶灯(mm)

b. D-2 型吸磁式三角形顶灯,适用于2t 以上车辆,如图 4-33 所示。

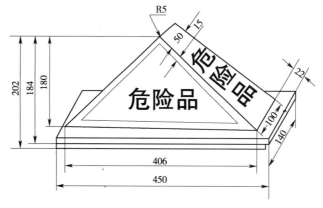

图 4-33　D-2 型吸磁式三角形顶灯(mm)

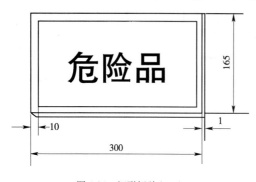

图 4-34　矩形标牌(mm)

②矩形标牌为金属板材,中间印有"危险品"黑体字样,运输使用时应和磁吸式三角形顶灯同时使用,安装于车辆尾部的右方,与车辆号牌相对应,样式和尺寸如图 4-34 所示。矩形标牌尺寸为 300mm × 165mm,厚度不小于 1mm,边框宽度为 10mm ± 1mm。

危险品三角旗为黄底黑字三角形旗,检验时黄底黑字危险品信号旗应插于车头左前方。

(3)危险货物运输车辆的检验要求。

①危险货物运输车辆的车厢、底板必须平整完好,周围栏板必须牢固,铁质底板装运易燃易爆货物时,应采取衬垫防护等措施。如铺垫木板、胶合板、橡胶板等,不得使用麦草、稻草、草片等松软易燃材料。

②机动车的排气管必须装有有效的隔热和熄灭火星的装置,电路系统应有切断总电源和隔离电火花的装置,运送易燃易爆货物的车辆排气管应在车身的前部,车辆尾部应安装接地装置。

③根据所装危险货物的性质,配备相应的消防器材及捆扎、防水、防散失的工具,消防器材在车上安装牢靠,并便于取用。

④装运危险货物的罐(槽)应适合所装货物的性质,具有足够的强度,并根据不同货物的需要配备泄压阀、防波板、遮阳物、压力表;液位计及引导消除静电装置等相应的安全装置。罐(槽)外部的附件应有可靠的防护设施,必须保证所装的危险物不发生"跑、冒、滴、漏"。并在阀门口安装积漏器。

⑤装运液化石油气和有毒液化气体的罐(槽)车及相关设备,应符合国家有关部门对液化石油气汽车罐(槽)车安全管理的规定。

⑥对运输放射性同位素的专用运输车辆设备、搬运工作及防护用品应定期进行放射性污染度检查,如污染量超标时,不得继续使用。

⑦装运集装箱、大型气瓶,及可移动罐槽的车辆,必须设置有效的紧固装置,紧固装置应无严重锈蚀。

⑧危险品运输车检测时,应全部放空车内的气体液体及物品,标志齐全,消防器材齐全,否则,不予上线检测。

12 营运车辆技术等级评定

随着我国公路建设和汽车运输业的不断发展,对营运车辆的技术要求也越来越高。营运车辆的技术状况不仅影响汽车运输效率,而且直接关系到我国道路交通分布的合理性、运输的经济性、行驶的安全性和可靠性。

加强对营运车辆的技术管理,定期对营运车辆进行综合性能检测,并对营运车辆的技术状况进行分级评定,从而,促进和提高营运车辆的技术状况的改善,提高营运车辆在从事营运时的高效、节能、安全和减少公害是十分必要的。

随着汽车设计、制造技术水平的不断进步,汽车的技术使用性能也在不断提高,所以,相应地对营运车辆技术的要求、对运输行业管理的要求也在不断提高。考虑到评定车辆的技术状况与所采用的检测方法直接相关,所以,在修订中,以引用《营运车辆综合性能要求和检验方法》(GB 18565—2016)标准为主,并颁布了《营运客车类型划分及等级评定》(JT/T 325—2013),作为目前对营运车辆技术等级评定的依据。

2012年后,交通部又陆续修改颁布了《道路货物运输及场站管理规定》(2012年1号部令)《道路危险货物运输管理规定》(2013年第2号部令)和《道路旅客运输及客运站管理规定》(2012年第8号部令),其中都对相应车型的营运车辆技术等级评定工作做了明确的规定。

12.1 营运车辆技术等级评定的内容

《营运车辆技术等级划分和评定要求》(JT/T 198—2004),适用于在我国所有从事营业运输的车辆。营运车辆技术等级评定的内容共分有十大部分:

(1)整车装备及外观。包括整车装备与标识;车身、车架、驾驶室;车门、车窗;驾乘座椅;卧铺;行李架(舱);安全出口、安全带;车厢、地板、护轮板(挡泥板);车轮、轮胎;悬架装置;传动系、车桥;转向节及臂、横直拉杆及球销;制动装置(行车、应急、驻车);螺栓、螺母紧固;灯光数量、光色、位置;信号装置与仪表;漏气、漏油、漏水、漏电;底盘异响;发动机异响;润滑;灭火器;车内外后视镜;侧面、后下部防护装置等。

(2)动力性。包括驱动轮输出功率、滑行性能等。

(3)燃料经济性。指等速百公里油耗。

(4)制动性。包括制动力、制动力平衡、制动协调时间、车轮阻滞力、驻车制动力等。

(5)转向操纵性。包括转向轮横向侧滑量、转向盘最大自由转动量、悬架特性等。

(6)前照灯。指前照灯的发光强度和光束照射位置等。

(7)排放污染物控制。包括汽油车双怠速排气污染物控制、柴油车自由加速烟度控制、柴油车排气可见污染物控制等。

(8)喇叭声级。

(9)车辆防雨密封性。

(10)车速表示值误差。

营运车辆技术等级划分为:一级车、二级车和三级车。"三级车"是营运车辆技术等级中最低一级要求,是社会车辆进入道路运输业,从事营运的门槛。

营运车辆技术等级评定的检测方法引用 GB 18565—2016 的有关规定。

12.2 营运车辆技术等级的评定规则

(1)评定原则。

凡是投入营运的车辆都应达到 GB 18565—2016 规定的要求。因为 GB 18565—2016 是强制性国家标准,该标准规定的要求是投入营运的车辆都应达到最基本的要求,凡是投入营运的车辆,不论哪一级,都必须达到这些要求。

营运车辆的级别应按《营运车辆技术等级划分和评定要求》(JT/T 198—2004)标准中规定的分级项要求来确定。

(2)评定等级。

JT/T198—2004 标准中,将营运车辆技术等级划分为一级车、二级车和三级车,不同级别的车辆在分级项里,要达到的技术要求是不同的。

①一级车要求。JT/T 198—2004 标准中,一级车必须满足的分级项目有:整车装备与标识;车身、车架、驾驶室;车门、车窗;车轮、轮胎;驱动轮输出功率;等速百公里油耗;制动力平衡;车轮阻滞力;转向盘最大自由转动量;排放污染物控制;车速表示值误差。

当受检车辆达到上述标准中规定项目的一级车技术要求,且不分级的项目达到合格要求时,可以评为一级车。

②二级车要求。JT/T 198—2004 标准中,二级车必须达到的分级项目有:车架、车身、驾驶室;车轮、车胎;制动力平衡。

当受检车辆除达到上述 3 项二级车的技术要求外,还必须在 8 个一级车项目(整车装备与标识;车门、车窗;驱动轮输出功率;等速百公里油耗;车轮阻滞力;转向盘最大自由转动量;排放污染物控制;车速表示值误差)中,至少有 3 项达到一级车的技术要求,且不分级的项目达到合格要求时,方可评为二级车。

③三级车要求。JT/T 198—2004 标准中,三级车是车辆申请从事营运的最低技术要求,也是对营运车辆最起码的技术要求。受检车辆在分级的项目中应达到三级车的技术要求,且没有分级的项目都达到合格要求时,方可以评为三级车。达不到三级的车辆,不能参与道路营运。

12.3 营运车辆技术等级评定项目及技术要求

整车装备与外观的检查与评定,主要是以人工检视、简单测量为主,共有 23 个项目,其中有分级项目 4 个。现就具体条款的技术要求等重点事项作以说明。

(1)整车装备与标识(分级项)。
①一级车技术要求。
a.车辆结构不得任意改造。
b.车顶、车门、车身、风窗玻璃等部分的标识应统一,齐全有效,并符合有关规定。
c.整车装备齐全,完好,有效,各连接部件紧固完好,车体周正;车体外缘左右对称部位(在离地高 1.5m 以内测量)高度差不大于 20mm;左右轴距差不大于轴距的 1.2‰。
②二、三级车技术要求。
a.满足 2、3 级车技术要求中的 a、b 项。
b.整车装备齐全,完好,有效,各连接部件紧固完好,车体周正;车体外缘左右对称部位(在离地高 1.5m 以内测量)高度差不大于 40mm;左右轴距差不大于轴距的 1.5‰。
③检视、测量中的理解要点。
a.整车装备应包括车辆外观、各总成件、连接部件、门窗车厢、车体尺寸、安全防护、灯光信号、视镜、刮水器、燃润油量、保险杠和备胎等。
b.连接部件是指车身与悬架/车架、车厢与车架、车架与悬架、悬架与车桥、车轮与轮毂、半轴与轮毂、传动轴部件、转向系统的拉杆、节臂、球销等和制动系统的泵阀、管路、储气筒等部件的连接紧固螺栓。
c.车辆结构是指车身尺寸、车厢尺寸、各总成件和各总成件的连接方式及擅自添加的附属物。
d.标识有危险货物运输车辆的标识、特种车辆标识和运政管理部门规定的运输车辆标识。危险货物运输车辆的标识,有置于驾驶室顶部外表面前端中间位置的磁吸式三角形顶灯和安装于车辆尾部右方的矩形标牌两种。
e.车体外缘左右对称部位的测量。将车辆停放在平整地面上,轮胎气压正常,在距离地面 1.5m 以下测量,测量点应在汽车左右外缘的对称部位。
f.轴距测量。对于二轴汽车,可分别在左右两侧前后轴头中心处测量其轴距,取其差值;

对三轴或多轴车辆,依次测量相邻两轴的轴距,且其差值都应符合限值的规定。

(2)车架、车身、驾驶室(分级项)。

①一、二级车技术要求。

a. 车身和驾驶室的技术状况应能保证驾驶人有正常的工作条件和客货安全。

b. 车身和驾驶室应坚固耐用,车架、车身与驾驶室不得有开裂、锈蚀和明显变形,螺栓和铆钉不得缺少或松动,车身与车架的连接应安装牢固。

c. 车身外部和内部都不应有任何可能使人致伤的尖锐凸起物。

d. 驾驶室和乘客舱所有内饰材料应具有阻燃性。

e. 驾驶室必须保证驾驶人的前方视野和侧方视野。车窗玻璃不允许张贴妨碍驾驶的附加物和镜面反光遮阳膜。

f. 表面无锈迹、无脱掉漆。

②三级车技术要求。

满足一、二级车技术要求中的 a、b、c、d、e 项。

③理解要点。

a. 尖锐凸起物。汽车外部和内部的凸起物的概念和设计要求应达到《乘用车外部突出物》(GB 11566—2009)和《轿车内部突出物》(GB 11552—1999)的规定。

b. 内饰材料阻燃性。内饰材料包括坐垫、座椅靠背、座椅套、安全带、头枕、扶手、活动式折叠车顶、所有装饰性衬板、仪表板、杂物箱、车内货架板、窗帘、地板覆盖层、遮阳板、轮罩覆盖物、发动机罩覆盖物和撞车时吸收碰撞能量的填料、缓冲装置等所用的有机材料。

c. 镜面反光遮阳膜是指外表面具有镜面反光现象,张贴后使得车辆周围的其他交通参与者炫目,形成"光污染",又影响交通安全的遮阳膜。

(3)车门、车窗(分级项)。

①一级车技术要求。

a. 车门和车窗应启闭轻便,不得有自行开启现象,锁止可靠,玻璃升降器应完好。

b. 玻璃应完好无损。

②二、三级车技术要求。

a. 车门和车窗应启闭轻便,不得有自行开启现象,锁止可靠,玻璃升降器应完好。

b. 玻璃不得缺损。

③理解要点。

a. 采用动力启闭的乘客门,在有故障情况下,应仍能简单地靠手动来开关。在紧急情况下,当车辆静止且车门未锁时,每扇动力启闭的乘客门不论是否有动力供应,都能通过控制器从车内或车外开启。此控制器应有明显标识,易于识别,且安装在便于操作、确保安全的地方。

b. 玻璃升降器应完好,在升降过程中不应有卡滞或关闭不严的现象。车辆使用的玻璃应符合《汽车安全玻璃》(GB 9656—2003)规定的要求。在进行一般性检查时,可以看其是否有安全玻璃认证标志。

(4)驾乘座椅(不分级)。

①不分级项技术要求。

a. 座椅和地板应具有足够的强度,座椅和扶手应安装牢固可靠。乘客座椅间距不得采用沿滑道纵向调整的结构。

b. 车长大于6m的客车,同方向座椅的座间距不得小于650mm。面对面座椅的座间距不得小于1200mm。

②理解要点。

a. 客车的座椅与地板的固定必须牢固可靠,不可以纵向调节。

b. 客车同方向座椅间距的测量。

(5)卧铺(不分级)。

①不分级项技术要求。卧铺客车的卧铺应采用"1+1"或"1+1+1"纵向布置(与车辆前进方向相同),卧铺宽度应不小于450mm,卧铺纵向间距应不小于1400mm,相邻卧铺的间距应不小于350mm。

注:该项要求只对卧铺客车检查。

②卧铺应采用"1+1"或"1+1+1"纵向布置(与车辆前进方向相同),就是指相邻的两个铺位应分开,不准连靠在一起,铺位不准横向放置。

(6)行李架(舱)(不分级)。

不分级项技术要求:中级、中级以上车长大于或等于9m的营运客车和卧铺客车车身顶部不得设置行李架,应设置符合有关标准要求的行李舱。其他客车需设置车外顶行李架时,顶架载荷按每个乘客10kg行李核定,且行李架长度不得超过车长的1/3。

(7)安全出口、安全带(不分级)。

①安全出口,车长大于6m的客车,如车身右侧仅有一个乘客上下的车门时,应设置安全门或安全窗。卧铺客车应设置车顶安全出口。其卧铺布置为上、下双层时,侧窗布置应为上下双排。使用安全门时,应保证不用其他器具即可将其向外推开。安全出口的数量和位置应符合有关规定。安全门应满足下列要求:

a. 安全门的净高不得小于1250mm,净宽不得小于550mm;

b. 门铰链应在门前端,向外开启角度应不小于100°,并能在此角度下保持开启,同时设有开启报警装置;

c. 通向安全门的通道宽度应不小于300mm,不足300mm时,允许采用迅速翻转座椅等方法加宽通道;

d. 车内外应设置应急开关把手,车外把手距地面高度应不大于1 800mm;

e. 关闭时应能锁止;

f. 在安全门或安全窗处应有醒目的红色标志和操作指南,字体高度应不小于20mm。

安全窗应满足下列要求:

a. 安全窗和安全顶窗的面积应不小于$3 \times 10^5 mm^2$,且能内接一个400mm×600mm的椭圆;车辆后端面的安全窗的面积应不小于$4 \times 10^5 mm^2$,且能内接一个500mm×700mm的矩形。

b. 安全窗应易于向外推开或用手锤击碎玻璃,在其附近,应备有便于取用的击碎出口玻璃的专用工具(注:该项要求只对载客汽车检查)。

②安全带。

a. 座位数小于或等于20(含驾驶人座椅,下同)或者车长小于或等于6m的载客汽车,和最大设计车速大于100km/h的载货汽车和牵引车,前排座位必须装置汽车安全带。长途客车和旅游客车的驾驶人座椅及前面没有座椅或护栏的座椅应安装汽车安全带。安全带应有认证标志。

b.卧铺客车的每个铺位均应安装两点式汽车安全带。

c.汽车安全带应可靠有效,安装位置应合理,固定点应有足够的强度。

无论是哪一种类型的汽车安全带都必须具备如下条件:

a.汽车安全带应有认证标志。

b.汽车安全带应可靠有效,其性能应符合《机动车乘员用安全带、约束系统、儿童约束系统 ISOFIX 儿童约束系统》(GB 14166—2013)规定的要求。

c.汽车安全带的安装位置应合理,固定点应有足够的强度。其具体要求应符合《汽车安全带安装固定点、ISOFIX 固定点系统及上拉带固定点》(GB 14167—2013)的规定。

(8)车厢、地板、护轮板/挡泥板(不分级)。

①不分级项技术要求。

a.货厢的栏板和地板应平整,客车车身与地板应密合,应有防止发动机废气进入车厢内的有效措施。

b.轿车应有护轮板,挂车后轮应有挡泥板,其他车辆的所有车轮均应有挡泥板。

②理解要点:为了防止客车的排气管排出的废气通过车厢底板进入客车车厢内,危害司乘人员,要求客车的车身与地板应密合,不得有缝隙;发动机排气管的出气口应伸出客车车身外蒙皮。

(9)车轮、轮胎(分级项)。

①一、二级车技术要求。

a.轮胎的磨损:微型车辆胎冠花纹深度不得小于 3.2mm,其他车辆转向轮的胎冠花纹深度不得小于 3.5mm,其余轮胎胎冠花纹深度不得小于 2.5mm。

b.轮胎胎面不得有局部磨损而暴露出轮胎帘布层。轮胎的胎面和胎壁上不得有长度超过 25mm 或深度足以露出轮胎帘布层的破裂和割伤。

c.同一轴上轮胎规格和花纹应相同,轮胎规格应符合车辆出厂时的规定,同一轴上轮胎外径的磨损程度应大体一致。

d.汽车转向轮不得装用翻新的轮胎。

e.汽车装用的轮胎应与其最大设计车速相适应。

f.轮胎负荷不应超过该轮胎的额定负荷,轮胎的充气压力应符合该轮胎承受负荷时规定的压力。

g.最大设计车速超过 120km/h 的车辆,其车轮应做动平衡,并应符合有关技术要求。

h.轮胎螺母和半轴螺母应完整齐全,并应按规定力矩紧固。

i.车轮总成的横向摆动量和径向圆跳动量:总质量小于或等于 4500kg 的汽车,不得大于 5mm;其他车辆不得大于 8mm。

②三级车技术要求。

a.轮胎的磨损:轿车和挂车胎冠上花纹深度不得小于 1.6mm,其他车辆转向轮的胎冠花纹深度不得小于 3.2mm;其余轮胎胎冠花纹深度不小于 1.6mm。

b.满足一、二级车技术要求中的 b、c、d、e、f、g、h、i 项。微型车辆系指车长小于 3.5m 且排量不大于1.0L的客车或载质量不大于1.8t的货车。

(10)悬架装置(不分级)。

①技术要求。

a.钢板弹簧不得有裂纹和断片现象,其弹簧形式和规格应符合产品使用说明书的规定。中心螺栓和U形螺栓应紧固。

b.减振器应齐全有效。

c.车桥与悬架之间的各种拉杆和导杆不得有变形,各接头和衬套不得松旷和位移。

②理解要点:

a.汽车的悬架是将车身/车架与车轴弹性连接在一起的装置,它由弹性元件、导向装置和减振器三部分组成。悬架装置在汽车上的连接是否紧固和弹性元件性能的好坏,对保证汽车在行驶中的制动安全性和操纵稳定性,非常重要。

b.货车的钢板弹簧总成不得随意增加钢板片数,或改变弹簧钢板的规格和形状。

c.汽车减振器不得有渗、漏油现象,减振性能应符合规定。

(11)传动系、车桥(不分级)。

①技术要求:

a.离合器踏板自由行程应符合该车原厂规定的有关技术条件。

b.离合器踏板力应不大于300N。

c.离合器应接合平稳,分离彻底,工作时不得有异响、抖动和不正常打滑等现象。

d.变速器和分动器,换挡时齿轮啮合灵便,互锁、自锁、倒挡锁装置有效,不得有乱挡和自行跳挡现象,换挡时变速杆不得与其他部件干涉。运行中无异响。

e.传动轴在运转时不得发生振抖和异响,中间轴承和万向节不得有裂纹和松旷现象。

f.前、后桥不得有变形和裂纹。

g.驱动桥工作应正常且无异响。

②理解要点:

a.离合器踏板自由行程,是指踩下离合器踏板到离合器刚好起作用时的踏板高度与踏板在自由状态时的高度之差。

b.上述c、d、e、g应在路试(车辆行驶状态)中检查。踏下离合器踏板并变换变速器挡位,检查离合器是否彻底分离、换挡过程中挡位进出是否灵活(有无卡滞),放松离合器踏板过程中,检查离合器接合时是否有异响、抖动及打滑现象。行驶中察听变速器齿轮、传动轴、驱动桥有无抖振或异响和变速器有无自动跳挡现象。

(12)转向节及臂、横、直拉杆及球销(不分级)。

①技术要求:转向节及臂、转向横、直拉杆及球销应无裂纹和损伤,并且球销不得松旷。对车辆进行改装或修理时,横直拉杆不得拼焊。

②理解要点:转向节臂包括转向节上节臂、下节臂和转向机摇臂,对车辆进行修理时,所有节臂、摇臂和横直拉杆都不允许拼焊。

(13)制动装置(行车、应急、驻车)(不分级)。

①技术要求:

a.车辆应具有行车制动、应急制动和驻车制动功能。

b. 行车制动系制动踏板的自由行程应符合该车原厂规定的有关技术条件。

c. 车辆的行车制动必须采用双管路或多管路。

d. 检查车辆是否具有有效的应急制动装置(或功能)。

②理解要点：

a. 制动踏板的自由行程，是指踩下制动踏板到制动刚好起作用时的踏板高度与踏板在自由状态时的高度之差。

b. 应急制动功能。是指汽车行驶中，有一处制动管路失效的情况下，在规定的距离内将车辆停住的能力。台试检验应急制动力时，其测得的制动力应符合表11-2的规定。

c. 驻车制动功能：驻车制动应能使车辆在即使没有驾驶人的情况下，也能停放在上、下坡道上。驾驶人必须在座位上就可以实现驻车制动。施加于驻车制动操纵装置的力，手操纵时，座位数小于或等于9的载客汽车，应不大于400N，其他汽车应不大于600N；脚操纵时，座位数小于或等于9的载客汽车，应不大于500N，其他汽车应不大于700N。

③驻车制动操纵装置必须有足够的储备行程。一般应在操纵装置全行程的2/3以内，产生规定的制动效能，驻车制动机构装有自动调节装置时，允许在全行程的3/4以内产生规定的制动效能。棘轮式驻车制动操纵装置应保证在达到规定驻车制动效能时，操纵杆往复拉动的次数不得超过三次。驻车制动应通过纯机械装置把工作部件锁止。不允许利用液压、气压或电力驱动来获得规定的制动效能。

(14) 螺栓、螺母紧固(不分级)。

①技术要求：

a. 轮胎螺母和半轴螺母应完整齐全，并应按规定力矩紧固。

b. 中心螺栓和U形螺栓应紧固。

②理解要点：

a. 轮胎螺母和半轴螺母应完整齐全，不允许缺少和松动。

b. 钢板中心螺栓和U形螺栓应齐全紧固。钢板中心螺栓松或断，会造成钢板总成的片间错位或总成移位，U形螺栓松动会造成钢板总成或车桥的移位。

(15) 灯光数量、光色、位置(不分级)。

①技术要求：

a. 所有前照灯的近光都不得炫目。

b. 汽车和挂车的外部照明和信号装置的数量、位置、光色、最小几何可见度应符合GB 4785—2007的有关规定。

c. 全挂车应在挂车前部的左右各装一只红色标志灯，其高度应比全挂车的前栏板高出300～400mm，距车厢外侧应小于150mm。

d. 车辆应装置后回复反射器，车长大于10m的车辆应安装侧回复反射器，汽车列车应装有侧回复反射器。回复反射器应能保证夜间在其正面前方150m处用汽车前照灯照射时，在照射位置就能确认其反射光。

e. 装有前照灯的车辆应有远近光变换装置，并且当远光变近光时，所有的远光应同时熄灭。同一辆车上的前照灯不允许左、右的远、近光灯交叉开亮。

f. 车辆的前位灯、后位灯、示廓灯、挂车标志灯、牌照灯、倒车灯和仪表灯应能同时启闭，当前照灯关闭和发动机熄火时,仍能点亮。

　　g. 空载高为 3m 以上的车辆,均应安装示廓灯。

　　h. 车辆应安装一只或两只后雾灯,只有当远光灯、近光灯或前雾灯打开时,后雾灯才能打开。后雾灯可以独立于任何其他灯而关闭。后雾灯可以连续工作,直至位置灯关闭时为止,之后,一直处于关闭状态,直至再次打开。车辆(挂车除外)可以选装前雾灯。

　　i. 车辆应装有危险报警闪光灯,其操纵装置应不受电源总开关的控制。危险报警闪光灯和转向信号灯的闪光频率为 1.5 Hz±0.5 Hz;起动时间应不大于1.5s。

　　j. 汽车和挂车均应安装侧转向灯,若汽车前转向灯在前面可见时,视为满足要求。铰接式车辆每一刚性单元必须装有至少一对侧转向灯。

　　② 理解要点:按照《汽车及挂车的外部照明和信号装置的安装规定》(GB 4785—1998)标准的规定,应主要检查前照灯(包括近光灯和远光灯)、雾灯、前位灯、后位灯、示廓灯、制动灯、转向信号灯(前转向信号灯、侧转向信号灯、后转向信号灯)、后牌照灯、倒车灯、挂车标志灯、后回复反射器等的数量、位置和光色等。

　　a. 汽车的灯具应安装牢靠、完好、有效。不得因车辆振动而松脱、损坏、失去作用或改变光照方向。灯具开关应安装牢固,开关自如,不得因车辆振动而自行开关。

　　b. 所有前照灯的近光都不得炫目。这就是要求装用的汽车前照灯必须采用具有防炫目功能的灯泡,其配光性能应符合《汽车前照灯配光性能》(GB 4599—2007)标准的要求。目前,常见的防炫目前照灯有单灯双光束和双灯单光束两种。

　　(16) 信号装置与仪表(不分级)。

　　① 技术要求:

　　a. 车辆仪表板上应设置与行驶方向相适应的转向信号和蓝色远光指示信号灯。

　　b. 仪表板上应设置仪表灯。仪表灯点亮时,应能照清仪表板上所有仪表并不得炫目。

　　c. 各种客车应设置车厢灯和门灯。车长大于 6m 的客车,应至少有两条车厢照明电路,仅用于进出口处的照明电路可作为其中之一。当一条电路失效时,另一条应能正常工作,以保证车内照明,但不得影响驾驶人的视线和其他机动车的正常行驶。

　　d. 车辆照明和信号装置的任一条线路出现故障时,不得干扰其他线路的正常工作。

　　e. 车辆前、后转向信号灯、危险报警闪光灯及制动灯,白天距 100m 可见,侧转向信号灯白天距 30m 可见;前位灯、后位灯、示廓灯、挂车标志灯夜间好天气距 300m 可见;后牌照灯夜间好天气距 20m 能看清牌照号码。制动灯的亮度应明显大于后位灯。

　　f. 车长大于 6m 的客车应设置电源总开关,分线路熔断丝完善的客车除外。

　　g. 车速里程表、冷却液温度表。机油压力表、电流表、燃油表、气压表等各种仪表和信号装置应齐全有效。

　　② 理解要点:采用复合式结构(双丝灯泡)的照明和信号装置有前/后转向信号灯、后制动灯和危险报警闪光灯等。在这些灯中,转向信号灯、后制动灯和危险报警闪光灯灯丝的亮度应明显大于同一个灯泡内的车位灯或示廓灯。

　　(17) 漏气、漏油、漏水、漏电检查(不分级)。

　　① 技术要求:

　　a. 汽车上各连接件无漏油、渗水和漏气现象。

b.所有电气导线应捆扎成束、布置整齐、固定卡紧、接头牢固,并有绝缘套,在导线穿越孔洞时需设绝缘套管。所有电器不得有漏电现象。

②理解要点:无论车辆在停止或行驶中,发动机罩、缸盖、边盖、油泵、油底壳、变速器、减速器、燃油供给系统、润滑系统和转向助力装置的管路等都不得有渗、漏油现象;发动机的水箱、水泵、散热器、暖风装置和冷却系统的管路都不得有渗、漏水现象。检查时,要求车辆连续运行10km,停车5min后,观察其是否有渗、漏现象。

采用液压制动系统的汽车。在踏下制动器踏板,踏板力达700N时维持1min后,观察制动器踏板不应有缓慢下移的现象。

采用气压制动系统的汽车。当气压升至600kPa且不使用制动的情况下,停止空气压缩机3min,其气压的降低值应不大于10kPa;当将制动踏板踩到底,待气压稳定后观察3min,单车气压降值应不大于20kPa;汽车列车气压降值应不大于30kPa。

(18)底盘异响(不分级)。

①技术要求:车辆在运行中底盘应无异响。

②理解要点:车辆在运行中,传动系统的各总成部件(如离合器、变速器、减速器、传动轴、半轴等)和与悬架相连接的总成部件(车架、车身、车桥、驾驶室等)应无任何异响。

(19)发动机异响(不分级)。

①技术要求:发动机运转时应无异响,运转和加速时,不得有回火和放炮现象。

②理解要点:发动机在正常运转中,不应有点火敲击声、气门敲击声、活塞敲击声、活塞销响、连杆轴承响、曲轴轴承响、正时齿轮响等机械性异响;也不应有因点火时间、燃油供给不对而造成的燃烧室爆震、化油器回火、排气管放炮等现象。

(20)润滑(不分级)。

①技术要求:

a.各部润滑良好,发动机机油压力应符合该车有关技术条件的规定。

b.变速器、后桥等总成和部件的润滑油的规格和用量应符合规定。

②理解要点:

a.一般发动机在怠速运转时的机油压力应不小于0.1MPa,或机油压力报警灯熄灭。

b.变速器、驱动桥总成件的润滑油量应不缺;各需要加注润滑脂的部位应保持润滑良好。营运车辆应装备与其相适应的有效灭火装置,灭火装置应安装牢靠并便于取用。

(21)灭火器(不分级)。

①技术要求:营运车辆应装备与其相适应的有效灭火装置,灭火装置应安装牢靠并便于取用。

②理解要点:营运车辆装备的灭火器,应与其所运输的对象相适应。灭火器应安装牢靠并便于取用,且灭火器的质量保证期应在有效期内。

(22)车内外后视镜、前下视境(不分级)。

技术要求:

①车辆(挂车除外)必须在左右各设置一面后视镜;车长大于6m的平头客车和平头载货汽车车前应设置一面下视镜。轿车和客车驾驶室内应设置一面内后视镜。

②车辆的外后视镜的安装位置和角度应保证看清车身左右外侧、车后50m以外的交通情

况。前下视镜应能看清风窗玻璃前下方长1.5m、宽3m范围内的情况。

③车内外后视镜和前下视镜应易于调节,并能有效保持其位置。

④安装在外侧距地面1800mm以下的后视镜,当行人等接触该镜时,应具有能缓和冲击的功能。

(23)侧面、后下部防护装置(不分级)。

①技术要求：

a. 总质量大于3500kg的汽车和挂车两侧必须装备侧面防护装置,但本身结构已能防止行人和骑车人等卷入的汽车和挂车除外;

b. 除牵引车和长货挂车以外的汽车和挂车,在空载状态下,其车身或车身底盘总成的后端离地间隙大于700mm时,必须装备能有效防止其他机动车和非机动车等从车辆后下方嵌入的防护装置。

②理解要点:侧面防护装置的要求:侧面防护装置是指防止行人、骑摩托车或自行车人等从车辆侧面卷入轮下的装置。对于总质量大于3500kg的载货汽车和挂车,两侧必须装备侧面防护装置,但车身结构已能防止行人和骑车人等卷入的汽车和挂车除外。车辆侧面防护装置应符合下列要求：

a. 在空载状态下,车辆的侧面防护装置下边缘任一点离地高度应不大于550mm,其上边缘离地高度不小于800mm,上边缘与车厢底板下侧面的间距不大于400mm。

b. 侧面防护装置的前缘结构应符合下述规定:对于平头车,侧面防护装置的前缘与前面最近点的车轮轮胎最后部分的水平间距不大于400mm;对于长头车,侧面防护装置的前缘至驾驶室后壁的间隙不大于200mm;在半挂车上,装备的侧面防护装置的外平面部分的前端应位于支腿的前方,且在转弯时不能与牵引车发生干涉。

c. 侧面防护装置外平面的装配位置应在前轮接地中心点与后轮外侧车轮接地中心点连接线的外侧,每一侧均不能超过该车的最大宽度。

d. 侧面防护装置的外平面与端面不得有锐角。

e. 固定安装在汽车上的各种设施,例如蓄电池架、储气筒、油箱、备用轮胎以及随车工具箱等符合上述a-d所规定的条件下,可以作为侧面防护装置的一部分。

f. 侧面防护装置应有足够的刚度,固定牢靠。而且除了e中所述的各种零部件之外,应采用金属或其他适当的材料制造。当侧面防护装置处于安装位置时,用直径220mm±10mm的圆形平压头施以1kN的静压力垂直作用于其外表面各部分上,该装置因受力而产生的变形应满足下列要求:防护装置最后面250mm一段内的变形不得超过30mm,防护装置其余部分的变形不得超过150mm。

上述规定亦可以通过计算来检验。

g. 后下部防护装置要求:后下部防护装置是指能有效地防止轿车、摩托车等车辆从车后下方嵌入的装置。除牵引车和长货挂车以外的汽车及挂车,空载状态下其车身或无车身底盘总成的后端离地间隙大于700mm时,必须装备能有效防止其他机动车和非机动车等从车辆后下方嵌入的防护装置。车辆的后下方防护装置应符合下列要求:在空载状态下,车辆后下部防护装置的下边缘离地高度应不大于700mm。在空载状态下,车辆后下部防护装置的后平面与车辆最后端(高度在1500mm以下的部分)的水平距离不得大于600mm。后下部防护装置的宽度应为车辆总宽度的60%以上,但不可大于最后轴两侧车轮最外点的距离(不包括轮胎的变形量)。后下部防护装置应对称、牢固地安装在车架的纵梁或其他替代件上,且其后平面应与车辆纵向对称平面垂直。后下部防护装置的横梁端部不得弯向车辆后方,尖锐部分不得朝后。当横梁的横向端部成圆角状时,端头圆角半径不小于2.5mm,横梁的截面高度不小于100mm。后下部防护装置应具有足够的抗弯强度,其抗弯强度相当于横断面抗弯截面模量不小于$20cm^2$的钢梁。

参 考 文 献

[1] 邹小明.汽车检测诊断技术[M].北京:人民交通出版社,2005.
[2] 张建俊.汽车诊断与检测技术[M].2版.北京:人民交通出版社,2004.
[3] [美]D.诺莱斯.汽车计算机控制系统[M].北京:机械工业出版社,1998.
[4] 邹小明.发动机构造与维修[M].北京:人民交通出版社,2002.
[5] 明平顺,杨万福.汽车质量与安全检测[M].北京:人民交通出版社,2001.
[6] 夏令伟.汽车电控发动机构造与维修[M].北京:人民交通出版社,2002.
[7] 周建平.汽车电气设备构造与维修[M].北京:人民交通出版社,2002.
[8] 陈焕江.汽车检测与诊断(上)(下)[M].北京:机械工业出版社,2001.
[9] 于建淑,等.汽车智能化检测设备及应用[M].北京:人民交通出版社,2004.
[10] 刘仲国.现代汽车检测与诊断[M].北京:机械工业出版社,2001.
[11] 杜兰卓,谷志杰.汽车安全检测[M].北京:人民交通出版社,2002.
[12] 严兆大.内燃机测试技术[M].杭州:浙江大学出版社,1997.
[13] 安相璧.汽车检测工精通[M].北京:电子工业出版社,2003.

人民交通出版社汽车类高职教材部分书目

一、交通职业教育教学指导委员会推荐教材、高等职业教育规划教材

1. 汽车运用技术专业

书　号	书　名	作　者	定　价	出版时间	课件
978-7-114-11263-8	●汽车电工与电子基础（第三版）	任成尧	46.00	2015.11	有
978-7-114-11218-8	●汽车机械基础（第三版）	凤　勇	46.00	2016.04	有
978-7-114-11495-3	汽车发动机构造与维修（第三版）	汤定国、左适够	39.00	2016.04	有
978-7-114-11245-4	●汽车底盘构造与维修（第三版）	周林福	59.00	2015.11	有
978-7-114-11422-9	●汽车电气设备构造与维修（第三版）	周建平	59.00	2016.04	有
978-7-114-11216-4	●汽车典型电控系统构造与维修（第三版）	解福泉	45.00	2015.01	有
978-7-114-11580-6	汽车运用基础（第三版）	杨宏进	28.00	2016.01	有
978-7-114-09167-4	汽车电子商务（第二版）	李富仓	29.00	2016.06	
978-7-114-05790-3	汽车及配件营销	陈文华	33.00	2015.08	
978-7-114-06075-8	汽车专业资料检索	张琴友	30.00	2015.01	
978-7-114-11215-7	●汽车文化（第三版）	屠卫星	48.00	2016.09	有
978-7-114-11349-9	●汽车维修业务管理（第三版）	鲍贤俊	27.00	2015.08	有
978-7-114-11238-6	●汽车故障诊断技术（第三版）	崔选盟	30.00	2015.08	有
978-7-114-06031-9	汽车检测诊断技术	邹小明	24.00	2016.06	
978-7-114-05662-1	汽车检测设备与维修	杨益明	26.00	2015.08	
978-7-114-05661-3	汽车单片机及局域网技术	管秀君	13.00	2015.06	
978-7-114-05718-0	汽车维修技术（机修方向）	刘振楼	23.00	2016.6	

2. 汽车技术服务与营销专业

978-7-114-11217-1	●旧机动车鉴定与评估（第二版）	屠卫星	33.00	2016.07	有
978-7-114-07915-3	汽车保险与公估	荆叶平	43.00	2016.01	
978-7-114-08196-5	汽车备件管理	彭朝晖	22.00	2016.08	
978-7-114-11220-1	●汽车结构与拆装（第二版）	潘伟荣	59.00	2016.04	有
978-7-114-08084-5	汽车维修服务	戚叔林	23.00	2015.08	
978-7-114-11247-8	●汽车营销（第二版）	叶志斌	35.00	2016.04	有

3. 汽车整形技术专业

978-7-114-11377-2	●汽车材料（第二版）	周　燕	40.00	2016.04	有
978-7-114-12544-7	汽车钣金工艺	郭建明	22.00	2015.11	有
978-7-114-12311-5	汽车涂装技术（第二版）	陈纪民、李　扬	33.00	2015.08	有
978-7-114-09094-3	汽车车身测量与校正	郭建明	22.00	2015.07	
978-7-114-11595-0	汽车车身焊接技术（第二版）	李远军、李建明	28.00	2016.04	有
978-7-114-07918-4	汽车车身修复技术	韩　星	29.00	2015.07	
978-7-114-12143-2	车身结构及附属设备（第二版）	袁　杰	27.00	2016.05	有
978-7-114-13363-3	汽车涂料调色技术	王亚平	25.00	2016.11	有

4. 汽车制造与装配技术专业

978-7-114-12154-8	汽车装配与调试技术	刘敬忠	38.00	2015.06	有
978-7-114-12734-2	车身焊接技术	宋金虎	39.00	2016.03	有
978-7-114-12794-6	汽车制造工艺	马志民	28.00	2016.04	有
978-7-114-12913-1	汽车 AutoCAD	于　宁、李敬辉	22.00	2016.06	有

二、21世纪交通版高职高专汽车专业教材

978-7-114-10520-3	汽车概论	巩航军	29.00	2013.05	有
978-7-114-10722-1	发动机原理与汽车理论（第三版）	张西振	29.00	2015.12	有
978-7-114-10333-9	汽车维修企业管理（第三版）	沈树盛	36.00	2016.05	有
978-7-114-06997-0	汽车空调构造与维修	杨柳青	20.00	2016.01	

书　号	书　名	作　者	定　价	出版时间	课件
978-7-114-12421-1	汽车柴油机电控技术（第二版）	沈仲贤	26.00	2015.10	有
978-7-114-11428-1	汽车使用与技术管理（第二版）	雷琼红	33.00	2016.01	有
978-7-114-11729-9	汽车保险与理赔（第四版）	梁　军	32.00	2015.12	有
978-7-114-07593-3	汽车租赁	张一兵	26.00	2016.06	
978-7-114-08934-3	汽车发动机机械系统检修（第二版）	林　平	35.00	2015.06	有
978-7-114-08942-8	汽车底盘机械系统检修（第二版）	陈建宏	39.00	2016.05	有
978-7-114-09429-3	汽车底盘电控系统检修	张立新、屈亚锋	35.00	2015.07	有
978-7-114-09317-3	汽车维修技术基础	刘　毅	35.00	2015.07	有
978-7-114-09961-8	汽车构造	沈树盛	54.00	2015.04	有
978-7-114-09866-6	汽车发动机构造与维修	王兴国、刘　毅	36.00	2013.12	有
978-7-114-09719-5	汽车电器构造与维修	杨连福	45.00	2013.12	有
978-7-114-09099-8	工程机械柴油发动机构造与维修	许炳照	40.00	2013.07	
三、高等职业教育"十二五"规划教材					
978-7-114-10280-6	汽车零部件识图	易　波	42.00	2014.1	有
978-7-114-09635-8	汽车电工电子	李　明、周春荣	39.00	2012.07	有
978-7-114-10216-5	汽油发动机构造与维修	刘　锐	49.00	2016.08	有
978-7-114-09356-2	汽车底盘构造与维修	曲英凯、刘利胜	48.00	2015.07	有
978-7-114-09988-5	汽车维护（第二版）	郭远辉	30.00	2014.12	有
978-7-114-11240-9	●车载网络系统检修（第三版）	廖向阳	35.00	2016.02	有
978-7-114-10044-4	汽车车身修复技术	李大光	24.00	2016.01	有
978-7-114-12552-2	汽车故障诊断技术	马金刚、王秀贞	39.00	2015.12	有
978-7-114-09601-3	汽车营销实务	史　婷、张宏祥	26.00	2016.05	有
978-7-114-13679-5	新能源汽车技术（第二版）	赵振宁	38.00	2017.03	有
978-7-114-08939-8	AutoCAD 辅助设计	沈　凌	25.00	2011.04	有
978-7-114-13068-7	汽车底盘电控系统检修	蔺宏良、张光磊	38.00	2016.08	有
978-7-114-13307-7	汽车发动机电控系统检修	彭小红、官海兵	35.00	2016.1	有
四、高职高专改革创新示范教材					
978-7-114-09300-5	汽车使用与维护	毛彩云、柯志鹏	28.00	2015.09	有
978-7-114-09302-9	汽车实用英语	王升平	30.00	2011.08	有
978-7-114-09307-4	汽车维修企业管理	齐建民	34.00	2015.12	有
978-7-114-09305-0	汽车发动机电控系统构造与检修	罗德云	23.00	2014.07	有
978-7-114-09352-4	汽车发动机机械构造与检修	成伟华	33.00	2015.02	有
978-7-114-09494-1	汽车自动变速器构造与检修	王正旭	36.00	2015.02	有
978-7-114-09929-8	汽车电气设备构造与检修	刘存山	31.00	2012.08	有
978-7-114-10310-0	汽车空调系统构造与检修	潘伟荣	38.00	2013.05	有
五、教育部职业教育与成人教育司推荐教材					
978-7-114-09147-6	汽车实用英语（新编版）	杜春盛、邵伟军	33.00	2016.07	
978-7-114-08846-9	汽车发动机构造与维修（新编版）	王　会、刘朝红	33.00	2015.09	
978-7-114-06406-7	汽车运行材料	嵇　伟、孙庆华	26.00	2016.06	
978-7-114-07969-6	★汽车专业英语	边浩毅	26.00	2016.01	
978-7-114-04112-9	汽车使用性能与检测技术	李　军	26.00	2015.07	
978-7-114-04750-9	汽车营销技术	王怡民	32.00	2016.11	
978-7-114-04644-8	汽车专业英语	王怡民	26.00	2016.06	

●为"十二五"职业教育国家规划教材；★为"十一五"职业教育国家规划教材。
咨询电话：010-85285962；010-85285977．咨询QQ：616507284；99735898